कैलाश गौतम

राष्ट्रीय स्तर के काव्य मंचों के प्रतिष्ठित, लोकप्रिय, जनकवि के रूप में विख्यात तथा भोजपुरी के ख्यातिलब्ध बहुचर्चित कवि कैलाश गौतम का जन्म दिनांक 8 जनवरी, 1944 ई. को वाराणसी के डिग्घी, चन्दौली में हुआ। उन्होंने बी.ए. की शिक्षा बनारस हिन्दू विश्वविद्यालय से, बी.एड. गोरखपुर विश्वविद्यालय से तथा एम.ए. की शिक्षा इलाहाबाद विश्वविद्यालय से ग्रहण करने के उपरान्त आकाशवाणी से बतौर वरिष्ठ उद्‌घोषक, विभागीय कलाकार के रूप में 1967 से 2004 तक कार्य किया। तत्पश्चात् हिन्दुस्तानी एकेडमी के अध्यक्ष पद का कार्यभार सँभाला।

उत्तर प्रदेश सरकार का यश भारती सम्मान, उत्तर प्रदेश हिन्दी संस्थान का लोकभूषण सम्मान तथा राहुल सांकृत्यायन सम्मान, नई दिल्ली परम्परा के ऋतुराज सम्मान, मुम्बई के परिवार सम्मान, निराला सम्मान व महादेवी सम्मान से विभूषित।

निधन : 9 दिसम्बर, 2006

कैलाश गौतम समग्र

खण्ड-2

सम्पादक

श्लेष गौतम

भूमिकाएँ

जगदीश गुप्त

सत्यप्रकाश मिश्र

लोकभारती पेपरबैक्स

पहला पेपरबैक संस्करण : 2017

लोकभारती पेपरबैक्स : उत्कृष्ट साहित्य के लोकप्रिय संस्करण

लोकभारती प्रकाशन
पहली मंजिल, दरबारी बिल्डिंग, महात्मा गाँधी मार्ग,
इलाहाबाद-211 001

वेबसाइट : www.lokbhartiprakashan.com
ईमेल : info@lokbhartiprakashan.com
शाखाएँ : 1-बी, नेताजी सुभाष मार्ग, दरियागंज, नई दिल्ली-110 002
अशोक राजपथ, साइंस कॉलेज के सामने, पटना-800 006 (बिहार)
36-ए, शेक्सपियर सरणी, कोलकाता-700 017

ग्राफिक क्रिएशन्स प्रा.लि.
टैगोर टाउन, इलाहाबाद द्वारा मुद्रित

तीन खण्डों का संयुक्त
मूल्य : ₹ 1800

KAILASH GAUTAM SAMGRA
VOL. II
Edited by Dr. Shlesh Gautam

ISBN : 978-93-5221-130-2

कवि-कथन | जगदीश गुप्त

मैं कविता को अन्य साहित्यिक विधाओं में अधिक संवेदनशील और सच्चाई का सूक्ष्म परिमापक मानता हूँ। यदि शपथ खानी पड़े तो मैं ईश्वर की जगह कविता की शपथ खाना पसन्द करूँगा। मनुष्यता को बचाये और जिलाये, रखने का जितना काम आज तक अकेले कविता ने किया है उतना सैकड़ों राजनीतिक पार्टियाँ शताब्दियों तक नहीं कर सकतीं। वे बहुधा मनुष्य को नगण्य या क्षुद्र बना देती हैं जो कदापि सह्य नहीं है।

मेरी दृष्टि में कविता किसी परिवेश की प्रतिक्रिया मात्र न होकर ऐसी रचना होती है जो अव्यवस्था के बीच व्यवस्था का बोध कराती है, वैरूप्य से ऊपर उठकर सौन्दर्य की प्रतिष्ठा करती है। वह "अवांछित विरोध तक ही नहीं रुक जाती वरन् व्यापक स्तर पर वांछित की आकांक्षा जगाकर शब्दों में रूपायित करते हुए मनोजगत् में प्रतिष्ठित भी करती है। कवि का काव्य विद्रोह से आगे भी जाता है, अतः उसकी सहमति या क्रान्ति-भावना साधारण जन से अधिक थिरायी-सीझी और चमड़े तक रह जानेवाली न होकर हड्डियों तक उतर जानेवाली होती है।

बोली की सार्थकता भाषा से अधिक महत्ता रखती है। यद्यपि मातृभाषा शब्द बोली से अधिक उदात्त माना जाता है। भाषिक जगत् शिक्षा के साथ जुड़ा रहता है। किन्तु बोली के लिए शिक्षा अनिवार्य नहीं है। अपने मन की बात कह देना और अपनों के बीच एक सजीव संवाद के रूप में अपनी सार्थकता सिद्ध करना सामाजिकता का आग्रह प्रतीत होता है। उत्तर प्रदेश में एक क्षेत्र ब्रजभाषा प्रधान रहा है दूसरा भोजपुरी प्रधान। अवधी केन्द्र में रामभक्ति से समन्वित होकर तुलसीदास जैसे रचनाकार में फलित हुई और रामचरितमानस की रचना युगान्तरकारी रूप में आविर्भूत हुई।

कबीर के समय से ही भाषा का ऐसा मिला-जुला रूप व्यापक जीवन का अंग बन गया था। गुरुग्रन्थ साहब में जो पद समाहित हैं वे उस काल के लोकप्रिय पदों का प्रतिनिधित्व करते हैं।

"पोथी पढ़ि-पढ़ि जग मुआ पण्डित भया न कोय।
ढाई आखर प्रेम का पढ़ै सो पण्डित होय।।"
'जो घर जारै आपना चलै हमारे साथ।'

आकाशवाणी और दूरदर्शन आज की लोकप्रियता के विश्वसनीय माध्यम हैं। हमारी जीवन–शैली और संवेदना धीरे–धीरे संचार माध्यमों के आश्रित हो गयी है। किन्तु लोकप्रियता की दृष्टि से यह उपलब्धि नगण्य नहीं है। मैंने अनुभव से पाया है कि जो कवि मंच सिद्ध होते हैं वे जनभावना को उद्वेलित्त करने में निश्चय ही समर्थ सिद्ध होते हैं। अवधी के पं. वंशीधर शुक्ल और रमई काका और भोजपुरी के मोती बी.ए. ऐसे सिद्ध रचनाकारों की कोटि में आते हैं।

इस प्रसंग में मुझे श्री कैलाश गौतम का भोजपुरी काव्य–संग्रह 'तीन चौथाई आन्हर' ज्यादा प्रासंगिक लगता है क्योंकि कैलाश गौतम से जितनी सार्थक सटीक खरी पहचान मंच की बनी है उतनी ही सार्थक सटीक खरी पहचान हिन्दी और भोजपुरी के साहित्यिक योगदान की बनी है। 'तीन चौथाई आन्हर' कविता–संग्रह ठेठ बनारसी बोली की कविताओं का संकलन है। इस संकलन की सबसे बड़ी बात है इसका परम्परा से हटकर होना। लोकोक्तियों, मुहावरों के माध्यम से जहाँ भाषा प्रभावशाली और प्रवाहयुक्त हुई है–वहीं अर्थ की मिठास और गहराई स्वतः पाठकों को अपने से जोड़ती दिखायी देती है। चूँकि कैलाश गौतम मूलतः बनारस के रहनेवाले हैं इसलिए बोली का वह तेवर इन कविताओं में कूट–कूटकर भरा है। पिछले लगभग तीस–बत्तीस वर्षों से कैलाश गौतम इलाहाबाद में रह रहे हैं, इसलिए बनारसी बोली के साथ–साथ इन्होंने इलाहाबादी बोली के भी खाँटी शब्दों का प्रयोग अपनी कविताओं में किया है। यही वजह है कि साहित्यिक एवं सांस्कृतिक धरातल पर ये कविताएँ अपनी संवेदना और सामाजिक चेतना की बहुत ही आकर्षक और मीठी पहचान बनाती चलती हैं। इस स्तर पर रचनाकार ने अपनी रचनाधर्मिता के माध्यम से सहज सामंजस्य स्थापित किया है।

'तीन चौथाई आन्हर' की जिन कविताओं ने विशेष लोकप्रियता अर्जित की उनमें 'अमवसा का मेला' सर्वोपरि है। 'तुलसीदास', 'कन्हैया का लीला', 'अन्हारे से लड़ाई', 'बियाहे क घर', 'आइल दिया देवारी', 'गान्ही जी', 'हाय रे गंगा माई', 'धरती', 'रामलाल का फगुवा', 'जेतनै रागी ओतनै डफली', 'बाबू आन्हर माई आन्हर', जैसी कुछ और कविताएँ भी अविस्मरणीय हैं। भाषा का प्रवाह जनभावना की सही पहचान और ठेठ शब्दों का खाँटी प्रयोग मुझे कभी नहीं भूलता। कैलाश गौतम को मैं साधुवाद देता हूँ कि उन्होंने ऐसा काव्य–संग्रह सर्वसुलभ बनाया। सचमुच जिसका ओर–छोर नहीं है।

कवि और संकलन के बारे में | सत्यप्रकाश मिश्र

कैलाश गौतम का यह संकलन हृदय को दुहनेवाले-विचलित करनेवाले दोहा छन्द में है जो अपभ्रंश के समय से शिक्षित और अशिक्षित जनता का सबसे प्रिय छन्द रहा है। जो कुछ छन्द लोक और शिष्ट दोनों ही साहित्यों में आदर पाते रहे हैं उसमें कवित्त, सवैया, कुण्डलिया, छप्पय, रोला और दोहा में से दोहा ही अग्रणी रहा है। इस संकलन के दो हिस्से **'मंगल का अवतार'** और **'अब सुनिये दो टूक'** एक दूसरे के आमने-सामने होकर पहले और दूसरे हिस्से की व्यंजकता की वृद्धि करते हैं। इस अर्थ में स्वतन्त्र होते हुए भी मूलतः वे एक ही हैं। सारा स्थापत्य प्रस्तावित प्रतिच्छाया अलंकार की तरह है। स्वतन्त्रता और सम्बद्धता का यह तर्क दो टूक वाले हिस्से को भी उद्घाटन मात्र ही नहीं करने देता। ये दोहे किसी काल्पनिक रूढ़ि, लक्षण, मापदण्ड, अप्रस्तुत विधान पर आधारित नहीं है, बल्कि इनमें से किसी पर आधारित न होना ही इन्हें विशेष अर्थवत्ता प्रदान करता है। प्रकृति सामान्य-से-सामान्य मनुष्य को अपनी अस्ति से ही नहीं बल्कि भवति से भी प्रभावित ही नहीं करती उसे अपने से मुक्त होकर आनन्दित होने, स्वच्छन्द होने और प्रकृतिमय होने का अवसर देती चलती है। मनुष्य का विभावन प्रकृति के द्वारा होता ही नहीं। स्वयं प्रकृति संकेत के रूप में अनेक संकेतितों की प्रतीति कराती है। प्रकृति का हिन्दी में अर्थ संकोच हो गया है परन्तु सनातन और नैरन्तर्य के लिए प्रकृति का गोचर-अगोचर सब प्रकृति ही था, और है। कैलाश के इस संग्रह में प्रकृति होने और हो रहे दोनों ही रूपों में संकेत का कार्य करती है। पुस्तक का पहला अंश दूसरे बोलते हुए भाग की तुलना में अधिक मार्मिक है। ये दोहे मर्म स्थल से उत्पन्न होते हैं और मर्म को ही बेधते हैं। दोहों में मार्मिकता की पहचान मर्मबेधकता में ही निष्पन्न होती है और हर मर्मबेधकता व्यंजक ही होती हो यह आवश्यक नहीं, अभिधा भी मर्मबेधी हो सकती है। यह मर्मबेधकता प्रकृति के स्वतः सामान्यीकरण से उत्पन्न हुई हो; ऐसा नहीं कहा जा सकता। बल्कि यह कहना चाहिए कि मार्मिकता स्मृतिजीवी होती है और कालिदास पर विश्वास किया जाय तो अबोध पूर्वा भी होती है। कैलाश भारत के हर उस कवि की तरह जो गाँव से पैदा हुआ, शहर में बस गया, नास्टेल्जिक

और अकेले हैं। हर मौसम, तीज-त्योहार, व्रत-पर्व, दुःख-सुख में उनका मन मटमैला हो जाता है और यही मटमैलापन उनकी जीवनी शक्ति है, जो उनकी कविताओं को ताजगी देता है।

कैलाश के इन दोहों में जड़ प्रकृति नहीं सर्जित प्रकृति है, जो मानवीय अनुभव के विभावन का परिणाम है, इसलिए इन दोहों में विभावन मात्र भाषा में नहीं उस स्मृति से भी होता है, जिसके संचरण से रसदशा प्राप्त होती है। ये दोहे जिस आदिमता की निर्मिति करते हैं, वहीं से कल्पना, मेधा, मति, प्रज्ञा आदि सबका विकास हुआ है, अतः वह नाभिक ही संवेदन और संकेतन का केन्द्र है। '**मंगल का अवतार**' के अन्तर्गत 460 दोहे हैं, जिनमें से प्रत्येक काव्य हैं। गौतम की विशेषता है कि उनके अप्रस्तुत विधान ऋतुओं के सुने हुए नहीं देखे हुए प्रतीतिमूलक उस ग्रामीण जीवन से लिये गये हैं, जहाँ किसानों को गेहूँ, धान, जौ और पेड़-पौधों और गाय, बैल और बेटे-बेटियों के विकास और उदासी का समान रूप से पता होता है, क्योंकि हर किसान उसी वृत्तिचक्र का स्वयं एक अंग है—चक्के के पहिये की तरह। हिन्दी कविता में अधिकांश गीतों में प्रकृति रूढ़ि के रूप में है—जीवनानुभव के रूप में नहीं और अतुकान्त कविताओं में उन्हीं में वह स्पन्दनयुक्त और स्पन्दनक्षम है, जिन रचनाकारों में वह बचपन के अनुभव के रूप में है। जैसे त्रिलोचन, केदारनाथ अग्रवाल, केदारनाथ सिंह। कैलाश में यह प्रकृति निश्चय ही अवतरित होती है। मूल्य, सम्बन्ध और ग्रामीण जीवन की स्मृतियों से निर्मित इन दोहों का रसमय जगत् बरबस विद्यानिवास मिश्र और विवेकी राय के निबन्धों की याद दिलाता है, जिन्हें पढ़ते ही मन वैयक्तिक से सामाजिक और सामाजिक से चैतसिक हो जाता है। आज के भयानक नगरीकरण के युग में जब गाँव भी धीरे-धीरे माध्यमों के प्रभाव से मानकीकृत होते जा रहे हैं, इस प्रकार की कविताओं का विशेष महत्त्व है। ये कविताएँ मानव यन्त्र को यान्त्रिकता से मुक्त करके उसके स्वभाव में उसे प्रतिष्ठित करने का कार्य करती है। प्रारम्भ में गीतों की यही भूमिका थी। दुर्भाग्यवश धीरे-धीरे उसे अवमूल्यित कर दिया गया।

इसका दूसरा भाग है '**अब सुनिये दो टूक**'। इसमें कुल 548 दोहे हैं। दो टूक कहनेवाले दोहों में भी कथन पर बल दिया गया हो ऐसा तो कवि के आग्रह से ही लगता है, परन्तु कथन का ढंग व्यंग्यात्मक और कहीं अति संकेतपरक है। संकेतपरकता और बिम्बमयता कैलाश की उन कविताओं में भी हैं जिन्हें वर्णनात्मक कहा जा सकता है। जिन कविताओं में किसी चरित्र, व्यक्ति या कथा को आधार बनाते हैं उनमें भी दृश्य विधान का वे विभावन प्रयोग करते हैं। इस दृष्टि से '**जोड़ा ताल**' और '**सिर पर आग**' की अनेक कविताओं का उल्लेख किया जा सकता है, परन्तु इन कवितओं में मूल्य चेतना की दृष्टि उस अमंगल का वर्णन है जिसके लिए मंगल का अवतरण आवश्यक है। गोमुख से लेकर महासागर तक गंगा के निरन्तर गन्दे होते जाने को

करीब से देखनेवाले व्यक्ति के आक्रोश और विवशता का परिणाम रचना में व्यंग्य, विद्रूप और वक्रता के रूप में पर्यवसित होता है। कथ्य तो सारांशतः वही रहता है, परन्तु सौन्दर्य उस वक्रता से ही उत्पन्न होता है जो कवि के कहने के ढंग से भिन्नताओं और विरुद्धताओं के संरचनात्मक नियोजन से उद्‌भासित करता है। रचने के संकल्प, गढ़ने की टेक और आत्मसंघर्ष को तो कैलाश रचना के रूप ग्रहण का कारण मानते ही हैं। स्वतन्त्रता के बाद के मोहभंग की, अन्धायुग, मैला आँचल और आत्महत्या के विरुद्ध! कृतियाँ तो अविस्मरणीय हैं ही, परन्तु उत्तर आपात्‌काल के प्रजातन्त्र की स्थिति का तथ्य और प्रतीति दोनों ही स्तरों पर दर्दनाक वर्णन कैलाश की इन कविताओं में शिद्‌दत के साथ है। संगठित अपराधी गिरोहों की राजनैतिक स्थिति और शक्ति को टुकुर–टुकुर देखते रहने की प्रजातन्त्र की विवशता आत्महत्या की ओर का नहीं हत्या की ओर का ही रास्ता है। कैलाश भी यथास्थितिवाद के समर्थन या टुकुर–टुकुर देखते रहनेवाली दयनीयता के कवि नहीं हैं, वे भी रघुवीर सहाय की तरह आत्महत्या के विरुद्ध हैं, इसीलिए वे यह सब–कुछ कह सकते हैं। वस्तुतः इस दूसरे हिस्से में आज के हिन्दुस्तान को परिभाषित करने का ही प्रयत्न किया गया है। मरी हुई आत्मा और गिरे हुए ईमानवाले देश की कथा सपाटबयानी के द्वारा भी कही गयी है और अप्रस्तुत विधानों के द्वारा भी। परन्तु इस हिस्से के सादृश्य विधानों का क्षेत्र या तो हिन्दी मुहावरों का संसार है या सामान्य जनता का व्यवहार जगत्। इस अर्थ में पूरे संकलन का मुहावरा कैलाश का अपना खोजा हुआ अपने पसीने की कमाई है। इसी से वे अनेक कवियों से अलग हैं। दो टूक बातें सटीकता का प्रमाण होती हैं और सटीकता कलैसिक्स का गुण है। सटीकता का विभावन जब दैनन्दिन व्यवहार के अप्रस्तुतों के द्वारा होता है तो कविता में हिन्दी काव्य का परम्परागत गुण उभरने लगता है। भक्त कवियों के सभी अप्रस्तुत विधान उनके अपने अड़ोस–पड़ोस से है, फलतः उन कविताओं का विभावन शिक्षित जनता के बजाय अशिक्षित जनता में सहजता से हो जाता है। कैलाश या कैलाश जैसे जिन कवियों में ऐसे सहज अप्रस्तुत हैं, उन सभी कवियों में पाठ्यगुण ही नहीं है, बल्कि कविता के मूल तत्त्व भी सहज रूप में हैं। ज्ञानदशा के बजाय रसदशा या भावदशा की कविताएँ अपने भीतर ज्ञान को पचाकर ही पैदा होती हैं। निष्कर्षात्मकता पचकर ही काव्य शरीर को पुष्ट करती है, बिना पचे तो विकार और बदबू ही पैदा करेगी।

कैलाश गौतम की चिन्ता या किसी भी कवि की चिन्ता मुक्तिबोध के शब्दों में जो है उससे बेहतर चाहिए की ही होती है। और बेहतर की मूल्योन्मुखी दृष्टि के कारण ही वर्तमान का रूपायन होता है। जिन दोहों में हास्य है, वे अन्यों की अपेक्षा अधिक वेदना कारक है। इस पुस्तक में भारतीय प्रजातन्त्र की जो तस्वीर उभरती है, वह किसी समाचार–पत्र या माध्यमों से उद्‌धृत या प्रदर्शित तस्वीर नहीं है और न प्रायोजित, वह

एक लेखक के भीतर मचे हुए घमासान की तस्वीर है, जिसे वह कुछ साफ-साफ कह कर और कुछ संकेतों के द्वारा कह रहा है। प्रसाद की एक कविता है कि 'चारों ओर अन्धकार व्याप्त है, उसमें कौन है जो पतवार थामेगा'।

कैलाश की इन कविताओं में 'अमानिशा में उगलता, गगन घन, अन्धकार' का ही चित्र प्रस्तुत कर रहे हैं। एक कवि की हैसियत से प्रश्न बड़े-छोटे का नहीं और शायद यह भेद भी बेकार है, वे वही कह रहे हैं जो वाल्मीकि से लेकर नीलाभ तक ने किया है। मैं समझता हूँ कि यह संकलन पढ़ते समय आप इसमें हिन्दी काव्य की प्रतिरोधी परम्परा को भी पढ़ेंगे और तभी कैलाश का लिखना सार्थक होगा। वैसे भी उन्होंने दोहा लिखा है, इसलिए दोहों की परम्परा का भी एक दबाव रहेगा और यह दबाव आप पहले हिस्से और दूसरे हिस्सों में समान भाव से महसूस करेंगे। इसलिए मैंने प्रारम्भ में कहा है कि दोनों हिस्से आमने-सामने रखे हुए शीशे की तरह हैं और अपनी छायाओं से एक-दूसरे को अधिक सार्थक और संकेतपरक बनाते हैं। विजयदेव नारायण साही ने इसे प्रतिच्छाया अलंकार कहा है। दोहा, कवित्त और सवैया की तरह हिन्दी का जातीय छन्द है। हिन्दी जाति की समग्र चेतना की अभिव्यक्ति के इस संग्रह को पढ़कर ही उसकी गहरी चिन्ता भी समझ सकेंगे, ऐसा कम-से-कम मैं समझता हूँ।

अनुक्रम

बिना कान का आदमी

➲ मंगल का अवतार

आँखें भी निर्दोष हैं, मन भी है आधीन।
पाँव न टिकने दे रही, काई लगी जमीन ॥ 1 ॥

मन भींगा पानी हुआ, बहा तोड़ प्रतिबन्ध।
साँसों-ही-साँसों रही, कस्तूरी की गन्ध ॥ 2 ॥

क्या मीठी संवेदना, क्या मीठा अनुराग।
दोनों का सान्निध्य ही, जैसे हुआ प्रयाग ॥ 3 ॥

गोरी धूप कछार की, हम सरसों के फूल।
जब-जब होंगे सामने, तब-तब होगी भूल ॥ 4 ॥

फागुन आया गाँव में, गयी गाँव की नींद।
आँखों में सौदे हुए, होंठों कटी रसीद ॥ 5 ॥

लगे फूँकने आम के, बौर गुलाबी शंख।
कैसे रहें किताब में, हम मयूर के पंख ॥ 6 ॥

पोर-पोर पियरा गयी, खड़ी फसल की देह।
डरती है फिर पालकी, शायद छेंके मेह ॥ 7 ॥

टेसू कूदे आग में, ऐसी जागी प्यास।
दुनिया पढ़ती कोयला, हम लिखते मधुमास॥ 8 ॥

बिल्ली काटे रास्ता, तोता काटे आम।
मैं विरहिन चढ़ती उमर, कैसे काटूँ राम॥ 9 ॥

खिलने लगीं चिकोटियाँ, चढ़ने लगा बुखार।
जिसको-जिसको छू गये, फागुन के दिन चार॥ 10 ॥

पुल बोये थे शौक से, उग आयी दीवार।
यह कैसी जलवायु है, हे मेरे करतार॥ 11 ॥

बस्ती में आने लगे, नये आम के बौर।
मन माफिक मौसम मिला, चला दौर-पर-दौर॥ 12 ॥

कोयल जोगिन-सी लगे, साधू जैसे आम।
अमराई की छाँह में, ठहरे सजल प्रणाम॥ 13 ॥

हाथ रँगे, आँखें रँगीं, रँगे गुलाबी गाल।
सारा पानी जल गया, फिर भी गली न दाल॥ 14 ॥

दीपकवाली देहरी, तारोंवाली शाम।
आओ! लिख दूँ चन्द्रमा, आज तुम्हारे नाम॥ 15 ॥

नदी किनारे इस तरह, खुली पीठ से धूप।
जैसे नाइन गोद में, लिये सगुन का सूप॥ 16 ॥

तितली-जैसी उड़ रही, घसियारिन रंगीन।
गेहूँ कहता दो-नली, जौ कहता संगीन॥ 17 ॥

सुअना पंखी गीत के, खुले हल्दिया बन्द।
जैसे कत्थक नृत्य में, ताल-ताल में छन्द॥ 18 ॥

बड़ी बहिन-सी कह गयी, जाती-जाती ईख।
दो चोटी के दिन गये, ‘अरहर मानो सीख॥ 19 ॥

चाँद शरद् का मुँहलगा, भगा चिकोटी काट।
घण्टों सहलाती रही, नदी महेवा घाट॥ 20 ॥

अलसी फूली खेत में, मन में फूला प्यार।
बाँहों में त्योहार है, साँसों में अभिसार॥ 21 ॥

इनकी खिड़की मुँद गयी, उनकी गिरी मुँडेर।
फिर-फिर देंगे अर्जियाँ, दोनों देर-सबेर॥ 22 ॥

काटे से कटती नहीं, जाड़े की ये रात।
शाल, रजाई, कोयले, वही ढाक के पात॥ 23 ॥

मुश्किल से आँखें खुलीं, चुपके खुले किवाड़।
सौत हुई हैं चूड़ियाँ, पायल हुई पहाड़॥ 24 ॥

शाम हुई फिर जम गये, सुर्ती, चिलम, अलाव।
खेत, कचहरी, नौकरी, गौना, ब्याह, चुनाव॥ 25 ॥

बिन आँगन का घर मिला, बसे पिया भी दूर।
आग लगे इस पूस में, खलता है सिन्दूर ॥ 26 ॥

बिगड़े हुए रईस का, रहा न कोई यार।
जाड़े में दुःख दे रहा, मलमल ताबेदार ॥ 27 ॥

धूप भरी आँखों मिली, गलियारे की ओट।
जैसे गोरी गाँव की, मन में लिये कचोट ॥ 28 ॥

रोटी तेरे हाट में, ऐसा छूटा साथ।
कहाँ मटर की छीमियाँ, कहाँ हमारे हाथ ॥ 29 ॥

शोख-सयानी घाटियाँ, छैल-छबीले ताल।
खजुराहो है आइना, ताजमहल रूमाल ॥ 30 ॥

बाँट गया दिन आज का, हल्दी-अक्षत-पान।
दर्पण-ही-दर्पण यहाँ, तैर रही मुस्कान ॥ 31 ॥

खिला थाल-सा चन्द्रमा, लगा चमकने ताल।
मन जैसे वश में नहीं, और हाल-बेहाल ॥ 32 ॥

अनहोनी होकर रही, टूट गिरा आकाश।
आखिर हम-तुम हो गये, विन्ध्याचल-कैलास ॥ 33 ॥

फागुन से सावन हुआ, सावन से फिर माघ।
माघ गया बोला नहीं, निकला पूरा घाघ ॥ 34 ॥

मीठी सिहरन छू रही, पोर-पोर रसवन्त।
हलके-हलके उठ रहा, मन में राग-वसन्त ॥ 35 ॥

ओस नहायी चाँदनी, रंग नहाये फूल।
आते-जाते हो गयी, वही दुबारा भूल ॥ 36 ॥

वन फूले कचनार के, भर-भर आते नैन।
हिरन दौड़ता रेत में, कहीं न मिलता चैन ॥ 37 ॥

फूट रही है भोर की, कोंपल जैसी लाज।
ईश्वर जाने बीजुरी, कहाँ गिरेगी आज ॥ 38 ॥

सहज सरल चितवन मधुर, मन्द-मन्द मुस्कान।
भीतर-भीतर पक रहा, जैसे मघई पान ॥ 39 ॥

खिलते हुए अबीर थे, उड़ते हुए गुलाल।
होंठों से नीले पड़े, वही गुलाबी गाल ॥ 40 ॥

हवा फागुनी मुँहलगी, शोख और शैतान।
हँस-हँसकर है ऐंठती, गुलमोहर के कान ॥ 41 ॥

देख रहा सब-कुछ मगर, पूछ रहा है कौन।
अभी ठहाका था जहाँ, वहाँ खड़ा है मौन ॥ 42 ॥

बड़ी सुहानी धूप है, अमराई की छाँह।
रुनझुन-रुनझुन चूड़ियाँ, गोरी-गोरी बाँह ॥ 43 ॥

झील चाँदनी कहकहे, यह फागुन की शाम।
चार आँख के सामने, क्या है चारों धाम॥44॥

भरी-भरी पिचकारियाँ, और छपाछप मार।
पर्दा रहा न हम रहे, बैठ गयी दीवार॥45॥

लट बिखरी, आँचल उड़ा, खुले नदी के द्वीप।
पारे जैसी काँपती और हाँफती सीप॥46॥

नीम छरहरी मदभरी, खड़ी चैत की छाँह।
मन-ही-मन सहला रही, अमलतास की बाँह॥47॥

सूनी छत, ठण्डी हवा, जैसी थी उम्मीद।
होली में भी हो गयी, चार घड़ी की ईद॥48॥

अँजुरी में जूड़ा खुला, साँसों बसी सुवास।
संयम धोखा दे गया, टूट गया उपवास॥49॥

आँख खुली, मौसम खुला, खुले खेत के खेत।
खुलते-खुलते रह गये, बँधे-बँधे संकेत॥50॥

पाँव रुके, पलकें उठीं, दबी-दबी आवाज।
आँखों का तारा रहा, हुआ किरकिरी आज॥51॥

चैत चाँदनी, यह उमर, यह महुवे की गन्ध।
छाती पर पत्थर लिये, जाग रही सौगन्ध॥52॥

ओस गयी, कुहरा गया, गोरी-गोरी धूप।
बन्द गली आने लगी, चोरी-चोरी धूप॥53॥

दिन-पर-दिन रस घट रहा, बढ़ती जाती प्यास।
है खतरे के सामने, आज आस-विश्वास॥54॥

चरवाहे की बाँसुरी, रामटेक की झील।
फुलवारी की जानकी जैसा तेरा शील॥55॥

गंगा है हरिद्वार की, व्रजमण्डल की धूल।
हँसी तुम्हारी कनुप्रिया, बच्चों का स्कूल॥56॥

झुकी फूल के भार से, जो कनेर की डाल।
पूछ रही है ताल से, कैसा तेरा हाल॥57॥

तरकश खाली हो गया, लगा न कोई तीर।
बुद्धू कहती जा रही, गोरी फेंक अबीर॥58॥

नाव-नदी-मधु-चन्द्रमा, सबका है आभार।
शब्द-शब्द मैंने जिया, मन से ऋतु-संहार॥59॥

कुहरा ही ईश्वर हुआ, अच्छा था संयोग।
देख न पाये पार्क में, कालोनी के लोग॥60॥

अँगड़ाई लेती हवा, करवट लेता ताल।
दोनों के है सामने, कोई अहम सवाल॥61॥

जब से देखा दूध में डूबा शालग्राम।
आँखों के आगे लगा, तब से पूर्ण विराम ॥ 62 ॥

पौ फूटी पहली किरण, दौड़ी बेर-बबूल।
क्या जानें कल शाम को, कहाँ गिरा कनफूल ॥ 63 ॥

फसल सयानी हो गयी, कहने लगा कछार।
अबकी जल्दी बाँधना, होगा बन्दनवार ॥ 64।

अँगिया छोटी हो गयी, लगे टूटने बन्द।
कहाँ तुम्हारे स्वर पिया, कहाँ हमारे छन्द ॥ 65 ॥

उलटी गंगा बह गयी, कचनारों की छाँव।
घर चलने के नाम पर, उठे न दर से पाँव ॥ 66 ॥

मौसम गहरे छू गया, परेशान कचनार।
तन जैसे इस पार है, मन जैसे उस पार ॥ 67 ॥

आरे-सी चलती हवा, पहने फटी कमीज।
बाँट रहा है मौलवी, जाड़े का तावीज ॥ 68 ॥

ये बजरे की चाँदनी, ये गंगा की धार।
भीतर-भीतर टीसता, पहला-पहला प्यार ॥ 69 ॥

जब से फूली केतकी, मन मेरा बेचैन।
जैसे-जैसे दिन ढला, वैसे डूबी रैन ॥ 70 ॥

गुलमोहर की छाँह में, गरम साँस के फूल।
बोयेंगे हम शौक से, खुलने दो स्कूल ॥ 71 ॥

बन्द गली के केवड़े, देने लगे सँदेस।
घर छूटा आषाढ़ में, खलता है परदेस ॥ 72 ॥

दूर-दूर से आ रहे, थके हिरन के झुण्ड।
चित्रकूट की छाँह में, जहाँ जानकी कुण्ड ॥ 73 ॥

सूनी-सूनी सीढ़ियाँ, सूने-सूने घाट।
मई-जून की गोमती, देख रही है बाट ॥ 74 ॥

हवा ताल की छू गयी, जैसे तेरे हाथ।
सहलाकर जाने लगे, मेरा तपता माथ ॥ 75 ॥

घिरी घटा-सी ताजगी, पुरवाई-सी चाल।
लगता जैसे खेत में, गीत लिखेंगे ताल ॥ 76 ॥

दफ्तर में बादल घिरे, रस्ते में बरसात।
सूने घर को क्या कहें, नींद न आयी रात ॥ 77 ॥

हँसती हो, खुलकर हँसो, हँसने में क्या लाज।
हम हैं, तुम हो, चाँद है, ओ मेरी मुमताज ॥ 78 ॥

हरा लिफाफा दे गया, मौसम मेरे नाम।
बार-बार पढ़ता रहा, दिन हो गया तमाम ॥ 79 ॥

लहर-लहर लहरा रहे, धान-पान के खेत।
ऊसर भी देने लगे, हरे-हरे संकेत ॥ 80 ॥

खेत हरे, रस्ते हरे, हरी फसल से गीत।
ले आया तेरे लिये, ले लो मेरे मीत ॥ 81 ॥

कारी कजरारी घटा, पहली-पहली बार।
आयी थी त्योहार पर, मार गयी बौछार ॥ 82 ॥

इन्द्रधनुष जब से गये, तब से हुआ न खेल।
खेत न फूटीं क्यारियाँ, छप्पर चढ़ी न बेल ॥ 83 ॥

प्यास नहीं मन की बुझी, नींद न आयी रात।
आग लगाकर क्या गयी, भादों की बरसात ॥ 84 ॥

कह करके आये नहीं, गयी तीज भी बीत।
कैसे तेरी चिट्ठियाँ, कैसी तेरी प्रीत ॥ 85 ॥

घर आया मौसम नया, नये हुए सम्बन्ध।
नयी हवा की ताजगी, नये फूल की गन्ध ॥ 86 ॥

ताल, नदी, जंगल, शहर, कस्बे, गाँव, पहाड़।
सबकी हैं आँखें खुली, सबके खुले किवाड़ ॥ 87 ॥

पिंजरे की मैना सुनो, देखो मेरी ओर।
होंगे हम आकाश में, जैसे होगी भोर ॥ 88 ॥

मौसम कैसा आज का, देता है आभास।
कल अपना होगा हमें, पूरा है विश्वास ॥ 89 ॥

फिर-फिर आना चाँदनी, लिये पर्व-त्योहार।
राह तुम्हारी देखते, झरना-नदी-कछार ॥ 90 ॥

गीत-गीत है शीर्षक, सोंधी, मीठी गन्ध।
पके पान में चन्द्रमा, लिखता ललित निबन्ध ॥ 91 ॥

देख रहे हो इस तरह, जैसे मैं हूँ गैर।
इस गरीब की बाप रे, आज नहीं है खैर ॥ 92 ॥

बाहर-बाहर ताल है, भीतर-भीतर आग।
यह भी क्या संयोग है, विरही के घर फाग ॥ 93 ॥

टहनी-टहनी रागिनी, पत्ता-पत्ता राग।
धन्य-धन्य मैं हो गया, पाकर पंच-प्रयाग ॥ 94 ॥

आकर्षण है रेत में, लहरों में संगीत।
आगे बढ़कर भेंटना, मेरे कुल की रीति ॥ 95 ॥

फूल सरीखे प्रेम के, तैर रहे हैं भाव।
आज और गहरा गया, आकर यहाँ लगाव ॥ 96 ॥

रोम-रोम किलकारियाँ, पोर-पोर अनुराग।
नींद निगोड़ी आ रही, जाग योगिनी जाग ॥ 97 ॥

कोयल ने परिचय दिया, हँसकर मिला वसन्त।
कहिये, क्या खातिर करूँ, घण्टी बजी तुरन्त॥ 98 ॥

वही गुलाबी पत्तियाँ, वही गुलाबी धूप।
रस्ते में साथी मिला, मौसम के अनुरूप॥ 99 ॥

रुनझुन-रुनझुन हर समय, घर-आँगन-दालान।
कोई हँसता जा रहा, मुँह में दाबे पान॥ 100 ॥

दर्पण है, शृंगार है, और मान-मनुहार।
ढाई आखर आत्मा, ढाई आखर प्यार॥ 101 ॥

कैसा कोई सो रहा, मुँह पर रख अखबार।
मौके से घर पर मिला, फुर्सत में रविवार॥ 102 ॥

नया-नया है डाकिया, पूछ रहा है नाम।
क्या जाने केसरगली, किसकी नींद हराम॥ 103 ॥

कोंपल थी, पंखुरी हुई, पंखुरी से फिर फूल।
फूल हुई जिस दिन हँसी, छूट गया स्कूल॥ 104 ॥

हवा पढ़ाती व्याकरण, कर्त्ता-क्रिया-समास।
झील पूछती ताल से, कब छूटेगा क्लास॥ 105 ॥

रस फूटा, पानी चढ़ा, धूप हुई नमकीन।
खेत-खेत रसखान है, गली-गली रसलीन॥ 106 ॥

नदी बिहारी नायिका, घर पद्‌माकर छन्द।
शाम हुई चाँदी कटी, सुबह पिये मकरन्द॥ 107 ॥

मौसम बदला, बस्तियाँ, लगीं टेरने फाग।
कहीं बुझेगी देखना, कहीं लगेगी आग॥ 108 ॥

हँसी, चिकोटी, गुदगुदी, चितवन, छुवन, लगाव।
सीधी-सादी राह में, ये हैं मधुर पड़ाव॥ 109 ॥

लगी खनकने जिन्दगी, टीले हुए समर्थ।
दाँतों में तिनका फँसा, लोग लगाते अर्थ॥ 110 ॥

रत्नाकर की गोपियाँ, करती हैं खिलवाड़।
कभी कूदतीं धार में, चढ़तीं कभी पहाड़॥ 111 ॥

यह सब कैसे हो गया, कोई बात न चीत।
सप्तपदी में बँध गयी, चार आँख की प्रीति॥ 112 ॥

मन से हम फागुन हुए, तन से हुए पलाश।
वासन्ती हो-हो गया, आँगन का आकाश॥ 113 ॥

फूलों डूबीं घाटियाँ, रंगों ढँके पहाड़।
चाँदी-ही-चाँदी कटी, अमराई की आड़॥ 114 ॥

मौसम ने हँसकर छुआ, जी भर खिले गुलाब।
फूली-फूली क्यारियाँ, जैसे खुली किताब॥ 115 ॥

मिले आम के बौर से, राग-रंग के छन्द।
हवा बही, पँखुरी खुली, बिखर गया मकरन्द॥ 116 ॥

धूप मिली, बातें हुईं, जी हो गया निहाल।
हरियाली के सामने, दर्पण जैसा ताल॥ 117 ॥

भीतर-भीतर फगुनहट, लगी लगाने आग।
अदहन तैसा तप रहा, भीतर बसा प्रयाग॥ 118 ॥

उतना ही संकोच है, जितना स्नेह प्रगाढ़।
आँखों में फागुन बसा, होंठों पर आषाढ़॥ 119 ॥

अद्‌भुत है स्नेह भी, अद्‌भुत इसकी सोच।
साँसों में संवाद है, आँखों में संकोच॥ 120 ॥

अमराई बौरा गयी, नागिन हुई बयार।
संकट में बेड़ा पड़ा, कैसे होगा पार॥ 121 ॥

गाँव-गली महुवा गये, घर-घर बही सुगन्ध।
एक लहर उकसा गयी, टूट गया प्रतिबन्ध॥ 122 ॥

कानों में जैसे पड़े, मौसम के दो बोल।
मन में कोई चोर था, भागा कुण्डी खोल॥ 123 ॥

अरज-गरज सुनते नहीं, ये मुरहे कचनार।
सुख लेते हैं धूप का, करते हैं तकरार॥ 124 ॥

हँसी, ठिठोली, गुदगुदी, सिहरन, छुवन, बचाव।
रँग पर रँग चढ़ता गया, बढ़ता गया झुकाव॥ 125॥

मन को पाँखें क्या मिलीं, भरने लगा उड़ान।
कभी छिपा दालान में, कभी खेत-खलिहान॥ 126॥

कुछ ऐसा मौका मिला, कुछ ऐसा संयोग।
चुटकी में सब हो गया, रहे देखते लोग॥ 127॥

रोली-अक्षत छू गये, खिले गीत के फूल।
मन भी जैसे हो गया, वल्कल और दुकूल॥ 128॥

नींद उड़ाकर ले गयी, कोयल तेरी कूक।
मेरे ही सँग क्यों भला, इतना बुरा सुलूक॥ 129॥

साँसों में गर्मी बढ़ी, मन में बढ़ी उमंग।
जितनी माफिक थी हवा, उतनी उड़ी पतंग॥ 130॥

दिन ऐसे मीठे लगे, जैसे खीर-बखीर।
अँजुरी-अँजुरी पी रहे, दोनों राँझा-हीर॥ 131॥

याद अचानक आ गयी, भूली-बिसरी बात।
बातों में छोटी लगी, जाड़ोंवाली रात॥ 132॥

जीवन ही होता रहा, आजीवन अनुबन्ध।
यादों में घुलती रही, मीठी-सी सौगन्ध॥ 133॥

सोलह फूल वसन्त के, मैंने देखा आज।
आँखों-ही-आँखों रही, जैसे सारी लाज॥ 134 ॥

खेत गुलाबी हो गये, हुए गुलाबी गाँव।
लिया किसी ने दाँव फिर, दिया किसी ने दाँव॥ 135 ॥

आज जहाँ भी जा रहे, गोरे-गोरे पाँव।
धन्य बराबर हो रहे, दोनों ठाँव-कुठाँव॥ 136 ॥

कुर्ता जैसे सिल्क का, थाम रहा है हाथ।
स्वेटर लेकिन कह रहा, अभी न छोड़ो साथ॥ 137 ॥

हलका नशा गुलाल का, उस पर मघई पान।
फागुन है बाजार में, थाने का दीवान॥ 138 ॥

फूला नहीं समा रहा, खिला रूप का फूल।
दर्पण भी उसको मिला, मौसम के अनुकूल॥ 139 ॥

आर-पार के दृश्य को, देख रहा मँझधार।
आँखों में लहरा रहा, सुख का पारावार॥ 140 ॥

लहर-लहर छूती हवा, सी-सी करता ताल।
नहीं समेटा जा रहा, मछुवारे से जाल॥ 141 ॥

मन खोया जिस गाँव में, छूट गया वह गाँव।
आँखों में है टीसती, भरी-दुपहरी छाँव॥ 142 ॥

नैन झुके, पलकें मुँदीं, और न फूटे बोल।
भीतर-भीतर खिल उठे, उसके ललित कपोल॥ 143 ॥

खिली चाँदनी रात में, मह-मह गाँव सिवान।
दूर-दूर तक है बसी, महुवे की मुस्कान॥ 144 ॥

भरी-दुपहरी चैत की, हारे-थके मजीद।
बैठे-बैठे आ गयी, घनी छाँह में नींद॥ 145 ॥

खिला चन्द्रमा ताल का, पूछ रहा है हाल।
क्यों जी! कितनी आँच में, गोरस होता लाल॥ 146 ॥

आये बादल जल भरे, बुझी ताल की प्यास।
खेतों हरियाली दिखी, और जगा विश्वास॥ 147 ॥

गूँज उठे सीवान में, फिर कजली के बोल।
अमराई में है जुटी, चरवाहों की गोल॥ 148 ॥

कीचड़-काँदों में सना, जैसे सारा गाँव।
काई खातीं सीढ़ियाँ, बिछल रहे हैं पाँव॥ 149 ॥

गीत गले में इस तरह, बाँध गयी सौगन्ध।
हरसिंगार की छाँह में, हम हो गये प्रबन्ध॥ 150 ॥

वर्षा के दिन लद गये, खिले शरद् के फूल।
दोनों ही अच्छे लगे, सिहरन और दुकूल॥ 151 ॥

कान लगाये है खड़ा, सारा पास-पड़ोस।
अच्छी चुटकी ले रही, आज खुले में ओस ॥ 152 ॥

नीलकण्ठ है नींद में, मत करिये खिलवाड़।
जग जायेगा दर्द फिर, होगी रात पहाड़ ॥ 153 ॥

भूल न पाया आज तक, इतने वर्षों बाद।
अगहन की गहरी छुवन, अक्सर आती याद ॥ 154 ॥

खंजन हँसकर दे रहे, शुभ सूचक संकेत।
बाट तुम्हारी जोहते, पके धान के खेत ॥ 155 ॥

छिली ईख की देह से, झरने लगी मिठास।
सुबह मिली, दिन.भर रही, गयी बढ़ाकर प्यास ॥ 156 ॥

दीपक की लौ-सी हँसी, नहीं भूलती शाम।
भूल गया घर-द्वार मैं, भूल गया हूँ काम ॥ 157 ॥

मन का मौसम आ गया, पड़ी ढोल पर थाप।
रंगों के कानों पड़ी, गीतों की पदचाप ॥ 158 ॥

फिर वासन्ती मन हुआ, फिर से रँगे कछार।
फिर-फिर जैसे छू रहे, टेसू औ कचनार ॥ 159 ॥

लगी बुलाने जिन्दगी, लगे टेरने गाँव।
हरदम गहरे टीसती, अमराई की छाँव ॥ 160 ॥

जब से आया मुम्बई, तब से नींद हराम।
चौपाटी तुमसे भली, लोकनाथ की शाम॥161॥

महानगर में आ रही, आज गाँव की याद।
धू-धू जलती होलिका, हँसता था प्रह्लाद॥162॥

हरियाली की आड़ में, बैठा है तालाब।
प्यास बुझाने के लिए, ढूँढ़ रहा सुर्खाब॥163॥

मन प्रकाश से सींचता, और बाँटता छाँह।
सहज-सरस उस प्रेम की, कितनी लम्बी बाँह॥164॥

झिलमिल-झिलमिल चाँदनी, बरसे अमृत धार।
बार-बार कोई मुझे, बुला रहा उस पार॥165॥

आँखों में है सीरियल, मन में रंग-उमंग।
नस-नस में बिजली भरी, फड़क रहे हैं अंग॥166॥

क्या जाड़े की धूप है, क्या उबटन की जून।
कच्चा आँगन गाँव का, कुतर रहा नाखून॥167॥

कोमल-कोमल ऊन के, कोमल-कोमल फूल।
साथ-साथ बाजार में, साथ-साथ स्कूल॥168॥

जैसे खोई ईख की, दिन भर खाती घाम।
शाम हुई चूल्हे गयी, किस्सा हुआ तमाम॥169॥

पौ फूटी, सूरज खिला, गूँजा गाँव-सिवान।
टीन पीटता ओस में, भींगा हुआ मचान ॥ 170 ॥

मण्डप की चर्चा चली, उठे सगुन के गीत।
फाँस गले की हो गयी, परदेसी की प्रीति ॥ 171 ॥

शाम ताल से छू गयी, ताल हुआ बेचैन।
नींद निगोड़ी भी गयी, गड़े नैन में नैन ॥ 172 ॥

केसर-कस्तूरी मिले, चन्दन हुआ निहाल।
कहते-सुनते जा रहे, अपना-अपना हाल ॥ 173 ॥

सीधी-सादी कल्पना, सीधे-सादे भाव।
बुद्धू नाहक खा रहा, बात-बात में ताव ॥ 174 ॥

बजी बाँसुरी कृष्ण की, नाच उठा त्रैलोक।
कण-कण में आनन्द है, कहीं न कोई शोक ॥ 175 ॥

राग-रंग दोनों मिले, वृन्दावन की छाँह।
गोरी-गोरी बाँह में, श्यामल-श्यामल बाँह ॥ 176 ॥

सागर-सी लहरा रही, मीठी गो-रस धार।
डूबे कुंज-निकुंज में, मान और मनुहार ॥ 177 ॥

उदय हुआ सौभाग्य-सा, वृन्दावन का रास।
पलक झँपी औ बुझ गयी, जनम-जनम की प्यास ॥ 178 ॥

गति में ऐसा लय मिला, लय में साँस विलीन।
तीन-पाँच भी ना रहा, और न तेरह-तीन ॥ 179 ॥

सब-कुछ डूबा भाव में, कुछ भी बचा न शेष।
कौन किसे देता भला, ऐसे में सन्देश ॥ 180 ॥

फागुन के दिन आ गये, बाँट रहे हैं रंग।
मन में जोश-उमंग है, मुट्ठी में हुड़दंग ॥ 181 ॥

फूले नहीं समा रहे, सरसों और पलाश।
धरती पीली हो गयी, लाल हुआ आकाश ॥ 182 ॥

धूप सुहानी हो गयी, खिले सुहाने फूल।
अमराई की छाँह में, चिड़ियों का स्कूल ॥ 183 ॥

चटकी कली गुलाब की, देख सुबह है दंग।
उसके मन से है मिला, मेरे मन का रंग ॥ 184 ॥

फागुन का रथ आ रहा, छोड़ो भाई राह।
फागुन से ज्यादा कहीं, घोड़े लापरवाह ॥ 185 ॥

दर्शक बढ़ते जा रहे, परेशान दरबान।
है फूलों के मंच पर, रंगों की मुस्कान ॥ 186 ॥

क्या कहना ऋतुराज का, सबसे आला रंग।
हाथों पिचकारी लिये, बच्चा नंग-धड़ंग ॥ 187 ॥

फागुन ने गहरे छुआ, जागी मन में टीस।
दोनों तिरसठ हो गये, अब तक थे छत्तीस॥188॥

ऋतुओं के संसार में, सर्वोपरि ऋतुराज।
पानी पर मरता सदा, रखता घर की लाज॥189॥

राग-रंग अभिसार की, मीठी-सरस फुहार।
मैं हूँ स्वागत में खड़ा, जैसे स्वागत द्वार॥190॥

धूल-धूल होने लगी, जैसे कच्ची राह।
सबको है जल्दी पड़ी, फागुन का है ब्याह॥191॥

कटती जाती है फसल, खुलते जाते खेत।
रह-रह पछुवाँ मारती, मुट्ठी भर-भर रेत॥192॥

होंठ आज फटने लगे, आया है पतझार।
प्यास और गहरा गयी, सुनती नहीं बयार॥193॥

नया नहीं है गाँव में, फागुन का यह दौर।
पहले भी छूते रहे, इसी तरह ये बौर॥194॥

आसमान तपने लगा, जलने लगी जमीन।
हवा लपट-सी छू रही, धूप और संगीन॥195॥

मौसम की मीठी छुवन, मीठी-मीठी पीर।
हाल न पूछो प्राण का, बेहद आज अधीर॥196॥

साधारण-सी बात पर, इतना हुआ बवाल।
होती यदि गम्भीर तो, फिर क्या होता हाल॥197॥

व्याकुल आँखें क्या कहूँ, दर्शन को बेताब।
दूरी सागर पार की, कैसे बने हिसाब॥198॥

उठती-गिरती है लहर, देखो चढ़ता ज्वार।
किसने ऐसा क्या किया, सागर हुआ शिकार॥199॥

बदल गया दिन रात में, घिरी घटा घनघोर।
झील, ताल लहरा उठे, नाच उठे वन मोर॥200॥

छाजन झरना हो गयी, आँगन जैसे झील।
ढूँढ़ रही है शान्ता, गिरी नाक की कील॥201॥

गलियारे फिसलन बढ़ी, सीलन चढ़ी मुँडेर।
धूप पेड़ की ओट से, देख रही मुँह फेर॥202॥

चम-चम चमके बीजुरी, गूँजे बादल राग।
पुरवाई की गोद में, झूल रहे हैं बाग॥203॥

चौलर की लर छू रही, फड़क रहे हैं अंग।
कहती है झिर-झिर हवा, आओ मेरे संग॥204॥

दिन-दिन भरता जा रहा, देखो सुरहा ताल।
देख-देख लहरा रहा, पूछ न मन का हाल॥205॥

पूरी चमके टीकुली, आधा चमके माथ।
खड़ी सुहागिन छींट में, लिये सिन्होरा हाथ॥ 206 ॥

धानी चूनर खिल उठी, खिला होंठ पर गीत।
हरियाली से प्यार की, बनी रहे यह रीति॥ 207 ॥

हैरत में हूँ देखकर, आज नदी की चाल।
होगी लेकिन इस समय, मिलती नहीं मिसाल॥ 208 ॥

धान बुलाते शान से, देते हाथ सिवान।
घर की चौखट पर खड़ी, गोरी तोड़े तान॥ 209 ॥

खेत निराती औरतें, कितनी हैं जीवन्त।
शुरू हुआ दिन राग से, हुआ राग से अन्त॥ 210 ॥

निकले थे बौछार में, मिले पेड़ की ओट।
लौटे तो ऐसा लगा, जैसे कहीं कचोट॥ 211 ॥

मन का सौदा हो गया, ऐसा बना हिसाब।
सिरहाने उलटी पड़ी, देखो खुली किताब॥ 212 ॥

लहरों की छप-छप सुनो, झुको लगाओ कान।
नाव-नदी के बीच में, मौसम अन्तर्धान॥ 213 ॥

गहरा संकट धूप का, धुआँधार बौछार।
पानी पैठा नींव में, बैठ गयी दीवार॥ 214 ॥

गीले ईंधन की व्यथा, किससे कहें दिनेश।
ऐसे में मेहमान भी, और दे रहे क्लेश॥ 215॥

बन्द है आगे रास्ता, बढ़ना है बेकार।
टकरा-टकरा लौटती, सिर धुनती है धार॥ 216॥

सिर धुनती इस धार से, मिली प्रेरणा ख़ूब।
फौरन ही हरिया उठी, मुरझायी थी दूब॥ 217॥

आँखों ने सब कह दिया, खुले न उसके होंठ।
उत्सव का घर प्यार से, गोंठ सुहागिन गोंठ॥ 218॥

मन में आज उमंग है, आँखों में है ख्वाब।
देख रहा आकाश को, फूला हुआ गुलाब॥ 219॥

दर्पण में ऐसा खिले, हँसी भरे वे गाल।
पूरनमासी रात में, जैसे जोड़ा ताल॥ 220॥

गाती हैं लहरें मधुर, मिलती सहज मिठास।
बसी हुई है कण्ठ में, मेरी आदिम प्यास॥ 221॥

डरो नहीं आगे बढ़ो, और मिलाओ हाथ।
वह देखो तैयार है, देगा तेरा साथ॥ 222॥

कैसा मुड़ना, देखना, अब पीछे की ओर।
छूट गया वह रास्ता, टूट गयी वह डोर॥ 223॥

घर आया वह लौटकर, गया न अपने गाँव।
बालू पर उभरे-मिटे, पानी डूबे पाँव ॥ 224 ॥

महक उठे हैं गाँव-घर, बौर रहे हैं आम।
ताल किनारे हैं उगे, कोरे युगल प्रणाम ॥ 225 ॥

देख न पीला चाँद तू, जाग न सारी रात।
बढ़ते-बढ़ते बढ़ गयी, थी छोटी-सी बात ॥ 226 ॥

फूला महुवा ले रहा, गहरी साँस-उसाँस।
कठिनाई में जी रही, फँसी गले में फाँस ॥ 227 ॥

भरी दुपहरी बींधती, रह-रह उठती टीस।
अब तो होती जा रही, तपन दिनों-दिन बीस ॥ 228 ॥

धूल झोंकती है हवा, करती है खिलवाड़।
नंगी हुई जमीन भी, नंगे हुए पहाड़ ॥ 229 ॥

खिले फूल मुरझा गये, खेत हुए बदरंग।
रँग फूटे, उभरे चढ़े, गये फसल के संग ॥ 230 ॥

फागुन का उतरा नशा, सूना हुआ कछार।
रँग-रोगन सब ले गयी, अपने साथ बयार ॥ 231 ॥

घर जैसे है ब्याह का, कचर-पचर हर ओर।
आँखों में चुप्पी खिली, साँसों में है शोर ॥ 232 ॥

रोली में चावल सने, हल्दी में है दूब।
उबटन में गोरी सनी, मण्डप भी है खूब ॥ 233 ॥

जोड़ा जैसे ब्याह का, आकर्षण की देह।
दो पत्ती का हो गया, अंकुर जैसा नेह ॥ 234 ॥

बातें हैं रस से भरी, हँसी-ठिठोली संग।
वल्कल जैसी छाँह में, पान-फूल से अंग ॥ 235 ॥

चुनरी-पियरी-ओढ़नी, रुनझुन-रुनझुन बोल।
बढ़ी हुई है बेकली, चढ़ा हुआ है ढोल ॥ 236 ॥

कोहबर जैसे मंच हैं, राग-रागिनी संग।
उत्सव की शोभा हुए, रति के साथ अनंग ॥ 237 ॥

हल्दी-चावल-नारियल, फूल-सुपारी-पान।
बनी रहे अँजुरी भरी, बना रहे सम्मान ॥ 238 ॥

मंगल-ही-मंगल वहाँ, जहाँ राग-अनुराग।
दाम्पत्य के रंग में, जैसे खिला सुहाग ॥ 239 ॥

लौटी रस की जिन्दगी, लौटी रस की धार।
मरुथल में लहरा उठा, अद्‌भुत पारावार ॥ 240 ॥

सागर जहाँ अथाह है, सागर जहाँ अनन्त।
वहीं प्रेम का आदि है, वहीं प्रेम का अन्त ॥ 241 ॥

जीवन का यह मूल है, जीवन का विस्तार।
ईश्वर ने वरदान में, दिया प्रेम उपहार॥ 242 ॥

देह–धर्म भी प्रेम है, मन का भी है धर्म।
जो करता वह जानता, वही बूझता मर्म॥ 243 ॥

और रसायन प्रेम है, और ऊर्जा आग।
सबसे आला रंग है, सबसे आला राग॥ 244 ॥

प्रेम भागवत–तत्त्व है, कृष्ण–कथा का सार।
जिल्द सरीखे हैं बँधे, मान और मनुहार॥ 245 ॥

बिना प्रेम जीवन नहीं, जीवन है बेकार।
बे पानी किस काम के, नाव–नदी–पतवार॥ 246 ॥

रंग–रूप से है परे, नहीं चित्र–दीवार।
कोई साँचा भी नहीं, ऐसा रचनाकार॥ 247 ॥

प्रेम भरा है त्याग में, होता है बलिदान।
सिर रखता है हाथ पर, इसकी है पहिचान॥ 248 ॥

सुख का ओर न छोर है, रस का आदि न अन्त।
जितना ही रसवन्त है, उतना ही जीवन्त॥ 249 ॥

भर देता मन भाव से, ऐसा होता प्यार।
कर देती है तृप्त ज्यों, रस की मीठी धार॥ 250 ॥

अद्भुत है संवेदना, अद्भुत है यह योग।
बनता है बानक कभी, नदी-नाव संयोग॥ 251 ॥

हरियाली में रस यही, फल में यही मिठास।
यही दर्द है, टीस है, यही सनातन प्यास॥ 252 ॥

मन कोरा जब तक रहा, जँचा न कोई रंग।
रंग मिला तो देखिये, छूटा कभी न संग॥ 253 ॥

किसलय पल्लव में बसा, जैसे राग-पराग।
खुशबू से बोझिल हवा, गमगम-गमगम बाग॥ 254 ॥

साँसों में मकरन्द है, आँखों में उत्साह।
डरता ना संघर्ष से, करता ना परवाह॥ 255 ॥

बढ़ता जाता राह में, मन में लिये उमंग।
ज्यों पीछे मुड़ती नहीं, जल में उठी तरंग॥ 256 ॥

मौसम छूता प्यार से, मन में खिलते भाव।
जो सादा था रँग गया, ऐसा पड़ा प्रभाव॥ 257 ॥

पत्ते-टहनी-डालियाँ, गहरी, मीठी छाँह।
मिली ठौर-सी जिन्दगी, मिली राह-सी बाँह॥ 258 ॥

काम बनेगा देखना, फिर फूटेगी धार।
मुझे सुनायी दे रही, झरने की ललकार॥ 259 ॥

पहले खेत-सिवान में, होते रहे मचान।
कजली-बिरहा टेरते, फसलों के अरमान॥ 260 ॥

भरा हुआ मन राग से, खेल रहा है फाग।
बोलेगी कोयल अभी, दहकेगी फिर आग॥ 261 ॥

जल्दी में संकेत भी, जल्दी में संवाद।
अभी कानपुर, लखनऊ, अभी इलाहाबाद॥ 262 ॥

तट पर उत्सव हो रहा, उतरा है शृंगार।
दिया हथेली पर लिये, कलकल बहती धार॥ 263 ॥

बाँह गले में डालकर, पूछ रहा है आम।
महुवारी कैसी लगी, आज चैत की शाम॥ 264 ॥

बिछुड़ा है जिस नाग का, जोड़ा अबकी साल।
खुद ही आकर देख ले, पूछ न उसका हाल॥ 265 ॥

हँसता मुखड़ा देखकर, होता है विश्वास।
जीवन मन के पास है, मन जीवन के पास॥ 266 ॥

नख-शिख डूबी धार में, पान-फूल-सी देह।
परछाईं मीठी लगे, ऐसा इसका स्नेह॥ 267 ॥

कन्धे पर बादल घिरे, साँसों राग वसन्त।
क्या जाने किस ताल पर, होगा इसका अन्त॥ 268 ॥

मुश्किल होता जा रहा, उसका देना साथ।
जो चलता है पैंतरे, और खींचता हाथ॥ 269 ॥

जितनी अच्छी दृष्टि है, उतनी अच्छी सोच।
जीवन के ये रंग हैं, शर्म-शील-संकोच॥ 270 ॥

बहता पानी थम गया, खिला वहाँ पर ताल।
हवा बजाती बाँसुरी, ताल बजाता गाल॥ 271 ॥

जैसे-जैसे घिर रही, ताल किनारे शाम।
वैसे-वैसे लग रहा, दिन पर पूर्ण विराम॥ 272 ॥

दिन डूबा, सूरज गया, किस्सा हुआ तमाम।
अँजुरी में दीपक लिये, घर-घर पहुँची शाम॥ 273 ॥

दिन की गतिविधियाँ सभी, सिमट रहीं हर ओर।
ओझल होती धूप है, गायब होता शोर॥ 274 ॥

गोरू लौटे गाँव में, छूटा खेत-सिवान।
चरनी पर चारा मिला, पड़ी जान में जान॥ 275 ॥

पेड़ों की परछाइयाँ, भूलीं दिन के छन्द।
जैसे छाता था खुला, अभी हुआ है बन्द॥ 276 ॥

ज्यों-ज्यों गहरी हो रही, गाँव-गली में रात।
त्यों-त्यों बढ़ती जा रही, पन्नी की औकात॥ 277 ॥

साँसों में बजने लगा, मीठा-मीठा प्यार।
कोई जैसे छू रहा, हलके-हलके तार ॥ 278 ॥

आड़ी-तिरछी टेक है, बातें खरी-सपाट।
फिर भी घाटी से बँधा, खुला नदी का पाट ॥ 279 ॥

धमनी-धमनी धौंकनी, आँधी होती साँस।
चार आँख से पूछिये, कैसी होती फाँस ॥ 280 ॥

धीमी-धीमी आँच का, मीठा-मीठा ताप।
साथ बराबर चल रहे, दोनों थाप-अलाप ॥ 281 ॥

मुखर हुई गम्भीरता, शब्द मिले हर ओर।
कोई रंग विभोर है, कोई भाव-विभोर ॥ 282 ॥

दर्शन से अनुभव हुआ, अनुभव से विश्वास।
भीतर है कोई बसा, होता है आभास ॥ 283 ॥

वही प्राण है देह में, वही ऊर्जा धार।
उसके आगे सिर झुका, अब दुनिया बेकार ॥ 284 ॥

जैसे उतरी चाँदनी, खिली फूल-सी ओस।
ऐसी तेरी लाज को, लगे न कोई दोष ॥ 285 ॥

आकर्षण भी राग है, सुन्दरता भी राग।
प्रकट हुआ है भाव-सा, दर्पण में अनुराग ॥ 286 ॥

छुवन तुम्हारी इस तरह, करती है भरपूर।
होता हूँ सम्पूर्ण मैं, आता चकनाचूर॥ 287 ॥

देती है जीवन्तता, अद्भुत है मुस्कान।
ले लेती है शर्तिया, मेरा भी ईमान॥ 288 ॥

अन्तरंग रसवन्तता, होती झरना-धार।
तट बन्धों के बीच ज्यों, लहराता विस्तार॥ 289 ॥

नहीं जानता आज तक, मैं लगता हूँ कौन।
लेकिन मेरे योग्य है, यार तुम्हारा मौन॥ 290 ॥

उतना ही तू है जटिल, जितना मैं आसान।
नहीं रहा अब फासला, दोनों के दरम्यान॥ 291 ॥

आकर्षण की छाँह में, लाज-शील-संकोच।
प्यासी चिड़िया खोलती, रह-रह जैसे चोंच॥ 292 ॥

गीत-हँसी-मीठी चुहल, जब तक मन के पास।
साथ रहेगी जिन्दगी, इतना है विश्वास॥ 293 ॥

मन माफिक आयी हवा, लेकर सही जवाब।
आँगन के कोने खिला, पहली बार गुलाब॥ 294 ॥

क्या पत्ती, क्या पंखुरी, क्या टहनी, क्या डाल।
रस के मारे हैं सभी, सब हैं आज निढाल॥ 295 ॥

एक रसायन तीन गुण, दरस–परस–संवाद।
चुटकी में अँजुरी भरे, जिसको मिले प्रसाद॥296॥

रँग चढ़ता फौरन यहाँ, होता रस–संचार।
हरियाली की देह में, तैर रही जल–धार॥297॥

प्यास बुझाती चाँदनी, भरती दिन के घाव।
जिसकी ओर झुकाव है, उसकी ओर बहाव॥298॥

क्या नख–शिख शृंगार है, सुन्दरता का आज।
बँधा हुआ है आईना, बँधी हुई है लाज॥299॥

खिले रूप के ताल में, आकर्षण के फूल।
और फूल से भर उठे, देखो चारों कूल॥300॥

आँखों–ही–आँखों रही, आतुरता भरपूर।
होंठों पर आयी मगर, थी शब्दों से दूर॥301॥

शब्द मिले तो हो गये, गीत, गीत की टेक।
फूलों जैसे हैं गुँथे, कितने एक–अनेक॥302॥

ऋतुओं को ही देखकर, सजते हैं त्योहार।
हिलती जैसे पालकी, कन्धे लिये कहार॥303॥

ना टोना, ना टोटका, ना जादू, ना मन्त्र।
सौदा है मन का हुआ, इसमें क्या षड़यन्त्र॥304॥

कलरव की वेला मधुर, पुलकित कूल-दुकूल।
अपने-अपने राग से, भरे हुए हैं फूल॥ 305 ॥

हँसी-ठिठोली-मसखरी, भाव भरे उद्‌गार।
बातों का तो सिलसिला, घण्टों चलता यार॥ 306 ॥

कैसा जीवन राग है, भीतर रखता आग।
मौसम को जीता सदा, और खेलता फाग॥ 307 ॥

पीला-वासन्ती-हरा, काला और सफेद।
रंगों में भी देखिये, सौ-सौ भेद-विभेद॥ 308 ॥

आला रँग है प्यार का, हरदम आलीशान।
पर्वत-सी पहिचान है, बालू-सी पहिचान॥ 309 ॥

इसी रंग की छाँह में, मिलता है सन्तोष।
धुल जाते आकर यहाँ, मन के सारे दोष॥ 310 ॥

खिलता है मन पर्व-सा, जीता है त्योहार।
जीवन देता है मुझे, तेरा मिलना यार॥ 311 ॥

पूर्ण हुई है कामना, रही न कोई चाह।
मंजिल पर तू ले गयी, आभारी हूँ राह॥ 312 ॥

राह मिली, मंजिल मिली, प्रकट हुआ अनुराग।
यही सत्य सबसे बड़ा, असली जीवन-राग॥ 313 ॥

आते हो तो साथ में, लाते रंग हजार।
तुम्हें देखकर खँडहर, हो जाता गुलजार॥ 314 ॥

खुली-खुली है सोच भी, लहजा भी बेबाक।
बनी हुई है देह पर, रंग-रूप की धाक॥ 315 ॥

तरुणाई की देह में, ऐसी मादक आँच।
सुबह-सुबह की धूप में, भूले हिरन कुलाँच॥ 316 ॥

तिल-तिल है चढ़ती उमर, जौ-जौ खिलती देह।
बरसेंगे जाकर कहीं, भरे-भरे ये मेह॥ 317 ॥

गोरी-गोरी देह पर, नीली-पीली छींट।
बातें तो बातें मगर, हँसी और भी स्वीट॥ 318 ॥

तू हँसता है साथ में, हँसता भरा शरीर।
जैसे पालीथीन में, भरी हुई है खीर॥ 319 ॥

हल्दी-चन्दन छू गये, हुई दूब भी धन्य।
सफल हुआ जीवन कहीं, कोई हुआ अनन्य॥ 320 ॥

घनी छाँह में देर तक, खड़े रहे हम यार।
पड़ा अचानक भागना, ऐसी फूटी धार॥ 321 ॥

सराबोर दोनों हुए, ऐसी थी बौछार।
चलना मुश्किल हो गया, हम लथपथ, लाचार॥ 322 ॥

आओ इस बौछार में, खुलकर भींगें यार।
जैसे पेड़, पहाड़ हैं, जैसे खड़े करार ॥ 323 ॥

अच्छी बारिश हो रही, नहीं टूटती धार।
सीधे भी बौछार है, टेढ़े भी बौछार ॥ 324 ॥

संस्कार के थाल में, अभिनन्दन के रंग।
झूम रहे हैं फूल ज्यों, फुलवारी के संग ॥ 325 ॥

तरह-तरह के रंग हैं, तरह-तरह के बोल।
जैसे टाल-मटोल के, सँग-सँग गोल-मटोल ॥ 326 ॥

आती याद अलाव की, गर्माहट का बाप।
बिना भगाये भागता, जाड़ा अपने-आप ॥ 327 ॥

सूरज जल्दी डूबता, लम्बी होती रात।
आधी-तीहा ही हुई, पूरी हुई न बात ॥ 328 ॥

चुटकी लेती सर्दियाँ, खुलते जाते शाल।
दुबकी-सिमटी देह का, देखो कैसा हाल ॥ 329 ॥

प्यार धर्म है, पन्थ है, है ये जीवन-राग।
यही आग में बर्फ है, यही बर्फ में आग ॥ 330 ॥

डूब रही हैं सीढ़ियाँ, सोच रहा है घाट।
यह कैसा पानी चढ़ा, बिगड़ गये सब ठाट ॥ 331 ॥

पौ फूटी, उतरी किरन, लगी बजाने गाल।
शाम हुई, सूना हुआ, वही बोलता ताल।।332।।

तिनका बहता जा रहा, कैसा धारोधार।
पागल के सिर इश्क का, जैसे भूत सवार।।333।।

मेघ घिरे, पानी गिरा, निखरे पेड़-पहाड़।
ऐसे में बज्जर हुए, खुलते नहीं किवाड़।।334।।

सावन की झिर-झिर हवा, देह तोड़ता ताल।
तनी रही जो झुक गयी, वो कदम्ब की डाल।।335।।

कैसी सहज मिठास है, अद्‌भुत है संवाद।
सदा रहेंगे याद ये, मन्दिर और प्रसाद।।336।।

पलकें खुलीं कदम्ब की, मन में जगी हुलास।
फूलेगा वो शर्तिया, जीवन जिसके पास।।337।।

हरियाली के रंग में, डूबा हुआ प्रकाश।
नाप रहा धरती कभी, नाप रहा आकाश।।338।।

घटा सलोनी-साँवली, ये लहराता ताल।
दोनों ही कह-सुन रहे, अपना-अपना हाल।।339।।

हरी दूब है धूप में, छायी सोंधी गन्ध।
खेतों से गहरा गये, फसलों के सम्बन्ध।।340।।

उत्सव घर में दे रहा, जीवन को विस्तार।
चौतरफा हा-हा, हि-ही सबके रंग हजार॥ 341 ॥

देखो जिन्दा आदमी, और सुनो ललकार।
गूँज रही है जिन्दगी, आर-पार मँझधार॥ 342 ॥

धान उगे हैं खेत में, फैला धानी रंग।
झिर-झिर-झिर बौछार में, रेशम लिपटा अंग॥ 343 ॥

दर्शन का सुख क्या कहें, फौरन भरता घाव।
रस-ही-रस झरता यहाँ, मिटता है अलगाव॥ 344 ॥

सींचो तो फिर ठाट से, बनो धार-बौछार।
मुँह मत देखो भीड़ में, चूमो बारम्बार॥ 345 ॥

इसके चलते ही यहाँ, दुनिया हुई करीब।
उसका देता साथ ये, जिसका बड़ा नसीब॥ 346 ॥

है जय-जय के राग में, पगी भेंट-अँकवार।
अपने प्रिय की राह में, बिछा हुआ है प्यार॥ 347 ॥

रोपनहारी खेत में, झुक-झुक रोपें धान।
हिलती नथिया पर फिदा, होंठों की मुस्कान॥ 348 ॥

लहरें छेंके रास्ता, हँसकर डालें जाल।
जोड़ा है जिस नाव में, उसका देखो हाल॥ 349 ॥

लहरों के हर ताल पर, थम जाता संगीत।
सम पर आकर देखिये, फिर उठता है गीत॥ 350 ॥

जल को छूना होंठ से, और फूल से देह।
दर्पण-दर्शन की तरह, अद्भुत है ये नेह॥ 351 ॥

बढ़ती जाती बेकली, बढ़ती जाती प्यास।
घनी छाँह में धूप का, होता है आभास॥ 352 ॥

खिली धूप में देखिये, हँसते हैं शैवाल।
गुब्बारों के साथ हैं, फूल भरे रूमाल॥ 353 ॥

गीत-कहानी-लेख सब, तेरे ही हैं भाव।
तेरी सारी भूमिका, तेरा ही प्रस्ताव॥ 354 ॥

जैसी तेरी सादगी, जैसा तेरा राग।
बार-बार मन कह रहा, जाग-बावले-जाग॥ 355 ॥

बँट जाता है रास्ता, जैसे आता मोड़।
इसी मोड़ पर वापसी, भी होती बेजोड़॥ 356 ॥

छोटी-बड़ी शिकायतें, रोज खींचतीं कान।
मिल भी जाता है उन्हें, गया हुआ ईमान॥ 357 ॥

छोटा हो चाहे बड़ा, देता दीप प्रकाश।
जीवन ही है आस्था, जीवन है विश्वास॥ 358 ॥

अलग दिखायी दे रहा, बहुत-बहुत आभार।
हरियाली में फूल-सा, खिला-खिला ये प्यार॥ 359॥

तट पर दिन निकला कभी, तट पर डूबी शाम।
आँखों-ही-आँखों रहे, भींगे युगल प्रणाम॥ 360॥

हिचक बसी मन में कहीं, झलक रहा संकोच।
घर बैठे ही आ गयी, बिना बुलाये मोच॥ 361॥

भरा हुआ है भाव से, जीवन का त्योहार।
बार-बार हैं मिल रहे, दोनों प्यार-दुलार॥ 362॥

आकर्षण से है भरा, उत्सव का ये रंग।
क्या मस्ती से जा रही, नाव नदी के संग॥ 363॥

खेल रहीं लहरें यहाँ, आर-पार का खेल।
देख रही हैं ठाट से, आती-जाती रेल॥ 364॥

चिड़ियों से झुकती नहीं, खूब बजाती गाल।
टहनी थी अब हो गयी, दुहरी मोटी डाल॥ 365॥

फूला नहीं समा रहा, बाग-बाग है बाग।
पंछी-भौंरे-तितलियाँ, खेल रहे सब फाग॥ 366॥

भरता नयी उमंग से, देता जीवन ताप।
तेरा ही स्पर्श है, मेरा पुण्य प्रताप॥ 367॥

पुरवाई है दे रही, ऐसी आज झकोर।
एक साँस में गिन रही, टहनी सौ हिलकोर॥ 368 ॥

पानी में परछाइयाँ, करती हैं खिलवाड़।
खबरें बनती हैं यहाँ, होता तिल का ताड़॥ 369 ॥

अद्‌भुत रँग है प्यार का, अद्‌भुत इसका साथ।
ले लेता है हाथ तो, नहीं छोड़ता हाथ॥ 370 ॥

भरी देह की ताजगी, भरे खेत का रंग।
उबटन के हाथों लगे, बचपन जैसे अंग॥ 371 ॥

परदे-सी जलधार है, झिलमिल-झिलमिल तार।
आकर्षण की बह रही, ठण्डी-मधुर बयार॥ 372 ॥

ऐसी पीड़ा प्रेम की, क्या बतलाऊँ यार।
जीवन का विस्तार है, जीवन का आधार॥ 373 ॥

फिर-फिर जागी चेतना, फिर-फिर जगा विवेक।
मंगल का रथ आ रहा, करने को अभिषेक॥ 374 ॥

मछली है एकान्त में, चाह रही संवाद।
इधर-उधर दौड़ा रहे, कल-कल और निनाद॥ 375 ॥

गहरी छनती चाँदनी, ढलती आधी रात।
होंठों पर है आ रही, रह-रह कोई बात॥ 376 ॥

जितना मन उलझा, बढ़ा उतना ही संकोच।
फल को तूने खा लिया, क्या होगा अब सोच॥ 377 ॥

यही रीति है प्यार की, यहाँ न होता मोल।
उसकी तुलना ही नहीं, जो देता दिल खोल॥ 378 ॥

पंछी उड़ना चाहता, खोलो बन्द किवाड़।
उसे बुलाते प्यार से, देखो पेड़-पहाड़॥ 379 ॥

देखा तो ऐसा लगा, तेरा रूप-अनूप।
बिछा हुआ आकाश है, जल ओढ़े है धूप॥ 380 ॥

गंगा-यमुना जिल्द हैं, बँधा हुआ है ग्रन्थ।
जो आया इस रेत में, समा गया वो पन्थ॥ 381 ॥

कितने-कितने रंग हैं, कैसे-कैसे बोल।
सब तेरे आगे खड़े, तू आँखें तो खोल॥ 382 ॥

यार तुम्हारी क्या कहूँ, कोई नहीं मिसाल।
न्यौछावर है देख ले, मेरा जोड़ा ताल॥ 383 ॥

रिश्तों की भरमार है, बहुत बड़ा परिवार।
माँ सबसे ऊपर सदा, ईश्वर का उपहार॥ 384 ॥

माँ छूती है प्यार से, होता है दुःख दूर।
माँ का आशीर्वाद है, जीवन से भरपूर॥ 385 ॥

ममता–करुणा–स्नेह का, माँ होती अवतार।
धन्य–धन्य वह जीव जो, पाता माँ का प्यार ॥ 386 ॥

माँ की जैसी गोद है, वैसी और न गोद।
बनी रहे ये सर्वदा, ईश्वर से अनुरोध ॥ 387 ॥

अच्छा है वातावरण, जीवन है हर ओर।
सम्बन्धों की छाँह में, घर है भाव–विभोर ॥ 388 ॥

मौसम बदला तो यहाँ, शुरू हुआ बदलाव।
साफ दिखायी दे रहा, मुँह पर जैसा भाव ॥ 389 ॥

मौसम के सँग–साथ का, असर देखिये साफ।
सिरहाने रहने लगा, कल से वही लिहाफ ॥ 390 ॥

जीवन–जीने की ललक, मिलती है हर ओर।
कहीं–कहीं संकोच है, दबी हुई है कोर ॥ 391 ॥

प्रकृति लगी देने हमें, रोज नये उपहार।
यही रास्ता प्यार का, ले जाता उस पार ॥ 392 ॥

हर धड़कन रटती उसे, जो होता है दूर।
ऐसी कुट्टी से मुझे, मिल्ली है मंजूर ॥ 393 ॥

खुला समर्पण चाहिए, तब बनती है बात।
सारी दुनिया एक–सी, बिना टाट या भात ॥ 394 ॥

बनते-बनते सुर बना, सधे ताल पर भाव।
तब उपजा ये राग है, करता दूर अभाव॥395॥

मन के माफिक भागना, यार बड़ा आसान।
बहुत कठिन लेकिन मगर, मन का रखना ध्यान॥396॥

मन बदला, बदली दशा, बदले खेत, कछार।
कन्धे पर उत्सव लिये, उतरा है त्योहार॥397॥

अच्छी है मीठी हवा, कहती चुटकी काट।
मेरा तो घर आ गया, उतरी अपने घाट॥398॥

गीत, हवा, काली घटा, धानी होती शाम।
लगता है फिर आज भी, होगी नींद हराम॥399॥

वन्दन, पूजन, आस्था और अटल विश्वास।
पहुँचाते हैं भक्त को, उसके प्रिय के पास॥400॥

अद्‌भुत ये संयोग है, आँख हुई है चार।
नहीं सुझायी दे रहा, अन्धा जो है प्यार॥401॥

ना, ये कोई दोष है, ना ये कोई भूल।
किसी-किसी के प्राण में, खिलता है ये फूल॥402॥

देता है ये ताजगी, देता है ये धार।
बड़े भाग्य से जिन्दगी में मिलता है प्यार॥403॥

मंगल रथ, मंगल कलश, मंगल रंग-सुहाग।
मंगल-मंगल रेत में, मंगल चरण-प्रयाग ॥ 404 ॥

बदल गयी मन की दशा, देख सहज शृंगार।
उत्सव के घर में हुआ, मंगल का अवतार ॥ 405 ॥

मुख मुद्रा अब क्या कहूँ, आकर्षण का फूल।
फुलवारी की गोद में, रहा पालना झूल ॥ 406 ॥

कुछ मौसम उकसा रहा, कुछ अपनी भी चाह।
नहीं सुझायी दे रही, इसके आगे राह ॥ 407 ॥

बनी रहे ये जिन्दगी, बनी रहे रफ़्तार।
बने रहें ये तार भी, बनी रहे झंकार ॥ 408 ॥

फूल रहे हैं केवड़े, मह-मह गाँव-सिवान।
ये उसका स्थान है, जो है अन्तर्धान ॥ 409 ॥

रेख भीनती उम्र है, देख रहा वो ख्वाब।
खोज रहा चारों तरफ, टटका खिला गुलाब ॥ 410 ॥

ऐसी होती प्यास ये, ऐसी होती टीस।
दोनों करवट एक-सी, ना उन्नीस, न बीस ॥ 411 ॥

जादू-ही-जादू बिछा, दोनों की भरमार।
गुंजाइश है चोट की, बचकर रहना यार ॥ 412 ॥

राग फूटता बाद में, पहले लगती ठेस।
चोट नहीं सहते बनी, तब भागा परदेस॥413॥

चुप्पी में ठहरी हँसी, ठहरा है संवाद।
चुप्पी भी उस्ताद है, क्यों बतलाये स्वाद॥414॥

क्या छज्जे की चाँदनी, क्या छज्जे की धूप।
जीता है मन प्यार से, मौसम के अनुरूप॥415॥

नॉयलान-सी है हवा, लदी बौर से डाल।
आज देखते बन रही, भरी नहर की चाल॥416॥

जलसाघर की रोशनी, उत्सव का माहौल।
मिलते-मिलते सुर मिला, तब बैठा है डौल॥417॥

राग-रंग की बैठकी, हम-उम्रों का साथ।
पीठ टिकी दीवार से, और हाथ-में-हाथ॥418॥

गालों में गड्ढे पड़े, ऐसी है मुस्कान।
बिजली सी खिलती सदा, होंठों के दरम्यान॥419॥

उठती-गिरती है लहर, उठती-गिरती भीत।
मौसम के घर में रहा, मौसम का संगीत॥420॥

दिन का ढलना देखिये, जल में पड़ती छाप।
चिड़ियों का कलरव थमा, धूप गयी चुपचाप॥421॥

साफ दिखायी दे रहा, सूरज ओढ़े धूल।
है आँचल की छाँह में, ज्यों सुहाग का फूल॥ 422 ॥

सन्नाटा घुलता गया, उतरी झिलमिल शाम।
सूझ रहा आराम अब, बहुत हुआ जी काम॥ 423 ॥

दर्पण में हँसता दिखा, लट बिखराये रूप।
देख रही मुँह ताल में, ज्यों बदली की धूप॥ 424 ॥

देख रहा है चन्द्रमा, जाग रही है झील।
दोनों में दूरी मगर, अरबों-खरबों मील॥ 425 ॥

केसर की क्यारी बिछी, उसमें सोयी धूप।
देखो सोयी धूप का, कितना सुन्दर रूप॥ 426 ॥

बादल हैं आषाढ़ के, उमड़-घुमड़ के साथ।
भाग रहे आकाश में, हिला रहे हैं हाथ॥ 427 ॥

पीछे-पीछे जिन्दगी, आगे-आगे प्यार।
पहले देखो उम्र को, फिर देख रफ़्तार॥ 428 ॥

चलना-फिरना-बोलना, हँसने का अन्दाज।
देख रहा मुँह आईना, हैरत में है आज॥ 429 ॥

आँखों में कुछ और है, होंठों पर कुछ और।
कहीं खिला है डाँडिया, कहीं खिला गणगौर॥ 430 ॥

पानी उतरा बाढ़ का, लगे झाँकने खेत।
थिरकन में हैं देखिये, सिहरन के संकेत॥ 431 ॥

अन्तर्यामी का स्वतः, व्यक्त हुआ उद्‌गार।
पीले चावल-सा खिला, हरे पान पर प्यार॥ 432 ॥

जैसी रस की धार है, वैसी मधुर बयार।
सुध-बुध खोया देखिये, ऐसा मगन कछार॥ 433 ॥

सब-कुछ है लेकिन कहीं, मन में है अफसोस।
ज्यों फूलों की सेज पर, जाग रही है ओस॥ 434 ॥

टुप-टुप झरती ओस में, भींगी कतिकी रात।
बनी रहे सौगात ये, बना रहे अहिवात॥ 435 ॥

उलझी लट मुँह पर लिये, होंठों पर उद्‌गार।
मेले-खातिर हो रही, भगवन्ती तैयार॥ 436 ॥

भले न खुलते होंठ हों, भले न फूटें बैन।
नहीं छिपाते राज कुछ, कह देते हैं नैन॥ 437 ॥

सिर पर छाँह कदम्ब की, मन में भरी उमंग।
जैसे बँधी कगार से, उठती हुई तरंग॥ 438 ॥

पर्दा था सो उठ गया, बैठ गयी दीवार।
खुलकर आयीं सामने, आखिर आँखें चार॥ 439 ॥

सागर तट तब खिल उठा, जब उतरा त्योहार।
उत्सव में शामिल रहीं, लहरें-धूप-बयार ॥ 440 ॥

लहरों का मत पूछिये, लेने लगीं उछाल।
आकुल-व्याकुल तट हुआ, और हाल-बेहाल ॥ 441 ॥

किसलय-पल्लव-टहनियाँ, डाल-फूल-मकरन्द।
कोई नहीं दबाव में, सब-के-सब स्वच्छन्द ॥ 442 ॥

होंठ नहीं खुलते जहाँ, आँखें करतीं बात।
बहुत बड़ी ये देन हैं, ईश्वर की सौगात ॥ 443 ॥

जिसकी पड़नी चाहिए, पड़ी न उसकी दीठ।
मन मसोस कर रह गयी, खुली धूप में पीठ ॥ 444 ॥

मन पूरा गद्‌गद हुआ, जैसे मिला जवाब।
देखो उजले कोट पर, कैसा लाल गुलाब ॥ 445 ॥

सुनो घिरी काली घटा, बैठो ना मुँह-फेर।
आखिर बरसोगी कहीं, तुम भी देर-सबेर ॥ 446 ॥

होती यदि तू काठ की, मिलता खूब स्वभाव।
मैं पानी पर क्या करूँ, तू पत्थर की नाव ॥ 447 ॥

रंग-रूप की पाँखुरी, रस की मधुर फुहार।
दरस-परस का भाव है, जीवन का संचार ॥ 448 ॥

फूलों को तू रंग दे, लहरों को गुंजार।
आ तेरा स्वागत यहाँ, खुला हुआ है द्वार॥ 449 ॥

मन में मंगल गान का, गूँज रहा है राग।
जल्दी से हो सामना, जल्दी खेलूँ फाग॥ 450 ॥

छुवन-पुलक-आभार की, वेला उतरी द्वार।
जो था गहरी नींद में, जाग उठा वो प्यार॥ 451 ॥

सबसे सीधा रास्ता, चौरस और सपाट।
ना तो कोई पुल पड़े, ना तो कोई घाट॥ 452 ॥

मन बदला पानी चढ़ा, फूटे रंग हजार।
नन्हें-से इस प्यार को, खूब मिला विस्तार॥ 453 ॥

बादल छाये देश में, मीत बसा परदेस।
घाव हरे फिर हो गये, लगी ठेस-पर-ठेस॥ 454 ॥

बाँकी छवि, बाँकी अदा, गयी उसी के साथ।
कोस रहे तकदीर को, मींज रहे सब हाथ॥ 455 ॥

रस का ही संसार है, रस का सारा खेल।
छोड़ो यार निकालना, बालू में से तेल॥ 456 ॥

खिली चाँदनी रात में, ऐसी चिल्का झील।
ज्यों गोरी की नाक में, है हीरे की कील॥ 457 ॥

तरह–तरह के फूल हैं, तरह–तरह की गन्ध।
मन पाठक-सा बँध गया, ऐसा रचा निबन्ध॥ 458 ॥

खिला फूल अनुराग का, खोले–मूँदे आँख।
सहलाता है ताल ज्यों, सोनपरी की पाँख॥ 459 ॥

आँच बढ़ी, गर्मी लगी, फूटा मन का राग।
घर बैठे ही छू गया, देखो आज प्रयाग॥ 460 ॥

➲ अब सुनिये दो टूक

अच्छा है संसार में, यह किस्मत का खेल।
कातिल को कुर्सी मिले, फरियादी को जेल॥1॥

अपराधी की जेब में, पुलिस-प्रशासन-न्याय।
टुकुर-टुकुर मुँह देखता, प्रजातन्त्र असहाय॥2॥

आजादी के बाद का, ये है हिन्दुस्तान।
मरी हुई है आत्मा, गिरा हुआ ईमान॥3॥

आज वही बौना हुआ, कल जो रहा विराट।
आसनियों में बँट गया, नब्बे गज का टाट॥4॥

उच्छृंखल, उद्दण्ड सब, सब अनुशासनहीन।
नीति-वचन इनके लिए, भैंस के आगे बीन॥5॥

असली नेता कौन है, क्या उसकी पहचान।
जिसे देख चिकना घड़ा, रह जाये हैरान॥6॥

आजादी के बाद के, नेता हुए महान।
चूहा जैसे खा गये, पूरा हिन्दुस्तान॥7॥

अपराधी के वास्ते, जेल हुई वरदान।
संगी-साथी-फेमिली, वहीं डटे मेहमान॥8॥

आज आदमी पर यहाँ, हावी है शैतान।
हथियारों से लैस जो, मार रहा मैदान॥9॥

आँखों का पानी मरा, गया शील-संकोच।
दृष्टि आदमी की हुई, आज गिद्ध की चोंच॥10॥

कल के वे आदर्श सब, कल के वे दृष्टान्त।
आज फालतू हो गये, मूल्य और सिद्धान्त॥11॥

प्रजातन्त्र के नाम पर, अच्छी लूट-खसोट।
दाँत पीस मैं रह गया, लगी चोट-पर-चोट॥12॥

कोई नहीं गरीब की, सुनता है फरियाद।
सब-के-सब हैं नम्बरी, सब-के-सब उस्ताद॥13॥

कर्णधार अब वे हुए, जितने थे गद्दार।
देशभक्त बस देखते, टुकुर-टुकुर मुँह यार॥14॥

मतलब केवल वोट से, गया भाड़ में देश।
छींका टूटा भाग्य से, मिल भी गया प्रवेश॥15॥

अनुचर थे, अगुवा हुए, अब हैं अफलातून।
इनकी कठपुतली हुए, नियम और कानून॥16॥

ठेंगे पर सिद्धान्त है, ठेंगे पर आदर्श।
वह भी भारतवर्ष था, यह भी भारतवर्ष॥17॥

गौतम, नानक, गाँधी, सब छूटे उस पार।
रहा नहीं उस पार कुछ, सब-कुछ है इस पार ॥ 18 ॥

गायब सेवा-भाव है, गायब स्नेह-दुलार।
सिर पर आज सवार है, कुर्सी औ अधिकार ॥ 19 ॥

ऐसा फारेनमय हुआ, भारत देश महान।
फारेन का ही बीज अब, फारेन की सन्तान ॥ 20 ॥

अच्छी है आबो-हवा, मिट्टी भी जरखेज।
पैदा होते जा रहे, भारत में अंग्रेज ॥ 21 ॥

चिन्ता केवल खास की, उसकी ही परवाह।
पब्लिक जाये भाड़ में, देखो अपनी राह ॥ 22 ॥

लो कुर्सी, लूटो मजा, काटो जमकर माल।
जो बोले, मारो उसे, खींचो उसकी खाल ॥ 23 ॥

गाय-भैंस की ही तरह खूँटे पर है देश।
दोनों हाथों दुह रहे, वह देखो गुण्डेश ॥ 24 ॥

नये महाजन हो गये, नये चैत के साथ।
धनिया छाती पीटती, होरी मींजे हाथ ॥ 25 ॥

नदी किनारे हम बसे, सड़क किनारे खेत।
जीते जी हम हो गये, घर-आँगन के प्रेत ॥ 26 ॥

खेत बिका, रुक्का लिखे, बाकी रहा दहेज।
तेल छिड़क बिट्टो मरी, देख न पायी सेज॥27॥

गली-गली में घूमते, पंच सूँघते पेट।
बकरा-दारू औ नगद, पंचायत का रेट॥28॥

प्रजातन्त्र की आँख में, हम हैं केवल वोट।
और वोट की हैसियत, कम्बल-कुर्ता-कोट॥29॥

आधा गाँव दलाल है, आधा गाँव वकील।
आबादी में पोखरा, गयी खेत में झील॥30॥

लोकगीत थी जिन्दगी, पड़ी फिल्म की छाप।
टूटी-बिखरी-बह गयी, जैसे अपने-आप॥31॥

हाड़-हाड़ हैं गोपियाँ, तार-तार है छींट।
कंकड़-पत्थर तोड़तीं, ढोतीं गारा-ईंट॥32॥

यह कैसा अन्धेर है, जब से हुआ विकास।
पहले रहा हजार में, अब सौ में उपवास॥33॥

सेठ अगूँठा माँगता, खेत माँगता बीज।
मुहलत माँगे भीड़ में, भैया फटी कमीज॥34॥

रोने से क्या फायदा, गलत पड़ी बुनियाद।
बहरों का दरबार है, कौन सुने फरियाद॥35॥

देख लिया कितना बड़ा, कुर्सी का ईमान।
रैली-नारा-पैंतरा, मुहरा हुआ किसान ॥ 36 ॥

क्या टेरें हम लावनी, क्या टेरें हम फाग।
यहाँ पीठ पर बोझ है, और पेट में आग ॥ 37 ॥

बुद्धू का काँटा अभी, ज्यों-का-त्यों मौजूद।
सवासेर गेहूँ वही, वही सूद-दर-सूद ॥ 38 ॥

बूढ़ी काकी की भला, अब किसको परवाह।
थैली आयी हाथ में, मैली हुई निगाह ॥ 39 ॥

घर फूँके हर दौर में, भेंट किये त्योहार।
बे-पानी का आईना, हमें मिला सरकार ॥ 40 ॥

जन-गण-मन गाये सदा, और सुने दो बोल।
बहुत बड़ा इतिहास है, बहुत बड़ा भूगोल ॥ 41 ॥

ये भोली मजदूरिनें, इनकी क्या औकात।
दिन भर सुनतीं गालियाँ, दिन भर खातीं लात ॥ 42 ॥

रंगों पर पानी फिरा, महँगा हुआ गुलाल।
हरे पेड़ से हम कटे, फिर भैया इस साल ॥ 43 ॥

गुड़-गेहूँ सपना हुए, फँसा गले में फाग।
बारिश में भी जी रही, यह मसान की आग ॥ 44 ॥

मन्दिर-मस्जिद में बँटे, पर्व और त्योहार।
जहाँ खुला था रास्ता, वहाँ उठी दीवार॥45॥

हैं किसान रिरिया रहे, कैसा यह माहौल।
हम बोये थे, खा गये, पटवारी-पतरौल॥46॥

अन्धों का हाथी हुआ, यह विकास का दौर।
कुछ-का-कुछ देखा गया, सुना और-का-और॥47॥

कागज पर हैं रामधन, जोत रहे धनराज।
बाबू अपने राज में, यही हो रहा आज॥48॥

धान नहीं अब गाँव में, अब केवल परधान।
खेत सभी परती पड़े, गलियाँ लहूलुहान॥49॥

बनी रहे सहकारिता, बनी रहे यह छूट।
नंगी पीठ किसान की, और पुलिस के बूट॥50॥

दूध दुहे, बल्टा भरे, गये शहर की ओर।
दिन डूबा, दारू पिये, लौटे नन्दकिशोर॥51॥

दल-बदलू है जन्म का, कौन करे विश्वास।
सुबह बनाया मोर्चा, शाम लिया संन्यास॥52॥

नाक कटी, पगड़ी गिरी, फिर भी नहीं मलाल।
धन्य है ऐसी आत्मा, और धन्य है खाल॥53॥

जिस पिंजरे तोता रहा, उसमें आज उलूक।
अमराई कोयल नहीं, गूँज रही बन्दूक॥54॥

मादा बिच्छू गर्भ से, गायब मेरी नींद।
क्या जानें कब रो पड़ें, घर की होली-ईद॥55॥

रिश्ते भी महँगे हुए, पड़ी समय की मार।
बोझ हुए इस दौर में, पर्व और त्योहार॥56॥

सुविधाजीवी शान से, काट रहे हैं माल।
बलिदानी परिवार में, मुश्किल रोटी-दाल॥57॥

कितने फाँसी पर चढ़े, कितने हुए शहीद।
तब घर आया दशहरा, तब घर आयी ईद॥58॥

नहीं रहे वे आचरण, नहीं रहे प्रतिमान।
जिनके आगे प्रेम से, झुकता था इन्सान॥59॥

कितना उलटा हो गया, आज कार्य-व्यापार।
थाने में जन्माष्टमी, आश्रम में हथियार॥60॥

क्या दिल्ली क्या लखनऊ, क्या पटना-भोपाल।
बिना आँच के गल रही, राजनीति की दाल॥61॥

गधे रेस में आ गये, बैठे बाजी मार।
घोड़े थे निकले मगर, सब-के-सब गद्दार॥62॥

साधू था, नेता हुआ, लगा खेलने खेल।
इस मुट्ठी में आग है, उस मुट्ठी में तेल ॥ 63 ॥

कैसी-कैसी कुर्सियाँ, किनके-किनके पास।
जो अँगूठा छाप है, वह चुनता है व्यास ॥ 64 ॥

अनुवादों को मिल रहा, पुरस्कार औ शाल।
जमकर खींची जा रही, मौलिकता की खाल ॥ 65 ॥

गिद्धों ने अपना लिया, है हंसों का वेश।
यहाँ आचरणहीन ही, देते हैं उपदेश ॥ 66 ॥

बन्धे में पानी नहीं, नयी नहर का प्लान।
ठण्डे घर में बैठकर, बना रहे श्रीमान ॥ 67 ॥

कब छिन जाये जिन्दगी, कब छिन जाये कौर।
आँधी के दिन जी रहे, हम आमों के बौर ॥ 68 ॥

बस्ती में लागू हुए, जंगल के कानून।
हाथ आदमी के लगे, बाघों के नाखून ॥ 69 ॥

क्या कहने हैं झूठ के, महिमा अपरम्पार।
झूठे हैं अखबार भी, झूठी है सरकार ॥ 70 ॥

झूठों की किस्मत खुली, चमका कारोबार।
हर झूठे के पास है, कुर्सी-कोठी-कार ॥ 71 ॥

बिना झूठ के आदमी, बिलकुल ही बेकार।
सबसे ऊपर देखिये, झूठों का सरदार ॥ 72 ॥

सोच रहे सब पैंतरा, चलें कौन-सी चाल।
भाषा-पानी-ताजिया, या पूजा-पण्डाल ॥ 73 ॥

मुर्दा गड़ा उखाड़कर, कहता है शैतान।
छींका टूटा भाग्य से, मत चूको चौहान ॥ 74 ॥

भीटा हड़पे मास्टर, मुन्शी हड़पे ताल।
और टापते रह गये, बंसी-बच्चालाल ॥ 75 ॥

कल कम्बल किस भाव था, और आज किस भाव।
कैसे काटें सर्दियाँ, गायब हुआ अलाव ॥ 76 ॥

नाकाबिल काबिल हुए, छाँट रहे कानून।
भेंड़ बोइये खेत में, और काटिये ऊन ॥ 77 ॥

नेतागीरी के लिए, झूठ बड़ा आधार।
यही अकेला झूठ ही, करता बेड़ा पार ॥ 78 ॥

बाबू एम. पी. हो गये, भाई थानेदार।
करते जमकर तस्करी, गोपी-रामदुलार ॥ 79 ॥

सुनता हूँ जिस दिन मिला, सरकारी अनुदान।
नयी जीप में बैठकर, घर लौटे परधान ॥ 80 ॥

सुख-सुविधा पद के लिए, दल को मारे लात।
रहे ताक में राम जी, भागे रातों-रात॥81॥

भूतपूर्व जब से हुए, रामनिरंजन लाल।
भूल गयी सब हेकड़ी, बदल गयी है चाल॥82॥

जब तक कुर्सी पर रहे, सुने नहीं फरियाद।
अब पटरी पर आ गये, सुखनन्दन परसाद॥83॥

खेत चराते रात में, चोरी से गोपाल।
दिन में सबसे पूछते, किसकी है यह चाल॥84॥

हवा गरम है शहर की, फैली है अफवाह।
बहुतों को भाया नहीं, हिन्दू-मुस्लिम ब्याह॥85॥

कट्टरपन्थी हैं मगर, समय-समय की बात।
पण्डित जी की पाँत में, मियाँ परसते भात॥86॥

नाहक तुम गुस्सा रहे, फाड़ रहे अखबार।
किसके हाथ रिमोट है, यह तो देखो यार॥87॥

हम सब हैं कठपुतलियाँ, डोर और के हाथ।
जब तक उसके हाथ हैं, तब तक उसके साथ॥88॥

गर्मी में कम्बल मिला, जाड़े में तंजेब।
मुझ पर हावी ही रहा, मेरा औरँगजेब॥89॥

दाना था सत्तू हुआ, ऐसा पड़ा दबाव।
दो पाटन के बीच में, टूट गया बे-भाव ॥ 90 ॥

भवन बने या पुल बने, बनते परमानेण्ट।
नब्बे प्रतिशत रेत है, दस प्रतिशत सीमेण्ट ॥ 91 ॥

पन्नी पर पन्नी चली, हुए पंच सब टंच।
सबसे ज्यादा टंच जो, वही हुआ सरपंच ॥ 92 ॥

काम न आयी शिष्टता, विनय गया बेकार।
घूसखोर के सामने, धर्मराज लाचार ॥ 93 ॥

जितना रहा सचेत वह, उतना हुआ अचेत।
सिर पर है जब से चढ़ा, राजनीति का प्रेत ॥ 94 ॥

सी.एम. जब करता नहीं, पी.एम. की परवाह।
तो डी.एम. कैसे करे, सी.एम. की परवाह ॥ 95 ॥

चुने-चुनाये भद्र जन, ऐसी चलते चाल।
आम आदमी दूर से, देखे रोटी-दाल ॥ 96 ॥

लोकसभा में हो रहा, कैसा नाटक आज।
शान्तिदूत को घेरकर, नोच रहे हैं बाज ॥ 97 ॥

नौबत आयी वोट की, बदल गया माहौल।
जाति-धर्म औ वर्ग सब, लगे बिठाने डौल ॥ 98 ॥

बच्चा जैसे आग से, खेल रही सरकार।
आतिशबाजी है जहाँ, खुला तेल भण्डार॥ 99 ॥

राजा तेरे गुप्तचर, रहे किनारे बैठ।
ऐसे में कैसे हुई, दुश्मन की घुसपैठ॥ 100 ॥

फ्रिज का पानी पी रहा, सोच रहा कुम्हार।
यह किस्मत का खेल है, या पूँजी की मार॥ 101 ॥

देख रही सरकार भी, देख रहा भगवान।
कैसा गला गरीब का, रेत रहा धनवान॥ 102 ॥

कुर्सी से ऊपर उठो, और सुनो देवेश।
कुर्सी से हर हाल में, बहुत बड़ा है देश॥ 103 ॥

मानक थे खण्डित हुए, ऐसा आया दौर।
बिके सभासद शान से, हुआ माफिया पौर॥ 104 ॥

नाजायज जायज हुआ, जायज अब बेकार।
नकली ही स्वीकार है, असली को धिक्कार॥ 105 ॥

टुकुर-टुकुर मुँह देखता, पिंजड़े में से शेर।
बाहर से धमका रहा, गीदड़ आँख तरेर॥ 106 ॥

अल्कोहल की गन्ध में, डूबा सारा गाँव।
क्या मुल्ला का बैठका, क्या सत्ती की ठाँव॥ 107 ॥

ढोल बजाकर गा रहा, खुलेआम अल्हैत।
राजनीति में खप रहे, गुण्डे-चोर-डकैत ॥ 108 ॥

मेला लगा विकास का, शामिल सभी विभाग।
पैसा है सरकार का, खेल रहे सब फाग ॥ 109 ॥

मूल्यवान सस्ते हुए, छिछले हुए अथाह।
अगुवा को देखो जरा, करता है गुमराह ॥ 110 ॥

बातें तो अधिकार की, सब करते मुँह फाड़।
पर करतब के नाम पर, देते दाँत चियार ॥ 111 ॥

रिश्वत खा मुँह जिस तरह, पोंछ रहे श्रीमान।
हैरत में है देखिये, सारा देश जहान ॥ 112 ॥

महिला ग्राम प्रधान के, पति का देखो हाल।
बीबी सरकारी हुई, मिलना हुआ मुहाल ॥ 113 ॥

आपस में बतिया रहे, थाने के दीवान।
महिला थानेदार पर, लट्टू है कप्तान ॥ 114 ॥

जूते गहना हो गये, गहने हुए पहाड़।
बेटे आज दधीचि के, बेच रहे हैं हाड़ ॥ 115 ॥

पान-फूल के खेत में, अच्छा हुआ प्रयोग।
ऊसर-बंजर आ गये, भाग रहे हैं लोग ॥ 116 ॥

जंगल से मंगल गया, आया नक्सलवाद।
जिसमें ताकत है वही, जंगल में आजाद॥117॥

पढ़े-लिखे को देखिये, सिर पर रखकर पाँव।
भाग रहा है गाँव से, काट रहा है गाँव॥118॥

जंगल चैला हो गये, गिट्टी हुए पहाड़।
हरियाली माटी मिली, बस्ती हुई उजाड़॥119॥

लोगों ने जमकर किया, ऐसा अत्याचार।
नदियाँ समतल हो गयीं, स्वाहा खेत-कछार॥120॥

तेज धूप है रेत में, चलना नंगे पाँव।
नहीं दिखायी दे रही, उड़ती-सी भी छाँव॥121॥

जंगल स्वाहा हो गये, यह देखो अन्धेर।
चिड़ियाघर में जी रहे, या सर्कस में शेर॥122॥

तहस-नहस सब हो गया, पड़ी समय की मार।
सिर धुनते तीनों मिले, बस्ती-गीत-कछार॥123॥

गाँव में आयी फैक्टरी, गाँव हुआ बदहाल।
गोंइड़ भट्ठे ईंट के, धूल-धूल है ताल॥124॥

ऊसर-बंजर छोड़कर, खेती योग्य जमीन।
मुख्यालय में ले गया, मेरा कुतबुद्दीन॥125॥

ठेंगे पर पर्यावरण, ठेंगे पर जलवायु।
बढ़ती जाती बेबसी, घटती जाती आयु॥ 126॥

प्रकृति सहेगी कब तलक, आखिर ये अन्याय।
गूँज रहा चारों तरफ, हाय! हाय, बस हाय॥ 127॥

पेड़ सूख काँटा हुए, नदी सूखकर रेत।
जीते जी ही आदमी, हुआ देखिये प्रेत॥ 128॥

जलकुम्भी जाती नही, बिना जलाये यार।
जैसे जल छूता उसे, पा जाती विस्तार॥ 129॥

नहीं रहे लखराँव वे, नहीं रहे वे गाँव।
भाग रहा है आदमी, खोज रहा है ठाँव॥ 130॥

नयी मशीनी जिन्दगी, मरे गीत-संगीत।
नयी-नयी है सभ्यता, नयी-नयी है रीति॥ 131॥

हुई तरक्की गाँव की, पैदा हुए सपूत।
ले आते बाजार से, गल्ला-सब्जी-दूध॥ 132॥

पूजा में जौ दीखता, नहीं खेत-खलिहान।
बिना फसल-हल-बैल के, पण्डित हुआ किसान॥ 133॥

ईंधन का संकट बढ़ा, बहुत बुरा है हाल।
सबसे ज्यादा हैं दुःखी, बिना गाय गोपाल॥ 134॥

दोनों पालीथीन में, क्या दारू क्या दूध।
अच्छे-भले गृहस्थ से, गाँव हुआ अवधूत॥ 135 ॥

झोला-झोली-बोरियाँ, संकट में हैं आज।
थैली पालीथीन की, घर-घर रही विराज॥ 136 ॥

पड़ी देखिये गाँव में, महानगर की छाप।
एक साथ हैं पी रहे, दोनों बेटा-बाप॥ 137 ॥

काम नहीं है हाथ में, फेंट रहे हैं ताश।
झब्बू डब्बू हरिचरन, मोहन रामप्रकाश॥ 138 ॥

आज ट्रैक्टर पाँव है, आज ट्रैक्टर हाथ।
दूल्हे के भी साथ है, अर्थी के भी साथ॥ 139 ॥

अनुभवहीनों की यहाँ, पूरी जुटी जमात।
दोना होना चाहते, हैं इमली के पात॥ 140 ॥

सोचा था कुछ और पर, देख रहा कुछ और।
जाने कैसा दौर है, धूर्त हुए सिरमौर॥ 141 ॥

मौसम पलटा खा गया, बिगड़ गया सब खेल।
सारा गुड़ गोबर हुआ, हुई योजना फेल॥ 142 ॥

मजदूरों का देश है, हुआ यन्त्र का दास।
मार रहे हैं झख सभी, फुर्सत सबके पास॥ 143 ॥

नदी सूखती जा रही, बढ़ती जाती रेत।
कितना पानी बह गया, फिर भी लोग अचेत॥ 144॥

साधारण-सी बात पर, इतना हुआ बवाल।
होती यदि गम्भीर तो, फिर क्या होता हाल॥ 145॥

फर्जी बैनामा हुआ, फर्जी हुए बयान।
दोनों में शामिल रहा, टुच्चा ग्राम प्रधान॥ 146॥

समिति बनी शामिल हुए, धूर्त-चोर-मक्कार।
खा बैठे परियोजना, आयी नहीं डकार॥ 147॥

मनमानी चारों तरफ, जुल्म और अन्याय।
कुत्तों में दुबकी खड़ी, बिना सींग की गाय॥ 148॥

चोर-उचक्के-राहजन, और चार सौ बीस।
इनके पौ-बारह सदा, इनके साथ पुलीस॥ 149॥

पब्लिक सुनती गालियाँ, पब्लिक खाती मार।
पब्लिक की खातिर बनी, पब्लिक की सरकार॥ 150॥

होली होगी खून की, गोलों की बरसात।
कैसे बाहर आ गयी, थी अन्दर की बात॥ 151॥

अमन-चैन के वास्ते, जुटे लोग सम्भ्रान्त।
चुपके-चुपके हो गया, दो टुकड़ों में प्रान्त॥ 152॥

ना–समझी में देखिये, गहरी हुई दरार।
रह–रह गच्चा खा रही, साझे की सरकार ॥ 153 ॥

कैसा था, कैसा हुआ, भारत देश महान।
आज खिलाड़ी काटते व्यापारी के कान ॥ 154 ॥

साँठ–गाँठ पर है टिकी, ये देखो सरकार।
खिंचे–खिंचे से देखिये, सारे साझीदार ॥ 155 ॥

परेशान है देखिये, भारत का गणतन्त्र।
तन्त्र–यन्त्र से भी यहाँ, ज्यादा है षड़यन्त्र ॥ 156 ॥

धूल झोंकते आँख में, औ करते गुमराह।
ऐसों की पल्टन जहाँ, खैर करें अल्लाह ॥ 157 ॥

दृष्टि संकुचित हो गयी, ओछे हुए विचार।
कैसा था, कैसा हुआ, आज आदमी यार ॥ 158 ॥

जितनी ही दूरी बढ़ी, गहरी हुई दरार।
आर–पार की आ गयी, नौबत आखिरकार ॥ 159 ॥

रिश्तों में अब रस नहीं, दुनियादारी मात्र।
बँधे हुए संवाद से, ज्यों नाटक के पात्र ॥ 160 ॥

सिमट गया है आदमी, बस अपनों के बीच।
अपना घर, अपना शहर, अपना पैण्ट–कमीज ॥ 161 ॥

जनता की सरकार ने, ऐसा किया कमाल।
रोटी है पाताल में, आसमान में दाल॥ 162॥

देखो भैया मुफ़्त में, दिखा रहा अखबार।
कठपुतली-सी नाचती, साझे की सरकार॥ 163॥

नशा-विरोधी मंच का, फिस्स हुआ अभियान।
मुख्य अतिथि ने जब दिया, भाषण दारू छान॥ 164॥

नाक कटी तो क्या हुआ, पॉकिट में है जोर।
जल्दी-जल्दी जा रहे, मोल-भाव की ओर॥ 165॥

गुजर रहा जिस दौर से, अपना देश-समाज।
वह दुनिया की दृष्टि से, छिपा नहीं है आज॥ 166॥

टूटी-हारी जिन्दगी, थक करके है चूर।
दुःख आँखों के सामने, सुख है कोसों दूर॥ 167॥

कैसा जिन्दा आदमी, रखता है उम्मीद।
आधी-तीहा भूख है, आधी-तीहा नींद॥ 168॥

चर्चा है इस बात की, हर मण्डी में आज।
मुल्ला आया ले गया, सारा लहसुन-प्याज॥ 169॥

खुद से वह लड़ता रहा, खुद पर करता वार।
उसकी सारी शक्ति था, उसका रचनाकार॥ 170॥

रचने का संकल्प था, थी गढ़ने की टेक।
रामकथा भी पा गये, तुलसी सहित विवेक॥171॥

नरक किये हैं जिन्दगी, दोनों वाद-विवाद।
सच तो है मनुवाद का, गलत हुआ अनुवाद॥172॥

दहशत छायी है यहाँ, फैला है आतंक।
महँगाई भी मारती, रह-रह करके डंक॥173॥

खतरे में होली पड़ी, खतरे में है ईद।
ऐसे में कैसे भला, सोऊँ सुख की नींद॥174॥

बहा खेत-सा आदमी, टूट गया कण्ट्रोल।
अधिकारी करने लगा, व्यापारी से मोल॥175॥

सब-के-सब बिकने लगे, क्या किसान, क्या सन्त।
यश-वैभव की चाह का, कहीं नहीं है अन्त॥176॥

भइया जिसकी आँख में, हैं सूअर के बाल।
ईश्वर ही है जानता, उसका हाल-हवाल॥177॥

धन्य-धन्य सहकारिता, जाहिर पुण्य-प्रताप।
जब्बर को वरदान है, अब्बर को अभिशाप॥178॥

छोटे-बड़े चबूतरे, हुए आज के मंच।
और मंच पर पंच सब, करते सिर्फ प्रपंच॥179॥

खाने की आदत पड़ी, खाते हैं गोदाम।
नहीं छोड़ते नमक भी, चूहे नमक हराम ॥ 180 ॥

फेल हुए सब गुप्तचर, काम न आया तन्त्र।
और अचानक शत्रु का, सफल हुआ षड़यन्त्र ॥ 181 ॥

खींच-तान में देखिये, खुली सभी की पोल।
पासा उलटा क्या पड़ा, हुआ बिस्तरा गोल ॥ 182 ॥

आँखें बाहर आ गयीं, हुआ रंग में भंग।
पकड़ गयी विस्फोट से, पहले बिछी सुरंग ॥ 183 ॥

आज जहाँ भी जाइये, चर्चा चारों ओर।
पहरेदारी पा गये, कल के नामी चोर ॥ 184 ॥

छूटा है पेरोल पर, छँटा हुआ बदमाश।
ऊपर-नीचे हो रही, कोतवाल की साँस ॥ 185 ॥

जितने नेता शहर के, सब गुण्डे के साथ।
सी.एम., पी.एम. हैं धरे, गुण्डे के सिर हाथ ॥ 186 ॥

राजनीति है वोट की, दबती है सरकार।
सिर पर खड़ा चुनाव है, सब-कुछ है स्वीकार ॥ 187 ॥

जैसे है सम्भव नहीं, चावल बिना पुलाव।
भारत में सम्भव नहीं, हिंसा बिना चुनाव ॥ 188 ॥

पंचायत का कर दिया, पंचों ने कल्याण।
भाग रहे हैं गाँव से, अब मजदूर-किसान॥ 189 ॥

रहे न धन्धे गाँव में, शोषण हुआ न बन्द।
दो पाटन के बीच में, चिन्तित परमानन्द॥ 190 ॥

काट-छाँट का दौर है, जो माहिर सो मीर।
जग बौराया देखकर, हँसते सन्त-फकीर॥ 191 ॥

घर के पहरेदार भी, कितने लापरवाह।
धीरे-धीरे हो गया, आँगन चारागाह॥ 192 ॥

सावधान अब हो रहे, बिगड़ गया जब खेल।
उतर गया सारा नशा, जाओ बेचो तेल॥ 193 ॥

ऐसा फूला आदमी, भरने लगा उड़ान।
भूला अपनी हैसियत, भूला खेत-मचान॥ 194 ॥

सब-कुछ जाहिर हो गया, फिर भी खोद विनोद।
बना पुलिन्दा झूठ का, सबसे कहते शोध॥ 195 ॥

भीतर है ज्वालामुखी, बाहर-बाहर बाग।
बरसे बादल टूटकर, फिर भी बुझी न आग॥ 196 ॥

भैया अपने देश की, खूब बनी पहचान।
उल्लू के पट्ठे हुए, मुखिया और प्रधान॥ 197 ॥

डटे आमने-सामने, उत्तर-दक्षिण पन्थ।
दोनों हैं खोले हुए, अपने-अपने ग्रन्थ॥ 198॥

भ्रष्टाचारी पा रहे, शासन से सम्मान।
यह कैसा अन्धेर है, बोलो कृपा-निधान॥ 199॥

ईश्वर तुमको क्या कहूँ, सच न्यूटन का सेब।
अपने मन का चोर मैं, या फिर कहूँ फरेब॥ 200॥

नेता, जज, पब्लिक, पुलिस, हत्यारे के साथ।
खींच लिया कानून ने, देखो अपना हाथ॥ 201॥

सच कहता हूँ पुलिस की, महिमा अपरम्पार।
साथ पुलिस ने दे दिया, कैदी हुआ फरार॥ 202॥

चिन्ता में हैं आजकल, गहरे पहुँचे लोग।
राजनीति भी हो गयी, अब कुटीर उद्योग॥ 203॥

गाँधी, जे.पी., लोहिया, करते पश्चात्ताप।
कैसे अनुयायी हुए, अरे बाप रे बाप॥ 204॥

पिकनिक करने जा रहे, लिये रायफल, जाल।
मारेंगे ये जानवर, खींचेंगे ये खाल॥ 205॥

रिन्द रहा, साकी हुआ, बदल गया अनुपात।
दारू से ज्यादा कहीं, पानी की औकात॥ 206॥

दिन पर दिन खोती गयी, घर की वह पहचान।
जहाँ आदमी मूल्य का, करता था सम्मान॥ 207 ॥

दो कौड़ी के आदमी, होने लगे हुजूर।
आँखें भी पथरा गयीं, हुआ आईना चूर॥ 208 ॥

मँगरू भैया सांसद, हैं अँगूठा छाप।
घर में करते चाकरी, पी-एच. डी. के बाप॥ 209 ॥

जैसी अगुवाई हुई, वैसी आयी फौज।
मारो, लूटो, घर भरो, और उड़ाओ मौज॥ 210 ॥

कितनी बनीं कमेटियाँ, सबकी मिली रिपोर्ट।
हुई न लागू एक भी, कारण केवल वोट॥ 211 ॥

सब-कुछ शोभा दे रहा, राग-रंग-त्योहार।
पर यह सबको खल रहा, गद्दी पर गद्दार॥ 212 ॥

घेरे हैं हर ओर से, लिये हाथ बन्दूक।
और बीच में देखिये, भरा हुआ सन्दूक॥ 213 ॥

लोकतन्त्र इस देश में, ऐसा बना मजाक।
वीरप्पन हीरो हुआ, उसकी देखो धाक॥ 214 ॥

वीरप्पन का दबदबा, जंगल का है शेर।
सरकारों के वास्ते, वह आधुनिक कुबेर॥ 215 ॥

खद्दर तेरी आड़ में, क्या-क्या होता देख।
पूजा पाते पातकी, पाते हैं अभिषेक॥ 216॥

हुआ आदमी जानवर, बदल गया व्यवहार।
भूल गया सद्भाव वह, करने लगा शिकार॥ 217॥

भैया भ्रष्टाचार की, महिमा अपरम्पार।
बना रहा सरकार यह, गिरा रहा सरकार॥ 218॥

तहस-नहस कर दो शहर, भेज रहा फरमान।
पर्दे के पीछे कहीं, छुपा माफिया डान॥ 219॥

नेताओं की देन है, चारों ओर फसाद।
उनकी ही करतूत से, देश हुआ बरबाद॥ 220॥

पशुओं का चारा जहाँ, खाती है सरकार।
प्यारे भारत देश में, कहते उसे बिहार॥ 221॥

रक्षक ही भक्षक बना, हुई पुलिस शैतान।
राम-भरोसे जी रहा, आज यहाँ इनसान॥ 222॥

गुण्डे करते फैसला, लगता है दरबार।
गुण्डे ही अब देखिये, चला रहे सरकार॥ 223॥

कदम-कदम पर हादसे, होते हैं विस्फोट।
अर्थहीन अब हो गया, प्रजातन्त्र में वोट॥ 224॥

संविधान की धज्जियाँ, उड़ा रहा है कौन।
इस सवाल के सामने, सारी संसद मौन॥ 225 ॥

बिके हुए जो लोग हैं, कैसे करें विरोध।
कभी आपने है सुना, हिजड़ा और निरोध॥ 226 ॥

नियम और कानून की, छीछालेदर आज।
किस पर गिरनी चाहिए, किस पर गिरती गाज॥ 227 ॥

मुर्दा जैसे धार है, दबी हुई है कोर।
मूल्य और अस्तित्व का, संकट दोनों ओर॥ 228 ॥

मिला हुआ है चोर से, घर का पहरेदार।
हाथ लगाता माल में, खुद ही करता पार॥ 229 ॥

दिल्ली के दरबार का, पूछ न भैया हाल।
नहीं दिखायी दे रही, ऐसी गहरी चाल॥ 230 ॥

राजनीति ने छू दिया, धनुष हो गया राड।
होलिका के गुण गा रहा, यह कैसा प्रह्लाद॥ 231 ॥

मनमानी का इस तरह, मिला हमें अधिकार।
नहर काट पानी लिये, बिजली कटिया मार॥ 232 ॥

ढिबरी से भी हम गये, मिली न बिजली यार।
खम्भा जैसा झुनझुना, दिखा रही सरकार॥ 233 ॥

सत्य जहाँ निरुपाय है, धर्मराज असहाय।
मिलना मुश्किल हो गया, बिना घूस अब न्याय॥ 234 ॥

कैसे हो कल्याण जब, पग-पग भ्रष्टाचार।
लूट रही आलानियाँ, पब्लिक को सरकार॥ 235 ॥

भूतकाल में जी रहे, वर्तमान के पूत।
किस मुँह से देंगे भला, अब वे ठोस सबूत॥ 236 ॥

ऐसी की तैसी हुई, हुई बोलती बन्द।
जिस दिन जग जाहिर हुआ, उसका सब छल छन्द॥ 237 ॥

आये दिन हैं हो रहे, अभिनव नये प्रयोग।
कैप्सूल में आ गया, देखो छप्पन भोग॥ 238 ॥

माई के उस लाल की, यह देखो करतूत।
हत्या करता भ्रूण की, और पूजता भूत॥ 239 ॥

कूड़ा, करकट, गन्दगी, मक्खी, मच्छर, रोग।
अगवानी में हैं खड़े, कैसे-कैसे लोग॥ 240 ॥

बैंक, ब्लाक के बीच में, ऐसा फँसा किसान।
आधे से भी कम मिला, कर्ज और अनुदान॥ 241 ॥

अक्सर होती बैठकें, अक्सर जुड़ते पंच।
फौरन ही ओझल हुए, भाषण-माइक-मंच॥ 242 ॥

पंचायत बस नाम की, काम न कोई खास।
खपी न प्यारे गाँव में, बिकी शहर में घास॥ 243 ॥

पाठ प्यार का जिस तरह, पढ़ा रहे हैं आप।
उसे देख गुरुवर मुझे, होता पश्चात्ताप॥ 244 ॥

दोनों ही दुःख दे रहे, बिजली टेलीफोन।
कटे अंग पर जिस तरह, छिड़के कोई नोन॥ 245 ॥

युग विकल्प का आ गया, बदल गये आयाम।
बिजलीघर भ हो रहा, जेनरेटर से काम॥ 246 ॥

खेल रहे कानून से, कैसे निपट गँवार।
उस पर ये तुर्रा सुनो, चला रहे सरकार॥ 247 ॥

जब से मैं आया यहाँ, तब से हूँ हैरान।
ऊपर से इनसान सब, भीतर से हैवान॥ 248 ॥

कहने को आजाद पर, फिर भी कहीं गुलाम।
कोड़े देखो पीठ पर, मुँह में लगी लगाम॥ 249 ॥

प्रजातन्त्र का अर्थ क्या? नहीं जानते लोग।
मगर सभा में शान से, करते शब्द प्रयोग॥ 250 ॥

राजनीति है वोट की, कहीं न बिगड़े खेल।
यही सोचकर लोग सब, लगा रहे हैं तेल॥ 251 ॥

यह कैसी सरकार है, भूली सारे फर्ज।
सिर पर लादे जा रही, सिर्फ विदेशी कर्ज॥ 252॥

अटल बिहारी से मिली, यही देश को सीख।
क्लिण्टन के गुण गाइये, और माँगिये भीख॥ 253॥

हैरत में हैं देखकर, ब्रह्मा-विष्णु-महेश।
नेताओं के पेट में, समा गया यह देश॥ 254॥

विद्रोही कोई नहीं, जहाँ सभी आमीन।
वहाँ अकेली क्या करें, तस्लीमा नसरीन॥ 255॥

शासक को ऐसा लगा, अभयदान का रोग।
अपराधी नायक बना, पूज रहे हैं लोग॥ 256॥

हथियारों का आदमी, ऐसा हुआ गुलाम।
आगे अब हथियार है, पीछे दण्ड-प्रणाम॥ 257॥

बस्ती से मस्ती गयी, फुलवारी से रंग।
किस-किस की चर्चा करूँ, पड़ी कुएँ में भंग॥ 258॥

लुग्गा की जीजू हुई, यह ससुरी सरकार।
दहशत में हैं जी रहें, हम गरीब-लाचार॥ 259॥

प्रगतिशील की राह का, रोड़ा दकियानूस।
देख समय का फेर मन, मत हो तू मायूस॥ 260॥

उठो-चलो-जूझो-लड़ो, मुक्त कराओ मंच।
ठीया गाड़े हैं जहाँ, दो-कौड़ी के पंच॥ 261 ॥

बिना लड़े मिलता नहीं, यहाँ कभी अधिकार।
ऐसे देने से रही, पब्लिक को सरकार॥ 262 ॥

नये सिरे से संगठन, और करो मजबूत।
दूर करो कमजोरियाँ, फिर-फिर पड़े न फूट॥ 263 ॥

जूते में हों पैर ही, फिर-फिर बँटे न दाल।
वर्ग-जाति के भेद को, दूर करो तत्काल॥ 264 ॥

मुखिया गाँव-समाज का, आज हुआ धृतराष्ट्र।
उसका अपना धर्म है, उसका अपना शास्त्र॥ 265 ॥

रोटी, कपड़ा, घर, दवा, सब-कुछ आज उधार।
बेच रही है देश को, साझे की सरकार॥ 266 ॥

जिसने दी कुर्सी उसे, उसकी भी अब बात।
नहीं मानता देखिये, भूल गया औकात॥ 267 ॥

अनुयायी भौंचक खड़े, नायक दिशाविहीन।
लगता यह अभियान भी, होगा तेरह-तीन॥ 268 ॥

असली वक्ता मौन हैं, नकली करते शोर।
फौज खड़ी है देखिये, इनके चारों ओर॥ 269 ॥

सच को निर्वासन मिला, मिला झूठ को मान।
देश हमारा हो गया, अब कपड़े का थान ॥ 270 ॥

ऐसी नीरस जिन्दगी, बेमानी, बेस्वाद।
भूली-बिसरी ताजगी, अक्सर आती याद ॥ 271 ॥

नहीं रही वह चाह अब, नहीं रहा उत्साह।
जहाँ आह की आह है, जहाँ वाह की वाह ॥ 272 ॥

ऐसा मारा वक्त ने, बीच अखाड़े दाँव।
पड़ा अकेले भागना, छोड़-छाड़कर गाँव ॥ 273 ॥

घर छोटा, फाटक बड़ा, आँगन-सीढ़ी तंग।
सोच रहा कैसे बिछे, खूँटी टँगा पलँग ॥ 274 ॥

लावारिस बूढ़े हुए, बच्चे हुए यतीम।
जन-जन के कल्याण की, कहाँ गयी स्कीम ॥ 275 ॥

मजदूरों में खलबली, सब-के-सब हैरान।
कामचोर को मिल रहा, श्रमजीवी सम्मान ॥ 276 ॥

नेता आता देर से, टाइम से मजदूर।
दफ़्तर का बाबू अगर, आया हुआ कपूर ॥ 277 ॥

चले गये अंग्रेज पर, छोड़ गये औलाद।
वही हुए हैं आजकल, सरकारी दामाद ॥ 278 ॥

उनकी तूती बोलती, उनकी छायी धाक।
हरदम लकदक देखिये, बाबू की पोशाक॥ 279 ॥

गड्ड-मड्ड सब हो गया, फूट गयी तकदीर।
इनकी ही करतूत है, यह धूमिल तस्वीर॥ 280 ॥

देशी सारी बोलियाँ, केवल आयुष्मान।
अंग्रेजी का दबदबा, सब में वही प्रधान॥ 281 ॥

सर की आँखें बन्द हैं, खुले हुए हैं कान।
दफ़्तर में है चरम पर, कान भरो अभियान॥ 282 ॥

दफ़्तर में पैदा हुए, जब से मक्खनबाज।
काज नहीं तब से हुआ, केवल हुआ अकाज॥ 283 ॥

कानाफूसी ने किया, ऐसा बण्टाधार।
छोड़-छाड़कर काम सब, करते हैं दरबार॥ 284 ॥

आँखों से वह काम ले, जिसके कच्चे कान।
वर्ना उसके फैसले, कर देंगे कल्याण॥ 285 ॥

अनुभवहीनों ने किया, सारा बेड़ा गर्क।
कामचोर साहब हुआ, करता तर्क-वितर्क॥ 286 ॥

जहाँ नहीं है यूनियन, वहाँ सिर्फ है काम।
और जहाँ है यूनियन, प्यारे काम हराम॥ 287 ॥

महिला पी. ए. मिल गयी, साहब बड़े प्रसन्न।
साठा पर पाठा लगा, हरदम टन्नाटन्न॥ 288 ॥

दफ़्तर का इन्चार्ज है, घामड़ नम्बर एक।
गाली देता जोर से, मुँह पर फाइल फेंक॥ 289 ॥

जातिवाद का इस तरह, उस पर नशा सवार।
केवल अपनी जाति से, करता है वह प्यार॥ 290 ॥

खुद पालन करता नहीं, पर देता उपदेश।
दुनिया धोखा खा रही, ऐसा उसका वेश॥ 291 ॥

पानी पीता डूबकर, चलता दुहरी चाल।
आरी साधे रात में, दिन में बीछे डाल॥ 292 ॥

लगा हुआ है देखिये, साहब का दरबार।
जी सर, जी सर कर रहे, कामचोर मक्कार॥ 293 ॥

दफ़्तर के सामान पर, साहब का अधिकार।
है दफ़्तर की कार में, साहब का परिवार॥ 294 ॥

दफ़्तर से घर आ गये, फ्रिज, टी.वी. रंगीन।
सोफा, टेबुल, कुर्सियाँ, ईरानी कालीन॥ 295 ॥

कहने को बनता बहुत, साफ-पाक इनसान।
हँसिया रखता फेंट में, जैसे चोर-किसान॥ 296 ॥

राम-कृष्ण के देश में, हावी रावण-कंस।
कौवे के दरबार में, ड्यूटी देते हंस॥ 297 ॥

रही नहीं वह सोच अब, रही नहीं वह दृष्टि।
कैसी इण्टरनेट में, समा गयी है सृष्टि॥ 298 ॥

भूली सारी चौकड़ी, भूला हास-विलास।
आज आदमी हो गया, कम्प्यूटर का दास॥ 299 ॥

नकद नरायन साथ में, जब मिलता कुछ खास।
तब दफ़्तर में सर्र से, होता है बिल पास॥ 300 ॥

बहुत बड़ा वो मूर्ख जो, खुद की पीता चाय।
बिना टिफिन के लंच अब, करते रोज सहाय॥ 301 ॥

थे तो प्रोड्यूसर मगर, पैण्ट-शर्ट की पीस।
दफ़्तर में बेचा किये, जब तक रहे हरीश॥ 302 ॥

दान-पुण्य कुछ कीजिये, दफ़्तर भी है घाट।
काउण्टर पर तुल गया, बिना तराजू-बाँट॥ 303 ॥

खुलते ही होता शुरू, भैया दफ्तर राग।
मिलना मुश्किल सीट पर, ऐसी भागमभाग॥ 304 ॥

कायल हैं जो लीक के, वे क्या करें प्रयोग।
अनजाने कुछ हो गया, नदी-नाव संयोग॥ 305 ॥

ऐसी आयी देश में, जनसंख्या की बाढ़।
जन-जन के सिर टूटते, दुःख के रोज पहाड़॥ 306 ॥

तीन-पाँच के आजकल, परेशान हैं बाप।
बारह बच्चों के पिता, कैसे हैं जी आप॥ 307 ॥

सोहर-ही-सोहर सुने, पके कान-के-कान।
सोहर से डरने लगा, समझदार इनसान॥ 308 ॥

भीड़ बढ़ी तो देखिये, संकट बढ़ा अपार।
रोटी के लाले पड़े, बोझ हुआ त्योहार॥ 309 ॥

साँसत में है जिन्दगी, उड़ा-उड़ा हैं रंग।
मतले पर ही है रुकी, ग़ज़ल, काफिया तंग॥ 310 ॥

मालिक को अब क्या कहें, उलझन में मकरन्द।
जुड़वाँ की लाइन लगी, सिंगिल कोटा बन्द॥ 311 ॥

जब-जब आबादी बढ़ी, तब-तब हुआ विनाश।
लगता है इस बार भी, होगा सत्यानाश॥ 312 ॥

भैया-भौजी ऊबकर, गये डॉक्टर पास।
नहीं बजेगी बाँसुरी, नहीं रहेगा बाँस॥ 313 ॥

दो कमरों के घर हुए, दो क्यारी के खेत।
आँख नहीं फिर भी खुली, अब भी लोग अचेत॥ 314 ॥

बच्चो की पल्टन बढ़ी, बिगड़ गया अनुपात।
दूध-भात की उम्र में, पड़ी पेट पर लात॥ 315॥

कैसा था कैसा हुआ, तीरथराज प्रयाग।
जहाँ उछलती धार थी, वहाँ धधकती आग॥ 316॥

लाभ-हानि के फेर में, साधू-सन्त-समाज।
कितना नीचे देखिये, गिरा आचरण आज॥ 317॥

बाहर फोटो सन्त की, भीतर कारोबार।
आश्रम में हैं रह रहे, डाकू-चोर-छिनार॥ 318॥

साफ धुली पोशाक में, शोभित हैं श्रीमान।
बम-कट्टे-बारूद की, इनके घर में खान॥ 319॥

यूक्लिप्टस-सी मूर्तियाँ, छूती हैं आकाश।
ईश्वर धरती पर नहीं, आज हुआ विश्वास॥ 320॥

हैं सन्तों के वेश में, सजे-धजे शैतान।
माया इनकी देखकर, ईश्वर भी हैरान॥ 321॥

तीर्थराज के नाम पर, अच्छी लूट-खसोट।
आया था वह सूट में, अब है सिर्फ लँगोट॥ 322॥

असली-नकली की भला, कैसे हो पहचान।
जितने हैं तम्बू यहाँ, उतने हैं भगवान॥ 323॥

तरह-तरह के मंच हैं, तरह-तरह के गेट।
दर्शन के भी रेट हैं, प्रवचन के भी रेट॥ 324॥

गुरुओं में भी हैं यहाँ, कई गुरु घण्टाल।
बनवाते पण्डाल कुछ, जलवाते पण्डाल॥ 325॥

प्रवचन बिजनेस हो गया, भजन हो गया खेल।
नकली सन्तों से भरी, भैया असली रेल॥ 326॥

सब-कुछ इनके कैम्प में, ये हैं सन्त महान।
यहाँ एक ही पेंच से, खुलती हर दूकान॥ 327॥

कल्पवास में हैं मगर, लगा गाँव पर ध्यान।
आया होगा आज भी, थाने का दीवान॥ 328॥

मन्दिर में बाली छिनी, बन्धे पर जंजीर।
तम्बू में इज्जत लुटी, गंगा-यमुना-तीर॥ 329॥

वारा-न्यारा हो गया, सफाचट्ट मैदान।
मूँछों-ही-मूँछों रही, पण्डों की मुस्कान॥ 330॥

गाँजा बिकता है यहाँ, बिकती यहाँ अफीम।
धन्धे में शामिल यहाँ, भिखमंगों की टीम॥ 331॥

लुटते अक्सर लोग हैं, मिलती अक्सर लाश।
फिर भी कम होता नहीं, भक्तों का विश्वास॥ 332॥

धन्धेबाजों का यहाँ, एकछत्र अधिकार।
उनकी जैसे सल्तनत, फैला हुआ कछार॥ 333 ॥

फैले हुए कछार में, होता कारोबार।
पुलिस बँटाती हाथ खुद, करती बेड़ा पार॥ 334 ॥

दारू की हैं भट्ठियाँ, बम-कट्टों की खान।
मृत्यु यहाँ आसान है, मोक्ष नहीं आसान॥ 335 ॥

ढहता हुआ कगार है, सावधान यजमान।
खतरे से खाली नहीं, अब संगम स्नान॥ 336 ॥

सबकी नीयत एक-सी, सब हैं एक समान।
पता नहीं किस नाव में, बैठे थे भगवान॥ 337 ॥

मुण्डन से क्या फायदा, अगर न बदली सोच।
दृष्टि वही, गर्दन वही, वही खोपड़ी, चोंच॥ 338 ॥

डुबकी है, संकल्प है, भजन-कीर्त्तन-जाप।
कपड़ा जैसे हो रहा, सूखा-गीला पाप॥ 339 ॥

ठुमका भी है, थाप भी, और भजन के बोल।
भक्तों में भगतिन हुईं, ज्यों पूजा का ढोल॥ 340 ॥

बोले दारू छानकर, सन्त निरंजनदास।
भगतिन को भेजो यहाँ, बच्चा रामनिवास॥ 341 ॥

अब दोनों बेकार हैं, कन्द और मकरन्द।
दोनों के लायक नहीं, स्वामी स्वादानन्द ॥ 342 ॥

बाबा कुटिया पा गये, मिली चैन की साँस।
आँखों में ईश्वर नहीं, सूझ रहा रोमांस ॥ 343 ॥

घुस आये साहित्य में, कुछ-ऐसे भी लोग।
अच्छे-भले समाज में, जैसे छुतहा रोग ॥ 344 ॥

बिन कविता कवि हो गये, जियो जुगाड़ीलाल।
राग मिलाओ राग में, और बजाओ गाल ॥ 345 ॥

अब कविता के मंच पर, उतरे जोकर भाँड़।
मिल-जुल दोनों कर रहे, कविता का कल्याण ॥ 346 ॥

संयोजक के वास्ते, धन्धा है कवि-मंच।
और मंच पर हो रहा, बस केवल परपंच ॥ 347 ॥

खोले फर्जी संस्था, क्या बतलाऊँ हाल।
भुना रहे हैं नाम वे, काट रहे हैं माल ॥ 348 ॥

इनके-उनके नाम पर, खोले बैठे 'पीठ'।
और पीठ की आड़ में, प्रापर्टी पर दीठ ॥ 349 ॥

घेर लिये मैदान सब, उठा लिये दीवार।
लगा फूलने-फैलने, उनका कारोबार ॥ 350 ॥

संकट में है आजकल, असली की पहचान।
जहाँ देखिये पा रहा, नकली ही सम्मान॥ 351 ॥

मन्त्री जी तब खिल उठे, हुआ उन्हें सन्तोष।
जब उनको आधा मिला, सूखा राहत कोष॥ 352 ॥

मुख्य सचिव आये-गये, झाड़ गये स्पीच।
सूखा है तो क्या हुआ, सरकिट हाउस सींच॥ 353 ॥

सूखे में सुख भोगते, लेखपाल पतरौल।
रेवड़ी जैसे बाँटते, डीजल औ पेट्रोल॥ 354 ॥

पत्थर-ही-पत्थर जहाँ, जल का नहीं शुमार।
पानी की मोटर वहाँ, बैठाती सरकार॥ 355 ॥

जल्दी बदलेगा यहाँ, नहरों का यह रूप।
हर बन्धे के पेट में, होंगे दो नलकूप॥ 356 ॥

गंगा-सागर से नहर, निकलेगी इस बार।
खेतों में लद्दाख तक, पहुँचेगी अब धार॥ 357 ॥

सूखे से कैसे लड़ें, इसके लिए उपाय।
पूछे गये विदेश से, अभी न आये हाथ॥ 358 ॥

कागज पर सब बँट गये, राशन औ अनुदान।
फाटक पर बैठे रहे, पाये नहीं किसान॥ 359 ॥

पूछ न भैया गाँव में, हैण्डपम्प का हाल।
हैं पानी के नाम पर, सब ठनठन गोपाल॥ 360॥

टैंकर, जलकल सब जुटे, शुरू हुआ अभियान।
गया न कोई खेत में, सींच रहे सब लान॥ 361॥

महँगा चारा हो गया, सस्ती गाभिन गाय।
चक्कर आया गिर पड़ा, घर में रामसहाय॥ 362॥

बहती गंगा की तरह, है सूखा अभियान।
हाथ ठाट से धो रहे, सरकारी मेहमान॥ 363॥

पूछ न प्यारे आजकल, तरकारी का रेट।
कुँजड़े को गरिया रहे, चौराहे पर सेठ॥ 364॥

जीना मुश्किल हो गया, ऐसा पड़ा अकाल।
औने-पौने दाम में, बिकी शेर की खाल॥ 365॥

तालों में दर्रे फटे, नदियों में बस रेत।
खूँटे सूने हो गये, बिना फसल के खेत॥ 366॥

धरती है जलता तवा, हवा बरसती आग।
ऐसे में है भूत-सा, बिना छाँह का बाग॥ 367॥

आग बरसती धूप है, अन्धड़ हुई बयार।
सन्नाटा गहरा गया, सिर पर मौत सवार॥ 368॥

गौरी कण्डे बीनती, साँय-साँय है ताल।
हवा उड़ाती है हँसी, धूप जलाती खाल॥ 369 ॥

मीलों तक पानी नहीं, झर-झर झरती आग।
प्यासी बहू प्रयाग की, फेंक रही है झाग॥ 370 ॥

रस्सी छोटी हो गयी, गाँव हुआ बेहाल।
गर्मी का मारा कुआँ, पानी गया पताल॥ 371 ॥

हैण्डपम्प भी है लगा, लेकिन है बेकार।
भेज रही है टैंकर, कागज पर सरकार॥ 372 ॥

आयी आँधी ले गयी, घर का छप्पर-टीन।
आँटा गीला हो गया, चिन्तित बाबादीन॥ 373 ॥

डी. एम., सी. एम. गाँव में, आये किये बटोर।
बातों से बहला गये, बन्द हो गया शोर॥ 374 ॥

कल के बादल और थे, और आज के और।
वे छीने थे हथकड़ी, ये छीनेंगे कौर॥ 375 ॥

बरखा तेरे राज में, यह कैसा कानून।
बादल ही अब चूसते, ताल-नदी का खून॥ 376 ॥

बागों में झूले पड़े, खेतों पड़ा अकाल।
पीपे का पुल बन्द है, मौसम का ये हाल॥ 377 ॥

आँखों पर चश्मा चढ़ा, मन में काई-मैल।
लौटी नदी पहाड़ की, तैर रही खपरैल॥ 378 ॥

निकली है अभियान पर, लेकर तीर-कमान।
बूढ़ी गण्डक देखिये, मार रही मैदान॥ 379 ॥

मुँह की खाये धार में, बड़े-बड़े बलवान।
जड़ से उखड़े, बह गये, कितने पेड़-मचान॥ 380 ॥

बहकर आयी बाढ़ में, लगी किनारे गाय।
अपनी कहते फिर रहे, उसे दरोगा राय॥ 381 ॥

वही रेट है धान का, है जिस रेट पुआल।
सूखे में भींगा नहीं, मछुवारे का जाल॥ 382 ॥

सर्दी का पारा गरम, सिर पर भूत सवार।
हर मरीज को डाँटती, नर्स तेज-तर्रार॥ 383 ॥

जाड़े की पल्टन चली, सफाचट्ट मैदान।
पाला फसलें ले गया, मारा गया किसान॥ 384 ॥

चार पेग की ठण्ड थी, कैसे होता काम।
धुआँधार बीड़ी चली, हारे को हरिनाम॥ 385 ॥

बार-बार झल्ला रही, भरी ओस से झील।
जाने कब की फिल्म है, कट-कट जाती रील॥ 386 ॥

खुला गाँव में नर्सरी, पढ़ा रहीं मिस लाल।
बच्चों भोजन-कक्ष को, कहो डायनिंग हाल॥ 387 ॥

माया ने फिर से लिया, धरती पर अवतार।
ब्रह्मा-विष्णू-इन्द्र सब, करते जय-जयकार॥ 388 ॥

जज साहेब बैठे रहे, होती रही पुकार।
न्यायालय से उठ गयी, जज साहेब की कार॥ 389 ॥

दशों दिशाएँ हिल उठीं, बहे मरुत उनचास।
ऐरे-गैरे हो गये, जिस दिन खासुलखास॥ 390 ॥

दिल्ली में बसिये नहीं, रहिये बन मेहमान।
सिर्फ एक ही शर्त है, भरते रहिये कान॥ 391 ॥

वादे, वादे ही रहे, हुए नहीं साकार।
झूठी कसमें खा रही, बार-बार सरकार॥ 392 ॥

लाखों की गड्डी मिली, पहली-पहली बार।
गिनते-गिनते सो गये, भूखे पेट कुमार॥ 393 ॥

घूस जरूरी हो गया, दफ़्तर का दस्तूर।
रोज शाम को मेठ को, देते हैं मजदूर॥ 394 ॥

जब सबकी जेबें भरीं, मिले सभी के भाव।
अल्लम-गल्लम ढेर से, पास हुए प्रस्ताव॥ 395 ॥

कैसी-कैसी गाड़ियाँ, कैसे कारोबार।
बोर्ड लगा अखबार का, ढोती हैं हथियार॥396॥

चश्मा अब दामाद है, बेटा टेलीफून।
बीबी ड्राइंग रूम है, खुश हैं अफलातून॥397॥

ठेंगे पर मुर्दे गये, ठेंगे पर बीमार।
एम्बुलेन्स से तस्करी, होती है अब यार॥398॥

फौरन ही खिचड़ी पकी, चौचक बैठी गोट।
भरी सभा में हो गया, घर बैठे विस्फोट॥399॥

धरे हाथ-पर-हाथ सब, देख रही सरकार।
घर की इज्जत ले बढ़े, घर के पहरेदार॥400॥

महापुरुष ये भद्रजन, जहाँ फूँकते कान।
वहाँ काण्ड के बाद वे, होते अन्तर्धान॥401॥

मछली तो दोनों मगर, मैं झींगा तू ह्वेल।
मेरा ही भुर्ता बना, निकला मेरा तेल॥402॥

आँसू हैं घड़ियाल के, मत करना विश्वास।
जो भी जाता सामने, हो जाता वो ग्रास॥403॥

कभी-कभी वरदान भी, होता है अभिशाप।
भस्मासुर को खा गया, भस्मासुर का पाप॥404॥

आँधी औ' तूफान में, नहीं बुझी वो आग।
रही जूझती शान से, होती रही चिराग॥ 405 ॥

डाकू जंगल में नहीं, थाने में मौजूद।
थाना ही देता उन्हें, कारतूस-बारूद॥ 406 ॥

कैसी-कैसी बन्दिशें, हैं जीवन के साथ।
खुली हुई है आँख पर, बँधे हुए हैं हाथ॥ 407 ॥

दागी मन्त्री का पड़ा, ऐसा शुद्ध दबाव।
मुहरा-जैसी पिट गयी, नैतिकता बे-भाव॥ 408 ॥

पहले देखो वक्त की, चाल और रफ्तार।
फिर तुम बाँटो हौसला, दो लोहे पर धार॥ 409 ॥

साँसत में वो आदमी, जो संवेदनशील।
दिन-दिन पटती जा रही, जैसे कोई झील॥ 410 ॥

देखा अपने बीच में, ऐसा भी इनसान।
सीने में धड़कन मगर, मुँह में नहीं जबान॥ 411 ॥

अपनी आँखों राम जी, खुद देखो अन्धेर।
अन्धों पर हैं टूटतीं, जैसे आज बटेर॥ 412 ॥

कुर्सी ऐसा तन्त्र है, सब इसके आधीन।
बैठे-बैठे हो गये, सन्त साधनालीन॥ 413 ॥

ईश्वर भी मिलता यहीं, यहीं मिलें यमराज।
आ करके मिलते यहीं, सारे रस्ते आज॥ 414 ॥

चूहा कूदे पेट में, लोग बजाते गाल।
देश भला इस हाल में, कैसे हो खुशहाल॥ 415 ॥

यह भी कैसी आँख है, जब खुलती तब हाय।
या मन्दिर–मस्जिद दिखे, या फिर सूअर–गाय॥ 416 ॥

लाता कौड़ी दूर की, करता खड़ा विवाद।
अच्छा लगता है उसे, दंगा और फसाद॥ 417 ॥

तोड़–फोड़ षड्यन्त्र में, रहता उसका हाथ।
जाहिर भी होता नहीं, देता खुलकर साथ॥ 418 ॥

उसकी कारस्तानियाँ, जग–जाहिर हैं यार।
उसकी ही करतूत है, जला हुआ अखबार॥ 419 ॥

पर्दे में रहता सदा, और खेलता खेल।
जमकर लेता है मजा, देकर माचिस–तेल॥ 420 ॥

इसके भी वह साथ है, उसके भी वह साथ।
दोनों के सिर पर सदा, रहता उसका हाथ॥ 421 ॥

लगवाता भी जाम है, खुलवाता भी जाम।
बाँह गले में डालकर, करता काम तमाम॥ 422 ॥

घटिया है इनसान पर, नेता है परफेक्ट।
करता रहता है सदा, लोगों को इंजेक्ट॥423॥

भड़काता है भीड़ को, देता है स्पीच।
है पिट्ठू सरकार का, रहता पब्लिक बीच॥424॥

वही बनाता योजना, देता है अंजाम।
जब चाहे, जिस शहर की, कर दे नींद हराम॥425॥

लोगों के सुख-चैन से, करता है खिलवाड़।
खुश होता है देखकर, खाते हुए पछाड़॥426॥

भेद नहीं देता कभी, चलता चाल महीन।
जहाँ देखता संगठन, करता तेरह-तीन॥427॥

देता भी है ठाट से, वो चालिस परसेण्ट।
काम नहीं करता कभी, ले लेता पेमेण्ट॥428॥

जेब में रखता कैबिनेट, करता सबका काम।
हर ठेका सरकार का, जाता उसके नाम॥429॥

पुलिस लगाती ही रही, लेकिन मिली न टोह।
समा गया किस खोह में, इतना बड़ा गिरोह॥430॥

खून, डकैती, अपहरण या बिल्डिंग या प्लाट।
सबका रखता रेट वह, क्या बालू क्या घाट॥431॥

ना तो जन-कल्याण है, ना है सेवा भाव।
जितने हैं सब रहनुमा, सबके अलग पड़ाव॥ 432॥

नहीं रहे अब जूनियर, सब हैं बावनवीर।
सब रखते हैं द्रौपदी, सब रखते हैं चीर॥ 433॥

अद्‌भुत यह आरोह है, अद्‌भुत यह अवरोह।
सत्ता का चस्का लगा, देखो सत्ता-मोह॥ 434॥

परेशान हैं भद्र-जन, हँसता है शैतान।
देखो उसकी जेब में, पूरा हिन्दुस्तान॥ 435॥

अच्छा गुण्डाराज है, दहशत औ आतंक।
प्रजातन्त्र के नाम पर, शासन आज कलंक॥ 436॥

जो सोचा वो ना हुआ, मिली धार विपरीत।
मैं था, मेरे साथ थे, केवल मेरे गीत॥ 437॥

कानाफूसी हो गयी, अब सुनिये दो टूक।
पैरों में जूता नहीं, कन्धे पर बन्दूक॥ 438॥

ये क्या देंगे प्रेरणा, इनकी क्या औकात।
दाँत लिये हैं हाथ में, खोज रहे हैं आँत॥ 439॥

शामिल हर षड़यन्त्र में, जो रहता है यार।
पता नहीं वो किस तरह, बच जाता हर बार॥ 440॥

ये सब माहिर लोग हैं, बच जाते हर ठौर।
साफ बने रहते सदा, पकड़े जाते और॥ 441 ॥

थर्राती हैं कुर्सियाँ, डरती है सरकार।
प्रजातन्त्र में देखिये, गुण्डों की भरमार॥ 442 ॥

जरा-जरा-सी छूट का, ये निकला परिणाम।
भुतहे खँडहर की तरह, जर्जर गाँधीग्राम॥ 443 ॥

चूस रहे आलानिया, लूट रहे हैं माल।
बैठे मुनिवर वेश में, चर्चित नटवरलाल॥ 444 ॥

अच्छा है हर मोड़ पर, ये सुविधा काम्प्लेक्स।
वाइन, वीमेन, वीडियो, हाजिर हैं इण्डेक्स॥ 445 ॥

साँठ-गाँठ में देखिये, शामिल नामी लोग।
तब तैसा ही हो रहा, जब जैसा संयोग॥ 446 ॥

अपना-अपना बैरियर, अपना-अपना घाट।
खूब हुआ इस दौर में, अच्छा बन्दर-बाँट॥ 447 ॥

बड़े बाप की बाप रे! ये देखो औलाद।
चुंगीवाले की तरह, जबरी लेता स्वाद॥ 448 ॥

नये साल में राम जी, बना रहे ये भाव।
डूबे ना, चलती रहे, पानी ऊपर नाव॥ 449 ॥

नये साल में राम जी, इतनी-सी फरियाद।
बना रहे ये आदमी, बना रहे संवाद॥ 450 ॥

नये साल में राम जी, रखना पूरा ख्याल।
पाँव न काटे रास्ता, गिरे न सिर पे डाल॥ 451 ॥

नये साल में राम जी, करना बेड़ा पार।
महँगाई की मार से, रोयें ना त्योहार॥ 452 ॥

नये साल में राम जी, कहीं न हो हड़ताल।
ज्यादातर हड़ताल के, अगुवा आज दलाल॥ 453 ॥

नये साल में राम जी, बिगड़े ना भूगोल।
गैस रसोई को मिले, गाड़ी को पेट्रोल॥ 454 ॥

नये साल में राम जी, कहीं लगे ना जाम।
टाइम से फाटक खुले, टाइम से हर काम॥ 455 ॥

नये साल में राम जी, लगे न कोई रोग।
अपनी ड्यूटी पर रहें, घर के सारे लोग॥ 456 ॥

नये साल में राम जी, ना हो भारत बन्द।
हरदम छाया ही रहे, पब्लिक में आनन्द॥ 457 ॥

नये साल में राम जी, सुख बाँटें मेहमान।
ज्यों-का-त्यों साबुत मिले, घर का हर सामान॥ 458 ॥

नये साल में राम जी, बनी रहे ये टोन।
बिजली भी मिलती रहे, कटे न टेलीफोन॥ 459 ॥

लड़े न कोई ट्रेन भी, गिरे न कोई प्लेन।
अपने ही दर पे रहें, मुँह देखें बस क्रेन॥ 460 ॥

नये साल में राम जी, सपने हों साकार।
साथ भगीरथ के चले, जैसे जल की धार॥ 461 ॥

नेताओं को राम जी, देना बुद्धि-विवेक।
सबका मन हो आईना, नीयत सबकी नेक॥ 462 ॥

नये साल में राम जी, पाजी जायें जेल।
बार-बार है प्रार्थना, मिले न उनको बेल॥ 463 ॥

नये साल में राम जी, कम-से-कम आतंक।
वह भी दर्पण में दिखे, माथे लगा कलंक॥ 464 ॥

नये साल में राम जी, दुहरायें ना भूल।
पास न हो प्रस्ताव फिर, कोई ऊल-जलूल॥ 465 ॥

नये साल में राम जी, बनी रहे ये टीम।
करती जो पूरी सदा, अपनी हर स्कीम॥ 466 ॥

नये साल में राम जी, मारें हर मैदान।
नाक कटे ना कौम की, गिरे नहीं इनसान॥ 467 ॥

बना रहे ये बैठका, बना रहे ये जाम।
बनी रहे ठण्डी हवा, बनी रहे ये शाम ॥ 468 ॥

नये साल में राम जी, लगे न कोई ठेस।
चाहे हों हम देश में, चाहे हों परदेस ॥ 469 ॥

नये साल में राम जी, कटे न मेरी बात।
रंगों की सौगात में, खुशबू हो इफरात ॥ 470 ॥

नये साल में राम जी, मना रहा महमूद।
लेना पड़े न कर्ज फिर, भरना पड़े न सूद ॥ 471 ॥

हॉस्टल में रहती पुलिस, जेल में स्टूडेण्ट।
पेण्डिग में हैं फाइलें, जितनी थीं अर्जेण्ट ॥ 472 ॥

अधिकारों का अतिक्रमण, कर्त्तव्यों की ओट।
पटरीवाले खा रहे, फिर-फिर गहरी चोट ॥ 473 ॥

दीये गायब हो गये, गायब बाती-तेल।
घर-घर होगी रोशनी, हुई योजना फेल ॥ 474 ॥

आसमान में हैं टँगे, लाई-लावा-खील।
दीवाली के सगुन में, बिकी नाक की कील ॥ 475 ॥

कैसे हो दीपावली, कैसे हो त्योहार।
चिन्ता में पब्लिक पड़ी, बेकाबू बाजार ॥ 476 ॥

एक हाथ में आग है, एक हाथ में तेल।
भाई मेरी मान तू, ऐसा खेल न खेल॥ 477 ॥

जरा वहाँ भी झाँकिये, जुआ जहाँ उद्योग।
अब भी औरत दाँव पर, लगा रहे हैं लोग॥ 478 ॥

पूछ रहा है फोन पर, राजन से अभिषेक।
काला धन कैसे गुरू, होगा नम्बर एक॥ 479 ॥

बिना द्वार-दीवार के, रहते थे हम यार।
कचर-पचर उत्सव रहे, कचर-पचर त्योहार॥ 480 ॥

दीवारों के देश में, नदी-नाव संयोग।
मिल जाते सौभाग्य से, खुली सोच के लोग॥ 481 ॥

ऊपर है जिनकी पहुँच, और पकड़ में लोग।
उनकी पौ बारह सदा, लगा करे अभियोग॥ 482 ॥

खुद से देखो आदमी, कितना है मजबूर।
अपनों से ही डर रहा, भाग रहा है दूर॥ 483 ॥

जो साधन सम्पन्न हैं, उनके लम्बे हाथ।
तरह-तरह के असलहे, लेकर चलते साथ॥ 484 ॥

लदे हुए हैं बाप रे, जिनके ऊपर केस।
रथ पर वो किस शान से, घूम रहे हैं देश॥ 485 ॥

नकली पूजे जा रहे, असली खाते मार।
देखो नकली माल से, पटा पड़ा बाजार ॥ 486 ॥

रोज अजूबा देखिये, रोज नया अन्धेर।
गीदड़-भभकी से घिरा, है जंगल का शेर ॥ 487 ॥

हफ्तों अब मिलते नहीं, मिलते थे हर रोज।
यहाँ रोज बी. पी. नपे, वहाँ चढ़े ग्लूकोज ॥ 488 ॥

उम्र बढ़ी तो नस फटी, ऐंठे-बैठे अंग।
डब-डब आँखों में फँसी, लूटी हुई पतंग ॥ 489 ॥

सूरत है बदलाव की, ऐसी है उम्मीद।
नहीं पिसेगी सोंठ में, अब घोड़े की लीद ॥ 490 ॥

आया भी कैसा समय, कैसे आये मोड़।
मौके पर तनहा रहा, भागे संगी छोड़ ॥ 491 ॥

टिकना होगा धार में, सहना होगा वार।
साहस देगा रास्ता, होगा बेड़ा पार ॥ 492 ॥

तंगी में भी निभ रहे, होली-क्रिसमस-ईद।
मायूसों को जिन्दगी, देती है उम्मीद ॥ 493 ॥

औरत का मन कुछ नहीं, सब-कुछ उसकी देह।
जीवन मारे दे रहा, विज्ञापन का स्नेह ॥ 494 ॥

सच तो भाई है यही, तनिक न इसमें झूठ।
तब तक खादी बिक रही, जब तक उस पर छूट ॥ 495 ॥

खादी धागा हो गया, खादी रहा विचार।
घाटा देता जा रहा, दिन-दिन कारोबार ॥ 496 ॥

भौतिकवादी हो गया, सारा देश-समाज।
आँख मूँदकर दौड़ में, भाग रहा है आज ॥ 497 ॥

मन से कभी न जी सकें, रिश्ते-नाते लोग।
हम जीने को हैं विवश, तरह-तरह के रोग ॥ 498 ॥

बदली-बदली सोच है, बदले-बदले काम।
सन्तों के आसन हुए, शेर-हिरन के चाम ॥ 499 ॥

यार इसी परिवार में, बँटा कौर-पर-कौर।
कल-परसों सिरमौर थे, आज खोजते ठौर ॥ 500 ॥

निन्दा रस की चाह है, मिलती भी पर्याप्त।
इसीलिए होती नहीं, चर्चा कभी समाप्त ॥ 501 ॥

सबसे मुश्किल नौकरी, उससे मुश्किल ब्याह।
लेकिन मिलते मुफ़्त में, भाषण और सलाह ॥ 502 ॥

ऐसी है इस दौर में, महँगाई की मार।
आग लगी बाजार में, चीख रहा त्योहार ॥ 503 ॥

आयी आडिट पार्टी, फूटा स्वागत राग।
बाइस टिन घी खा गयी, चौबिस क्विण्टल साग॥504॥

मन से वो शौकीन हैं, तबियत से रंगीन।
कभी मिला थ्री-पीस में, कभी सिर्फ कोपीन॥505॥

गलत हाथ में देखिये, बागडोर है आज।
कारण केवल एक ही, बिखरा हुआ समाज॥506॥

कल ये मजहब थे कहाँ, कहाँ रही दीवार।
कौन बताये, क्यों हुआ, ऐसा बण्टाधार॥507॥

बिगड़ा खेल नवाब का, गया हवेली ठाट।
पेटी में ठेका लिये, बैठे गंगा-घाट॥508॥

इससे ज्यादा क्या कहूँ, वही कहावत ठेठ।
कर्जदार के खेत की, फसल देखता सेठ॥509॥

बातें बे-सिर-पैर की, कोई ओर न छोर।
ग्रहण लगा दीखा नहीं, चर्चा चारों ओर॥510॥

बड़ा सुहाना बाग था, ऐसी बरसी आग।
एक साथ गुल हो गये, लाखों-लाख चिराग॥511॥

मन्दिर में विस्फोट है, मस्जिद में विस्फोट।
पीछे हर विस्फोट के, कारण केवल वोट॥512॥

कहने को सरकार है, लेकिन है लाचार।
गुण्डे हैं सरकार के, सिर पर आज सवार॥513॥

बाल बने हैं नाक के, करते रोज ऐलान।
जिन्दा रहना है अगर, तो मानो फरमान॥514॥

राजनीति ने क्या कहें, खूब पढ़ाया पाठ।
बड़े-बड़ों को देखिये, मार गया है काठ॥515॥

नहीं दिखायी दे रही, आज किसी को राह।
सोच रहे हैं सब यही, कैसे हो निर्वाह॥516॥

सूरत तो भोली मगर, है ये पूरा घाघ।
कामधेनु की खाल में, छिपा हुआ है बाघ॥517॥

धन्धे में माने बहुत, रखता है विश्वास।
बाबा जी के फोन पर, टेण्डर होता पास॥518॥

बहुत बड़ा नाटक मियाँ, ये जनता दरबार।
जनता को फुसला रही, बस केवल सरकार॥519॥

बनी-बनायी लिस्ट है, बँधा हुआ है रेट।
सचिवालय का दोगुना, मन्त्रालय का पेट॥520॥

दोनों ही हैं आलसी, दोनों जाँगर-चोर।
जैसे रामनिहोर हैं, वैसे श्यामकिशोर॥521॥

जब देखो तब बस वही, यशोगान का पाठ।
कोरस में हैं गा रहे, सौ–सौ चारण–भाट ॥ 522 ॥

सुन लेती है गालियाँ, खा लेती है मार।
पब्लिक साझे की बहू, जान रही सरकार ॥ 523 ॥

शासन को मालूम है, पब्लिक की औकात।
आँख मूँदकर मारता, पेट–पीठ पर लात ॥ 524 ॥

पब्लिक की चिन्ता किसे, खुद में सभी अचेत।
जैसे हैं सरजू गुरू, वैसे हैं साकेत ॥ 525 ॥

फिर–फिर जात–बिरादरी, फिर–फिर पगड़ी–पंच।
अपना–अपना दल हुआ, अपना–अपना मंच ॥ 526 ॥

टाट–भात–संकीर्णता, पंचों की है देन।
लोगो में भी लोग हैं, लेनों में भी लेन ॥ 527 ॥

बहुत बड़े मैदान में, देख समय की मार।
बिल्लू ठेकेदार ने, काटे फ्लैट हजार ॥ 528 ॥

बिना आँत काटे नहीं, गये आँत के छेद।
जैसे काले रंग में, दिखता मिला सफेद ॥ 529 ॥

मुखड़े से भोला बहुत, मन से कुटिल भुजंग।
इसकी पर्तें देखकर, हुई प्याज भी दंग ॥ 530 ॥

रहना उसके साथ तो, रखना अपना ख्याल।
ऊपर से है आदमी, भीतर से घड़ियाल ॥ 531 ॥

निगलेगा पूरा तुम्हें, नहीं रहेगा शेष।
रोयेगा तेरे लिये, इतना और विशेष ॥ 532 ॥

बन-ठनकर वह मंच पर, रहता जैसे सन्त।
इसके मायाजाल का, प्यारे आदि न अन्त ॥ 533 ॥

बहुत बड़ा नेटवर्क है, फैला चारों ओर।
फौरन ही वो भागता, जो पड़ता कमजोर ॥ 534 ॥

बनते रहो शरीफ तुम, ओढ़े रहो उसूल।
तुमको ठेंगे पर लिये, फिरते नामाकूल ॥ 535 ॥

दो कौड़ी का था कभी, अब है खासमखास।
धन्धेवाले तो इसे, कहते हैं बिग-बॉस ॥ 536 ॥

झाँका करता था कभी, इनका-उनका गेट।
अब देखो किस शान से, तोल रहा है वेट ॥ 537 ॥

बहुमत में हैं आजकल, केवल तिकड़मबाज।
गूँज रही चारों तरफ, उनकी ही आवाज ॥ 538 ॥

क्या केरल, क्या श्रीनगर, क्या पश्चिम बंगाल।
परमेश्वर खुद कह रहा, सारे पंच दलाल ॥ 539 ॥

छूट गया जी रास्ता, भटक गये हैं लोग।
होगी इनकी वापसी, बहुत बड़ा संयोग॥540॥

ऐसा फेंक न रंग तू, ऐसा खेल न फाग।
जंगल को ही खा गयी, ये जंगल की आग॥541॥

गुपचुप बँटी इलायची, गुपचुप हुई बटोर।
पगड़ी पाये चौधरी, पंगत भाव-विभोर॥542॥

जितने भी हैं सरगना, सबके झुण्ड-गिरोह।
सबके अपने हैं नगर, सबकी अपनी खोह॥543॥

सम्बोधन से देवता, करतब से शैतान।
हँसता है कैसी हँसी, मुँह में दाबे पान॥544॥

कितना गहरा पेट है, हे अगस्त्य के बाप।
मैं खुद नापूँ या मुझे, बतलायेंगे आप॥545॥

तूने कुछ छोड़ा नहीं, सब-कुछ लिया लपेट।
धन्य तुम्हारी आत्मा, धन्य तुम्हारा पेट॥546॥

खाते हैं प्रतिनिधि यहाँ, खाती है सरकार।
खाना ही बिजनेस यहाँ, खाना कारोबार॥547॥

दिन-दिन बढ़ता जा रहा, वंशवाद का रोग।
यहाँ नहीं है कारगर, रामदेव का योग॥548॥

●●●

तीन चौथाई आन्हर

बाबू आन्हर माई आन्हर

बाबू आन्हर माई आन्हर
हमैं छोड़ सब भाई आन्हर
के-के, के-के दिया देखाईं
बिजुली अस भउजाई आन्हर।।

हमरे घर क हाल न पूछा
भूत-प्रेत बैताल न पूछा
जब से नेंय दियाइल तब से
निकल रहल कंकाल न पूछा
ओझा सोखा मुल्ला पीर
केकर केकर देईं नजीर
जन्तर मन्तर टोना-टोटका
पूजा पाठ दवाई आन्हर।।

जे आवै ते लूटै खाय
परचल घोड़ भुसवले जाय
हँस-हँस बोलै ठोंकै पीठ
सौ-सौ पाठ पढ़वले जाय

केहू ओनइस केहू बीस
जोरै हाथ निपोरै खीस
रोज-रोज मुर्गा तोरत हौ
कइसे कहीं बिलाई आन्हर।।

इनकर किरिया उनकर बात
सोच-सोच के काटीं रात
के केतनी पानी में हउवै
मालूम हौ सब कर औकात
फूटल जइसे करम हमार
ओरहन सुन-सुन दुखै कपार
आप न तेल निहारै नाहीं
दिया कहै पुरवाई आन्हर।।

पूत जनमलैं लोलक लइया
बोवैं धान पछोरैं पइया
घर-घर चूल्हा अलग करवलीं
कुल गुनवाँ क पाखर अइया
कुछ अइसन कुण्डली बनल हौ
रस्ता रस्ता कुआँ खनल हौ
नइहर गइल रहल मेहरारू
ली आइल महँगाई आन्हर।।

हाहाकार हौ चारों ओरी
पूरूब आग त पच्छिव चोरी

ओकरे कइसे कवर घोटाई
जेकर अहरा कुकुर अगोरी
दूध क माछी नाक क बार
दूनों देखली ए सरकार
एक आँख क कवन निहोरा
जहाँ तीन चौथाई आन्हर।।

बरखा रानी

चाल सुधारा चाल सुधारा
बरखा रानी चाल सुधारा।।

कब्बौ झूरा कब्बौ बाढ़
केसे-केसे लेईं राढ़
खेतवन से बस दुआ बन्दगी
खरिहनवन से भाई चारा।।

सोच-समझ के पाठ पढ़ावा
पानी में जिन आग लगावा
कब तक रहबू आसमान पर
तू निचवों तनी निहारा।।

अब जिन बरा धूर में जेंवर
सब बूझत हौ ई खर-सेवर
कवने करनी गया बइठबू
पहिले कुल क पुरखा तारा।।

कब तक अपने मन क करबू
हमरे छाती कोदो दरबू
ताले-ताले धूर उड़त हौ
कागज पर तू खना इनारा।।

दिनवाँ-रतियाँ रटै पपीहा
उल्लू भइलै आज मसीहा
कौवा भँजा रहल हौ मोती
मुँह जोहत हौ हंस बेचारा।।

फागुन-चइत में पानी-पानी
सावन-भादों में बेइमानी
जेही क कुल छाजन-बाजन
वहि के पतरी खण्डा बारा।।

कड़ुवा कड़ुवा थू हौ

कड़ुवा–कड़ुवा थू हौ प्यारे
मीठा–मीठा गप्प
बड़े–बड़े घड़ियाल कुबकुलिया
लोकै लपालप्प।।

घर में खेलै ओक्का–बोक्का
होला पाती खेत में
डहरी डाँड़े पटकी–पटका
आँख मिचोली रेत में
जब–जब हारै नाक सिकोड़ै
रोवै टपाटप्प।।

साँझ–सबेरे गोइयाँ बदलैं
जइसे पान पनेरी
दर बदलै खूब सोच–समझ के
जइसे चतुर अहेरी
एहर बाइसकोप देखावै
ओहर झाईं झप्प।।

कत्तों लासा कत्तों चारा
कत्तों जाल बिछावै
पेटा लेवै खातिर सबके
बेटा बाप बनावै
बारी–बारी कुआँ झँकावै
गीनै छपाछप्प।।

कुल बिदि्या आवैले एकरे
का चोरी–बेईमानी
हर हाँड़ी क नून हौ चिखले
घाट–घाट क पानी
आड़े–आड़े लंगी मारै
मुँह पर कहै बक अप्प।।

आँख निकालै जीभ उपारै
बन्नर नियर नचावै
डण्डा के बल भीड़ बटोरै
आपन जै बोलवावै
जाने केकर–केकर अब तक
हिस्सा गइल हड़प्प।।

बोला त मुँह नोचैं

सात गिहथिनी मण्ठा पातर, बोला त मुँह नोचैं
उप्फर परैं ई नोकर-चाकर, बोला त मुँह नोचैं।।
सरगे चिन्नी, तेल पताले, चाउर दाल, दवाई अस
जहरो असली नहीं मुवस्सर, बोला त मुँह नोचैं।।
आग लगत हौ, धुआँ उठत हौ, लेकिन का बतलाई हम
जेकर घर ऊ खेलै चाँचर, बोला त मुँह नोचैं।।
नाँव सुना त बड़की बारी हूम करै के पल्लव नाहीं
फइलैं सगरों ऊसर बंजर, बोला त मुँह नोचैं।।
रात में सुरज, दिन में तरई, अहसन मुलक ना देखैला
गगरी फोरैं देख के बादर, बोला त मुँह नोचैं।।
बेपेनी क लोटा हउवै, तनी हिलाके देखा जा
टाट-भात में भाय-बिरादर, बोला त मुँह नोचैं।।
आन्हर कुकुर बतासे भूँकै सबसे झगरा रोपैला
एह गुनवाँ में के ना पाखर, बोला त मुँह नोचैं।।
गाँव छोड़ के देवी-देवता अन्ते भागै लगलन
ओझा के घर भूत क आदर, बोला त मुँह नोचैं।।
फूल तोड़ के गड़हा पाटैं बुद्धी क बलिहारी
माई आन्हीं पूत बवण्डर बोला त मुँह नोचैं।।

ग्रह चीन्हैं, कुण्डली बिचारैं बिद्याधरी नचावैं
करिया अच्छर भँइस बरोब्बर बोला त मुँह नोचैं।।
हाथे-गोड़े गाले-माथे पीठी-पेट कपारे देखा
आँख छोड़के सगरों काजर बोला त मुँह नोचैं।।
पंचन में बस लत्तम-मुक्कम इहै रहलह बाकी
सबकर गति हौ साँप छछून्नर बोला त मुँह नीचैं।।

का कहै के, वाह–वाह

ई खेती, ई बारी, का कहै के, वाह–वाह
छूटै ना हत्यारी, का कहै के, वाह–वाह।।
सावन में गोड़ जरै, गोड़ सड़ै, फागुन में
मौसम क बलिहारी, का कहै के, वाह–वाह।।
पस, पंछी, चोर, चूहा, रोग, दोख, एही में
एही में, पटवारी का कहै के, वाह–वाह।।
ई जगलैं, ऊ जगलैं, सब जागल लेकिन त
कुम्भकरन बैपारी, का कहै के, वाह–वाह।
नयके पुरनके परधनवन में रोज–रोज।।
ललकारा–ललकारी, का कहै के, वाह–वाह
खेत गयल फीसी में, देह उमिर अरजी में
पढ़–लिख के ठगहारी, का कहै के, वाह–वाह।।
जन्मैं से भें–भें के मारत है बप्पारे
महगी क महतारी, का कहै के, वाह–वाह।।
कुल नउबत के बूढ़ा घर के पहुँचवलीं तब
तीरथ क तइयारी, का कहै के, वाह–वाह।।
टोय–टोय गारैलन टोय–टोय दूहैलन
उपकरी अधिकारी का कहै के, वाह–वाह।।

चोन्हा में आग लगल, घर–दुआर स्वाहा सब
फुहरी क अगियारी, का कहै के, वाह–वाह।।
सेंगरा पर सूई हौ, तब्बौ ना छोड़ै दर
ई किरिपा सहकारी, का कहै के, वाह–वाह।।
रीति–रसम, गीत–परब, कुल भइलें बेमशरफ
मुँह बोली लाचारी, का कहै के, वाह–वाह।।
झाड़ी में, नाला में, चीख बहू बेटिन क
गुण्डन क जिमदारी, का कहै के, वाह–वाह।।
गान्ही क, नेहरू क, देस कहो ई है हौ
देसवै से गद्दारी, का कहै के, वाह–वाह।।

निराला गाँव

बड़ी निराली शान गाँव क गाँव निराला हौ
सोना गोड़े, दही हथेली, सिरे पनाला हौ।।

बादर देखै, ढोल उतारै, जम के आल्हा टेरै
खटिया छुटै, न आलस टूटै, दिनै ओंहाई घेरै
दिन-भर बइठल माछी मारै, रोज दइव के कोंसै
जहाँ मिलै साही क काँटा, दुसरे के घर खोंसै
मोछै मोछ हँसी के माने दाल में काला हौ।।

आँख में फूलै सरसों हरदम, मन में उपजै काई
ना चीन्है अब बहिन मतारी, ना मानै अब भाई
जब से आयल नया जमाना, इहै भयल परिवर्तन
जेतनै मूँड़ी ओतनै चूल्हा, घर साझे क बर्तन
पहिले रहल दिवाली घर-घर, आज दिवाला हौ।।

जेसे पूछा, उहै बताई पढ़ल-लिखल के माने
थाने से तहसील में दउरै तहसीली से थाने
तार फेंक के बिजुली लेला नहर काट के पानी

आग लगावत चलै भीड़ में ऊहै आज जवानी
मंजिल कोसन दूर गाँव से, दूर उजाला हौ।।

कागज पर हौ बड़की बारी कागज पर बँसवारी
काटैं नाँव लिखैं फिर काटैं, ई अमीन पटवारी
जब बियाह तिकड़म से होला, ना हो गाये-गाये
हमरे गाँव में अकसर आवैं, अफसर मुर्गा खाये
सच-सच कइसे कहैं जुधिष्ठिर मुँह पर ताला हौ।।

हमरे गाँव क किस्मत अइसन, जे जागल ते भागल
पुरखन क पगड़ी जोगवै में, हम हो गइली पागल
गाँव क माटी फूलै महकै, हम माटी में नाँची
पन्ना-पन्ना लिखीं हरियरी आखर-आखर बाँची
भइया हमरे हाथ में छाला, पाँव में छाला हौ।।

जब जब मेहर ताना मारै, रोवैं फफक सहाबू
ना भइली परधान गाँव क ना दफ्तर क बाबू
हम किसान अब केतनी ढोईं कमर तोड़ महँगाई
या त देईं मालगुजारी या त करीं सगाई
बाढ़ गइल त नई चुनौती सूखा-पाला हौ।।

आजादी सेतै ना आइल

आजादी सेतै ना आइल, हे साहेब
कै कै तउँजी बली दियाइल, हे साहेब
तू का जनबा ओसे पूछा जेकरे कुल में
फिर फिर नाहीं गोद भराइल, हे साहेब
उत्तर-दक्खिन पूरब-पच्छिम चारों खूँटे
सीधे-सीधे कसम धराइल, हे साहेब
साँवर लगै अँजोरिया जेकरे आगे ऊ
हँसुवा ले रन में लहराइल, हे साहेब
दुहहिन देह, दूब दधि दोनी दरपन दमकै
कोहबर में हौ माँग धोवाइल, हे साहेब
छप-छप ताल छपाछप छौना छउकल बेटा
मानिक दियना इहैं हेराइल, हे साहेब
पुरहर गरभ भार कुलवन्ती भाग न पउँलीं
दुसमन के मन पाप समाइल, हे साहेब
सावन क पुनवासी बासी जइसे कच्ची फाँसी
झाँसी अस जरई उधिराइल, हे साहेब
जलियाँवाला बाग न भूलै आँखी देखल
गिनले नाँही लाश गिनाइल, हे साहेब

आन्ही–पानी धूर–बवण्डर नदिया–नारे
ज्वगै–ज्वगै के नाव खेवाइल, हे साहेब
नंगी देह बरफ क सिल्ली माघी खटिया
संगीन कोच के कलम छिनाइल, हे साहेब
पत्थर से बढ़के बज्जर किसान कै छाती
सोझैं खड़ी फसल रौंदाइल, हे साहेब
अइसन गरदा उड़ल कि दिन ही घिरल अन्हरिया
देखतै–देखतै सूरूज तोपाइल, हे साहेब
लइका बूढ़ जवान घरे से सबै शान से निकलल
जब थाना तहसीन फुकाइल, हे साहेब
का का गाईं, केतना गाईं, दरद होत हौ
सवासेर से सेर पराइल, हे साहेब
मन्दिर, मस्जिद, गुरूद्वारा, सबके बलबूते
जन गन मन तीरथ उतिराइल, हे साहेब

बलिदान कथा

केतनी गाई हम इतहास कहानी नाँहीं हौ
ला पहिचाना खून खून हौ, पानी नाँहीं हौ।।
घर छूटल, इसकूल छूटल हौ, छूटल रोजी-रोटी
परसादी अस देह बँटाइल हँस-हँस बोटी-बोटी
लोई जइसन नरम गदोरी तउलै कठिन करेजा
हमरो अच्छत हवन कुण्ड में लेजा, लेजा, लेजा
अइसन इक्को कोखन पइबा रानी हो या दासी
देसवा खातिर जबन कोख बलिदानी नाहीं हौ।।

जूझल उहो उमिरिया जेकर बरुआ रोज जोहाय
लगै न पावै नजर कहीं सरसों पइसा ओंइछाय
तोतर बोल, सरोतर नखरा, जे देखै अगराय
का केहू पतियाई जइसे चिहुँक चिहुँक जग जाय।
इनकलाब आयल हौ माई हमैं भीख में दे दे
हमरे देहिया, हमरे कुल अछवानी नाँहीं हौ।।

बाँस कटै माँड़ो के खातिर टिकठी हो के टूटै
दागी पड़ै न पावै कुल में, लागी कबौ न छूटै

दिनवाँ खेलैं खून का फगुवा रतियाँ दिया देवारी
कोट किला सब खँडहर भइलैं राजा भयल भिखारी
छाती ठोंकके बाबा कहलैं तू देख मोंछ क गुर्रा
हम हूँ लेब पैंतरा बेटा तोहरै पास जवानी नाँहीं हौ।।

आगे पूत, त पीछे बाबू, अइसन मोका आयल
ओकर गर्दन माई काटै, जे लउटै घर घायल
सावन-भादों बरसै, दुसमन वार देख चिल्लायल
बिजली अस जब लपालप्प तलवार चलावै पायल
हमरे दुसमन छउक छउक के मरला बड़का भइया
सच बोला का ई तोहार बेईमानी नाँहीं हौ।।

देवतन क सौगन्ध तोहैं, सौगन्ध तोहैं हौ पुरखन क
धरती क सौगन्ध तोहैं, सौगन्ध तोहैं हौ कन-कन क
माई क सौगन्ध तोहैं, सौगन्ध तोहैं हौ बेटवन क
गंगा, गऊ, जनेऊ क, सौगन्ध तोहैं गठबन्धन क
कवने मुँह देखब आजादी? हम त देब देखाई
तोहसे बढ़के हमरे पास निसानी नाँही हौ।।

कुकुरिया

भूँक कुकुरिया भूँक
तोकै राम भुकावैं भूँक।

नइहर खइली, सासुर खइली
खइली पास–पड़ोस,
गिन–गिन देवता–पित्तर खइली
तवनो पर अफसोस,
आँख खोल के देख बउरही
मचल हौ थूकम थूक।।

के के नाहीं कुआँ झँकवली
के के ना तरियउली,
भलमनुसन क रस्ता छूटल
अइसन दाँत गड़उली
सोच–सोच के कारस्तानी
उठै करेजे हूक।।

जेकरे माथे बेइल फूलै

ओकरे घर कुकरौंछी,
हाँड़ी बीछै हाड़ बरावै
तुलसी तर मुँहझौंसी,
का देखीं मुँह बरै रोवाई
जल्दी मुर्दा फूँक।।

आज का जोगीड़ा

जेके देखा उहै खलीफा
केहू नाहीं कम,
घर–घर में हौ खनल अखाड़ा
घर–घर में मलखम,
जोगीड़ा सररररर।

राहू केतू नवन बतावैं
सनी बनावै रस्ता
बड़न–बड़न क पानी उतरल
सबकर हालत खस्ता
केकर माई बाघ बियाइल
हौ केहू में दम
जोगीड़ा सररररर।।

बनल रहैं जजमान चकाचक
बनल रहै जजमानी,
बर–कन्या में कवनौ मूवैं
उपरोहिता क चानी,

बरहोमास पितरपख लउकै
आठो पहर बरम
जोगीड़ा सरररररर।।

केतनी अइलैं केतनी गइलैं
खतम न आवा-जाही,
इम्तिहान में सबै दियाइल
कागज कलम सियाही,
लेकिन एक्कै शर्त रहल हौ
कापी देखब हम।
जोगीड़ा सरररररर।।

सुग्गा, हंस, कबूतर, कोइल,
कुल कौड़ी क तीन
कौआ, गिद्ध, सियार, लोमड़ी,
आज बजावै बीन
ओही क बस कुसल छेम हौ
जेकरे हाथे बम
जोगीड़ा सरररररर।।

अलगई मलिकाना खातिर

रोज घुरहुवा रामबरन से माँगे घर क ताली
तोहसे ना घर चली ए बुढ़ऊ कै देबा घर खाली
तीरथ-बरत करा जा घूमा सेवा मथुरा-कासी
अस्सी के ऊपर हो गइला कब होबा संन्यासी
तोहरे उमिर के केतना जाने टिकट कटउलैं गइलैं
तोहीं बतावा यह दुनिया में फिर-फिर झाँकि अइलैं
छोड़ा माया-मोह घरे क छोड़ा खेती-बारी
ला झटपट गउदान ए कक्का चटपट करा तयारी
रामबरन खिसियइलैं तुरतै ले सोंटा दउरवलन
धै-धै लोग उन्हें पैड़े में बहुत-बहुत समझवलन
जाये दा लइका हौ ओके आपन उमिर निहारा
केकर करी नमूसी दुनिया सोचा तनी बिचारा
राम बरन तब कहलै रोके ई पेटउख क बद्दी
एक तरफ ई घर क झंझट ऊपर से भयवद्दी
हमहीं सबसे घर में नेवर कुल हमरै पर बीतै
कूबत हो त लड़के केहू मुसम्मात से जीतै
उनसे केहू पार न पावै हमही के सब नोचैं

हम वार करीं कि वार बचाईं इहो त केहू सोचै
सोचा भला बतावा तोहीं का का नाहीं कइली
मुसम्मात के घर से बहरे कवने तरह हटवली
सगरो नाँव चढ़वली आपन कुल खाता अलगवली
ई का जानी कइसे-कइसे का-का हम सलटवली
अगर इहै सब चाहत होखैं मुसम्मात फिर आवैं
ऊहै घर अब देखैं ताकैं ऊहैं हुकुम चलावैं
हम्मैं का कुक्कुर कटले हौ हम काहें अफनाईं
इनकर उनकर करीं चेरउरी धक्का-मुक्का खाईं
काहें कहै घुरहुवा बुढऊ काहे हमें चिढ़ावे
आवै हाथ मिलावे हमसे पंजा तनी लड़ावे
एक्कौ दाँत न टूटल देखा खड़ी सोपारी काटीं
एक साँस में खनी इनारा एक साँस में पाटीं
सेरन टानिक रोज पिहीला तब हउवै ई काठी
जोड़ी गदा त अइसे भाँजी जइसे दुनिया लाठी
हमरे आगे क जनमल हौ हमहीं से बरजोरी
हमरै करै सिकाइत सगरों जाके! चोरी-चोरी
मत एतनी उद्‌बेग घुरहुवा मत एतनी तू डाहू
आपन मूँड़ ज्वगै के रक्खू घात लगवले राहू
मत अबही अलगई फान तू मत कर रोज लड़ाई
केहू काम न आई बच्चू दुनिया हँसी उड़ाई
कनफुकवन के पास न बइठू हाथ जोड़ घरफुकवन से
दूर रहू सैतनवन से तू दूर रहू दुसमनवन से
ई कुल पहिले चिट्ठा देलन पीछे लिहैं लिहाड़ी

आगे बढ़के गढ़हा खोदैं फँसल देख के गाड़ी
तू बकलोल जनम क उजबग भइस चरवले खाली
फर्री आउर कलइया मरले चीन्हैं लगले ताली
एही गुन पर ताली लेबे तू करबे मलिकाना
ना ना ना ना ना घुरहुवा ना ना ना ना ना।।

कहो फलाने! अब का होई

कहो फलाने!
अब का होई
धइलस छूटल घाट धोबिनिया
अब त पटक पटक के धोई।।

थुकववलस चटववलस देखा
सौ–सौ नाच नचवलस देखा
पेड़ पहाड़ हवा हो गइलन
एक्कै हाथ देखवलस देखा
ओके त बकरा अस काटी
जे सरवा पँड़वा अस रोई।।

राजा लेहलस रानी लेहलस
बेचारन क पानी लेहलस
उनहन पर का बीतत होई
जेकर कुल जजमानी लेहलस
बकसा बिलार हम बाँड़ै अच्छा
खैर मनावत हौ सब कोई।।

कटलस कान खियवलस भेली
नरको में हौ ठेला–ठेली
जे के देखा उहैं डँटल हौ
राजा भोज अ गँगुवा तेली
दुनिया खड़ी तमासा देखी
जब भूँजी तब तब करमोई।।

भइलैं सिंह सियार देखला
देहलैं दाँत चियार देखला
फिर हो गइलैं बिना रीढ़ क
रोज करैं दरबार देखला
काट रहल हौ समय बेचारा
माँज रहल जूठी बटलोई।।

आँख मूँदला पीठ फेरला
जियै बदै दीवार घेरला
सिर उठाय जौ बोलल चाहा
हो जा फिर पंजाब केरला
जे छीनी तेही अब खाई
ऊ नाहीं जे पीसी पोई।।

बाप होय त अइसन

हम बेटवा के सिरे चढ़इबै, तोरे बाप क का
अपने कुल का रीत निभइबै, तोरे बाप क का।।

हमरो बाबू अइसैं हम्मैं सिरे चढ़वले रहलन
लइकइयैं कुरसी क मतलब हमैं पढ़वले रहलन
हम बेटवा के उहै पढ़इवै तोरे बाप क का।।

देह बचावै आग लगावै पढ़ै लगल हौ रजुआ
सीढ़ी सीढ़ी आसमान में चढ़ै लगल हौ रजुआ
ओकरे खातिर सुरूज मनइबै, तोरे बाप क का।।

अइसैं रहब न सब दिन हमहूँ आखिर थकहर होबै
के जानै तब कासी होबै कि हम मगहर होबै
एही बदौलत जगह बनइबै, तोरे बाप क का।।

अग्गू जग्गू अरनू चरनू का बोलिहैं बतियइहैं
कुक्कुर गदहा रोज नहइहैं तब्बो उहै कहइहैं
सेन्ह फोर हम मानर गइबै तोरे बाप क का।।

आफत बिपत मुसीबत सहली अइसे नाहीं रोवली
दाग लगल त लगल रहल जब समय मिलल तब धोवली
अब हम मुसरन ढोल बजइबै तोरे बाप क का।।

कब्बो देखली सुनली नाँहीं अइसन पट्टीदारी
मारे जरन के बोलै नाहीं कउच कउच दे गारी
दे गारी हम अउर बिरइबै तोरे बाप क का।।

अइसैं समय रही माफिक त बेटवो मालिक होई
जियत रह्या त देख्या तुनहन घर–घर काँटा बोई
अपने आसन पर बइठइबै तोरे बाप क का ।।

बउरहिया का दीया

तोर दिया करखी फेंकत हौ बाती तेल बदल बउरहिया
अन्हियरिया के मुँह पर हँस के हरदी चन्नन मल बउरहिया।।

के जानै तेलवै रद्दी कि गड़बड़ हौ कुछ बाती में
देख त सगरो करिखै करिखा धुवाँ गड़त हौ आँखी में
अइसन धुवाँ बड़ा दुख देला नकुलन चढ़ै कपारे में
भितरैं भीतर खाय करेजा ना लउकै अन्हियारे में
फूलै साँस अ खोंखी आवै दिनवैं तरई-तरई
खोंखत-खोंखत खून गिरैला एक दिन परई-परई
घुमटा आवै खाय पछाड़ा पेट पकड़ के रोवै
सोच न पावै एह दलदल में का काटै का बोवै
तू पूछबी अन्हियार कहाँ हो हमरे साथे चल बउरहिया

देख उहाँ अन्हियार खड़ा हौ जे तउलत हौ नरम-नरम
ओसे ढेर उहाँ लउकत हो जे काटत हौ गरम-गरम
गरम-गरम काटत हौ सबसे धरम करम बतियावत हौ
तीरे बाँह पकड़ बइठावै बिच्चे नाव डुबावत हौ
राजपाट लवटै ला अक्सर सुनले हई कहानी में

लेकिन अब का कहीं बाप रे गइल भँइसिया पानी में
जगह जगह पर तरह-तरह से आपन भेष बनवले हौ
जाने का-का खाय चुकल हौ फिर डाइन मुँह बवले हौ
मन्दिर के आरती नियर तू सज के आज निकल बउरहिया।।

बहुत दिना तू सूप बजवली भागल सूप बजवले से
जनम-जनम क नाबदान ई मानी अँतर सुँघवले से
आँख में चर्बी मन में काई लाज-शरम कुल खूँटी पर
चीन्हैवाला सूत न चीन्है लहालोट रंग-बूटी पर
छानी-छप्पर कोने-अँतरे सगरो बिगुल बजाऊ तू
जन्तर-मन्तर टोना-टोटका जड़ से आज भगाऊ तू
नौ क लकड़ी, नब्बे खर्चा, अब ना चली सकेती में
झगरा रोपै फरै मोकदमा जहाँ साल भर खेती में
बढ़त जात हौ कोढ़ सरीखा गाँव-गाँव चम्बल बउरहिया।।

सज्जै कूड़ा-करकट घर में, झाड़ू मार, बोहार त पहिले
झार-झूर के, लीप-पोत के, घर के तनी सँवार, त पहिले
अँगना बिच्छी, साँप चउकठे, गोंजर फिरैं ओसारे में
भूत-बड़ेरी, चोर अँटारी, साँय-साँय गलियारे में
रस न टपकै, स्वाद न आवै, अब कवनो त्योहारे में
फागुन-चइत बहैं खरिहाने भादों जरै कछारे में
ओठे बिरहा, मूँड़े बोझा, पेट में चूहा कूद रहल हौ
पूजैवाला बड़े मजे से आपन देवता पूज रहल हौ
साफ-साफ देखल चाहू त खुदै दिया बन जल बउरहिया।।

लम्पट मीत परोसी चाईं

लम्पट मीत परोसी चाईं
कवने सुख पर दिया जराईं

तेल सरग क तरई जइसे केहू-केहू छूवै
कवनो तरह लियइबो कइली पापिन परई चूवै
कोंहरा आपन अवाँ देखावै केकर किरिया खाईं।।

झपसल रात अन्हरिया जइसे आपन हाथ न सूझै
अगले-बगले जरै बिजुरिया तनिको दरद न बूझै
छिल छिल जाले देह अभागिन हम केतनी कतराईं।।

दुनिया बइठल काजर पारै सुख क ओर न छोर
हम घर सूतल चूल्ह जगाई परब मानवैं चोर
पोसल कुक्कुर धोखा देला जइसे दे परछाईं।।

चानी के जन्तर अस जिनगी बान्हल बाटै बाजू
आपन कीमत आँके खातिर कब तक चढ़ीं तराजू
चारों ओरी खाई खन्दक केहर गोड़ बढ़ाईं।।

लछमिनियाँ कउड़ी पर दउरै हम कउड़ी क तीन
कल तक डाहत रहै नगिनियाँ अब डाहत हौ बीन
तोही बतावा ईश्वर तोहैं पूजीं या गरियाईं।।

बार-बार बार दीया बार रे मटरुवा

बार-बार बार दीया बार रे मटरुवा
चउके ना बइठै अन्हार रे मटरुवा।।
बइसे त एक दीया रोजै तू बारैले
आज बार सैकड़ा हजार रे मटरुवा
दुइ बाती एहर से दुइ बाती ओहर से
जइसे हो आँख चार-चार रे मटरुवा
दीया हौ तुलसी हौ फूलझरी अँगना में
कइले कलुइया सिंगार रे मटरुवा
भइया के काजर लगावत हौ भउजी
आवत हौ बारी हमार रे मटरुवा
देर भ सबेर आज आई लछमिनियाँ
रस्ता न काटै बिलार रे मटरुवा
भीटा पर मन्तर जगावै समइया
जिनगी भरे क लबार रे मटरुवा
देख-देख ललचैं तरइया अकासे
धरती पर होत ससुरार रे मटरुवा
ओरी बँड़ेरी मुँड़ेरी पर देखू
दीयन क टह-टह बजार रे मटरुवा।।

लछिमी

हमसे सुना ए लछिमी हमरो कहल तू माना
ई ताम-झाम आपन आउर कहीं तू ताना
हम का करीं सिकाइत हम का करीं बड़ाई
परिवार पाँच क हौ, हौ एक क कमाई
काहे करी सुपारस काहें करीं चेरउरी
हमरे घरे में तुलसी हमरे घरे में गउरी
जेतनै तू हऊ सुन्नर ओतने तू हऊ चालू
न एक में समालू न लाख से अघालू
सोझैं तू धूर झोंका सोझैं तू कान काटा
जहरै क नाँव लेला जेके लगैला घाटा
अइसन तोहार करतब अइसन तोहार आदत
दुनिया भइल हौ बुद्धू तोहरे में बड़ी ताकत
ओही क दिल हौ जानत जेकरे घरे तू गइलू
ओके नचा-नचा के कउड़ी क तीन कइलू
जोलहा क हऊ ढरकी एहर-ओहर तू जालू
राती के के चलावै दिनवै में तू परालू
जन्मैं क तू घुमन्तू, बरसात क नदी तू
तोहैं भला न जानी दूनो सुदी बदी तू

हमरे घरे में अइबू करबू तू रोज नाटक
नाटक से भला तोहरे केहू बची कहाँ तक
सिर पर चढ़ी सनीचर, गोड़े में परी सोना
सबकर दिमाग घूमी, कुकुरो के लगी टोना
जहवाँ दुकान–दौरी, जहवाँ हौ ठेकेदारी
ओहिजैं जमावा डेरा पुजिहैं तोहैं जुआरी
सबके बनावा उल्लू, कविता क हम पुजारी
हमरे बगल में चलबू दुनिया करी चिकारी
पुरखन क बड़ी किरपा अब तक हौ कुल पवित्तर
मिट्टी में कुल मिलइबू करबू त्रिया चरित्तर
अँगना में मची बद्दी, फटै लगी दुआरी
निकलै लगी दुनाली, होई बहिन–मतारी
माथे में सींग जामी, आँखी में बार जामी
ऊहो पकाई खिचड़ी, ओढ़ी जे रामनामी
खटिया दुआर आछत, होई महँग ओंहाई
माँड़ों में मार होई, सउरी के दिन ओझाई
दर–दर क खइहैं ठोकर, अयना नियर कलौती
फिर–फिर उहै करहिया, फिर उहै कठौती
वइसैं हम हई चिन्तित कवितो में होत चोरी
कविता अगोरैवाला लछिमी के का अगोरी
एसे त इहै अच्छा देखा तू दूसर रस्ता
हम ना बनब महाजन एतना न होब सस्ता

अन्हारे से लड़ाई

देखा जहाँ अन्हारे के
मारा पहेंट के सारे के।।

उठा–उठा के पटक–पटक के
धै–धै टँगरी सटक–सटक के
खेला–खेला के नचा–नचा के
रोवा–रोवा के हँसा–हँसा के
अगवारे–पिछवारे मारा
अपने घरे–दुआरे मारा
गलियारे–गलियारे मारा
मारा बीच बजारे मारा
जहाँ मिलै ललकार के मारा
मुँह पर दीया बार के मारा
देहरी–देहरी ताखा–ताखा
बइठावा उजियारे के।।

हाथ उठावै हाथ काटला
माथ उठावै माथ काटला

गाल बनावै गाल बनादा
गारी दे सिसुपाल बनादा
बे पानी कै-कै के मारा
धै के खूब सधै के मारा
घर में ढेला फेंक के मारा
चौराहे पर छेंक के मारा
हे भइया धिक्कार के मारा
साफ-साफ फटकार के मारा
भिंगो-भिंगो के डुबो-डुबो के
कनई करा पठारे के।।

भँइसा नियर हरियरी में हौ
पइसा नियर कचहरी में हौ
चोर क संगी-साथी हउवै
ईहै उज्जर हाथी हउवै
हम बोईं ई बीन-बीन ले
मुँह क कौरा छीन-छीन ले
जेकरे बल पर फूल रहल हौ
हमरै तोहरै भूल रहल हौ
पंचो आपन जोर देखा दा
सच्चों तनी अँजोर देखा दा
आखिर कब तक नाबदान ई
उप्पर बही कपारे के।।

सूरत देखा करनी देखा
अलग-अलग बैतरनी देखा

देखा कारस्तानी देखा
दूध में पानी-पानी देखा
बाहर हउवै अन्दर हउवै
एकर पेट समुन्दर हउवै
खाली पोलै-पोल हौ भइया
इहै दूर क ढोल हौ भइया
बड़की पगड़ी बड़का आसन
वाह-वाह रे वाह दुशासन
मन्दिर में मस्जिद में हउवै
भित्तर हौ गुरुद्वारे के।।

गाँव क भइया बाबू जागा
महँगू आउर सहाबू जागा
जागा हो कतवारू जागा
चिथरू आउर सोमारू जागा
हौ लोहा लेवै क न्यौता
फिर नइया खेवै क न्यौता
घरे-घरे में जाग लगा दा
जे न जागै आग लगा दा
एही आग में दिया लेसाई
दिया देख के भूत पराई
आज दिया अगवारे चाही
आज दिया पिछवारे के।।

हमरै जिनगी खाद होत हौ
हमरै घर बरबाद होत हौ

हरदम हमरै हाथ बन्हाला
हमरै मुँह पर लटकै ताला
हमही रन में बन में जूझीं
जब-जब हो गरहन में जूझीं
हमरै आधा पेट देखाला
हमरै हिस्सा मारल जाला
हमहीं भइया राम भरोसे
जाड़ा काटीं घाम भरोसे
हे अबरा जबरा से छीना
जबरी तू अधिकारे के।।

भेद-भाव ई खींचातानी
लल्लो-चप्पो गलतबयानी
धूर्त पुजारी धूर्त नमाजी
ले-देके बस तिकड़मबाजी
इन्हैं लड़ावा उन्हैं भिड़ावा
लड़ा-भिड़ा के काम बनावा
पीठ में छूरा भोंकैवाले
धूर आँख में झोंकैवाले
बस असली अन्हियार इहै हौ
हमहन में गद्दार इहै हौ
जब ले दीया बरी न भाई
के चीन्हीं हत्यारे के।।

आज क गाँव

धीरे-धीरे शहर गाँव में देखा कइसन धँसै लगल हौ
सास के मुँह पर नयी बहुरिया उलटे पल्ला हँसै लगल हौ
का मलमल का मारकीन अब सबै सफेदी छींट होत हौ
कवने मुँह से रही हरियरी खेत क माटी ईंट होत हौ
टूट रहल पुश्तैनी रिश्ता, हुनर हाथ से छूट रहल हौ
बढ़त जात हौ खटियै खटिया रोज नया घर फूट रहल हौ
भिनसरहैं भागै क होले रतियै में तइयारी जमके
रोज बिहाने शहर वसूलै दूध फूल तरकारी जमके
रात-रात भर नींद न आवै, पहिली बस आँखी में डोलै
कौआ मुरगा बाद में बोलैं, पहिले मिल क भोंपू बोलै
राग-रंग अब छत्तिस भइलैं, तिरसठ भइल उदासी देखा
शहर भयल अधिकारी बड़का, गाँव भयल चपरासी देखा
लाज शील अब के जोगवैला बुढ़वन में बस तनी रवा हौ
लेकिन ऊहौ सगरों नाहीं जहाँ-तहाँ बस हवै हवा हौ
जेकरे कवनो काम न धन्धा, ऊ अचेत फैशन में हउवै
चाम चूम में टीम-टाम में, सब अइसन-तइसन में हउवै
घरे-घरे पानी पहुँचावैवाला पाइप आय चुकल हौ
पनिहारिन कल गइल गाँव से, कुआँ क दिन नियराय चुकल हौ

गोड़ न बिछली, गिरी न गगरी, अब ना छम्मक-छम्मक होई
ठुमुक-ठुमुक के नाच-नाच के गुजरतिया ना गगरी ढोई
जब से आइल गाँव में बिजुरी पंखा चलै त सोवै रजुवा
लालटेन के माने पूछै, ढिबरी देख के रोवै रजुवा
टोला-टोला खुलल कचहरी, घर-घर में पंचाइत होले
जेकरे घर ना चाय बनैले, ओकर बड़ी सिकाइत होले
देशी घीव शहर से आवै आम क पल्लो बन से आवै
ना केहू अब मन से बोलै, ना केहू अब मन से आवै
चइती, कजरी, फगुवा, सोहर, कइसन बारहमासा रहलन
छोटकी-बड़की कुरुई रहलिन, कुरुई बीच बतासा रहलन
लाल-हरी रोशनी चउक क, कुल पर पानी फेर रहल हौ
साल भरे क लइको सुन-सुन, फूहर गाना टेर रहल हौ
आपन पौरुख, आपन पानी, आपन सब-कुछ लिखै के खातिर
सिविल लइन में, घण्टाघर पर, गाँव खड़ा हौ, बिकै के खातिर
सुरसतिया लछमिनियाँ दूनों ना अपने जँगला पर लउकैं
साँझ-सबेरे जब देखा तक साहेब के बँगला पर लउकैं
आज गाँव क गणित गलत हौ कहाँ एकाई कहाँ दहाई
दूब न चीन्हैं, कुशा न चीन्हैं, आज क बाभन आज क नाई।।

भीड़ै भीड़

बड़ी भीड़ हौ, बड़ी भीड़ हौ
सिर पर जइसे खड़ी भीड़ हौ।।

करवट तनी बदल के देखा
चल के तनी निकल के देखा
डहरी-डाँड़े घरे-दुआरे
कोट-कचहरी हाट-बजारे
धक्की-धक्का, मुक्की-मुक्का
मुँह बवले सब, हक्का-बक्का
फेंक फेंकउव्वल, छीना-झपटी
दउरी-दउरा, रपटा-रपटी
झोंकी-झोंका, खींचा-तानी
नाहीं आँटै दाल में पानी
कवनो रोवैं रोटी खातिर
कवनो रोवैं चोटी खातिर
रोवा रोहट बप्पा-मइया
डूबल राम भँवर में नइया।।

बड़ी भीड़ हौ, बड़ी भीड़ हौ
सिर पर जइसे खड़ी भीड़ हौ।।

बस-टेम्पो में ठूँसी-ठूँसा
देह भइल हौ पुअरा भूँसा
लइकन के इसकूल क चिता
मेहर के कनफूल क चिन्ता
अँगना में घोड़दउर होत हौ
दुअरे पर गलचउर होत हौ
सोचा कुछ, कुछ अउर होत हौ
बउर से ज्यादा मउर होत हौ
खटिया पर हौ हाँफत केहू
गनगन-गनगन काँपत केहू
सिकुड़ल केहू निहुरल केहू
घोंघा अस हौ बटुरल केहू
नाक कटाइल कान धराइल
एही में तिहुवार हेराइल

बड़ी भीड़ हौ, बड़ी भीड़ हौ
सिर पर जइसे खड़ी भीड़ हौ।।

नून-तेल-लकड़ी क लाइन
देख-देख के हँसै पँड़ाइन
धुकुर-पुकुर जिउ काम के मारे

चक्कर आवै घाम के मारे
आज त नम्बर नहियै आई
घर में पाहुन राम दोहाई
सोचिहैं समधिन भले बनवलीं
देखतै खटिया चट्ट बिछवलीं
गइलीं त फिर अइलीं नाहीं
चूल्हा आज जरवलीं नाहीं
आखिर कहाँ समाइल बाटिन
कवने ओर लुकाइल बाटिन
रहतीं त कुछ कहतीं–सुनतीं
खिचड़ी धरतीं आलू भुनतीं

बड़ी भीड़ हौ, बड़ी भीड़ हौ
सिर पर जइसे खड़ी भीड़ हौ।।

सेन्हुर चाही टिकुली चाही
पक्का घर हौ बिजुली चाही
तितिली–भँवरा तोता–मैना
देख–देख के रोवै ऐना
सोना–चानी पान–सोपारी
खातिरदारी मालुगजारी
बीस साल क धिया कुँवारी
कुपरेटी क सम्मन जारी
ई मजबूरी ई लाचारी
नावैं नाँव हौ खेती–बारी

शंकर के घर गउरा अइलीं
गहना बेच सोठउरा खइलीं
घरे-घरे क इहै हाल हौ
धँसल पेट हौ धँसल गाल हौ

बड़ी भीड़ हौ, बड़ी भीड़ हौ
सिर पर जइसे खड़ी भीड़ हौ।।

सुन घरघुसुरी सुन घरघुसरा
बहुतै अखरी बखरी क बखरा
सोच-समझ के गोड़ बढ़ावा
देख के रस्ता बोझ उठावा
नाहीं त फिर पार न पइबा
जिनगी भर उजियार न पइबा
गिनले नाहीं मूँड़ गिनाई
गाँव क मेला कुम्भ कहाई
कब क अदहन धयल जरत हौ
पानी आखिर कहाँ मरत हौ
फटहा कुरता टुटहा जूता
करैं मजूरी इब्नबतूता
केसे-केसे माँफी माँगी
फोंफर होय त हमहूँ भागीं

बड़ी भीड़ हौ, बड़ी भीड़ हौ
सिर पर जइसे खड़ी भीड़ हौ।।

बदरी

साँझ घिरै बदरी, बिहान घिरै बदरी
दोहमस में हउवैं किसान, घिरै बदरी
रोय-रोय कोंहरा दइव गरियावै
धोबिया धुलवले हौ पान, घिरै बदरी
लहर लेके डोलै नदी मोरी गुइयाँ
नइहर में जइसे उतान, घिरै बदरी
धानी चुनरिया कियरिया पहिरलीं
हो गइलीं कौआ ढुकान, घिरै बदरी
काट-काट भागैं चिकोटी मछरिया
मुँह देखै तलवा क धान, घिरै बदरी
अँगना में कब्जा जमवले हौ काई
जइसे सवत बेईमान, घिरै बदरी
गोरस बताश ननदिया क नखरा
देवरा क लैनू निछान, घिरै बदरी
भेजैं न चिट्ठी न आवैं करियऊ
होले कजरिया जियान, घिरै बदरी
कटिया लगावैं बुढ़उती में महतो
छूटल ना आदत पुरान, घिरै बदरी
अरजी हमार तोर मरजी गोसइयाँ रे
पटरी पर हउवै दुकान, घिरै बदरी।।

फागुन आयल हौ

घाम लगल अधिकर जनावै, फागुन आयल हौ
गाँव लगल खुलके बतियावै, फागुन आयल हौ
सरसों फूलल, आम बउरलैं, अरहर गिनै महिन्ना।
मन-ही-मन झुनगुना बजावै, फागुन आयल हौ
ओस पराइल, कोहरा भागल, सरदी करै चेरौरी
मल मल लगल हवा अजमावै फागुन आयल हौ
तिसिया हँसै, बतिसिया नाचै, जरै रजन्नू बो
चिट्ठी पर चिट्ठी लिखवावै फागुन आयल हौ
पानी चढ़ल देह चिकिनाइल, पुरइन ताल हिलोरै
रमदेइया तुलसी नहवावै, फागुन आयल हौ
देवरा चिढ़ै, लड़ै, फिर रोवै, भउजी हँसै बिरावै
खोल-खोल जँघियाँ पहिरावै, फागुन आयल हौ
कुहू-कुहू बोलै कोइलरिया, बिरहिनियाँ सिर पीटै
बूतल आग सवत धधकावै, फागुन आयल हौ
रात-रात बेलवरिया गूँजै अगवारे-पिछवारे
कवनो करवट नींद न आवै, फागुन आयल हौ
बान्हल अँचरा खुल-खुल जाला अइसन पछुवाँ लहटल
फूलै फूल शहद ढरकावै, फागुन आयल हौ
राजा बो भउजी के आगे जानबूझ सब खाँसै
ऊ सात पुश्त सोझैं गरियावैं फागुन आयल हौ।

नकली फागुन

सहुआ क रंग फक्क गाँव में चोरवा क रंग चोखा
असवो धोखा देहलस फागुन असवो देहलस धोखा
आम झकोरली, महुआ छुवली, झँकली जाय परासे
फागुन होय त लउकै कतहूँ ऊ त टँगल अकासे
का केहू अब खेलै फगुवा का केहु चहका गावै
भितरैं भीतर उहो झुरायल जे परयाग कहावै
अब का वइसन गुजरी जइसन पहिले गुजर गयल
एह बयार में बड़न बड़नक पानी उतर गयल
हे भाई हम्मैं ना लउकै फगुवा कवने ओरी
लोग करे लगलन अब मिलिके त्योहारन क चोरी
खेत क गोहूँ पछुवा लेहलस घर क धान महाजन
होलकी खातिर लइका खिंचलन हमरे घर क छाजन
भँइसा-साँड़ हरियरी चरलन कुछ न बचल कछारे
केसे लेके अदहन देई पाहुन चार दुआरे
मुँह पर करिखा, हँसी होंठ पर, फागुन क बलिहारी
कुल-कुल भइल दुरदसा लेकिन फिर वइसै तइयारी
चोरवा घरे करहिया महकै, सिल पर लोढ़ा बोलै
ओकर मेहर महरानी अस गहना पहिर के डोलै

अइसन सनगर केकर मेहर गाँव-घरे में होई
पहिले करिखा पोत रोवाई, रोवा-रोवा फिर धोई
बड़े-बड़े रंगबाज गाँव क रंग डालै जब अइलन
भूल गइल सब अकुली चकुली उलटे मुँह क खइलन
नाक कटवलन, कान कटवलन लेले जान परइलन
फिर फिर लुग्गा लूटै खातिर, सपनो में ना अइलन
कइसन रहल ऊ बड़का फगुवा कइसन रहल ऊ होली
कबौं कबौं बुढ़वा बतियावैं, ऊ दुलहिन ऊ डोली
एक गाँव में एक्कै सम्मत पहिले लोग जरावैं
गाँव-घरे में घूम-घूम के पहिले फगुवा गावैं
जवने रंग में राजा बाबू ओही रंग में परजा
लालैलाल त लउकै सगरों गली मुँडेरी बरजा
गाँव छिंटइलै, पुरवा भइलै, पुरवो क मजबूरी
भीतैभीत सटल हौ लेकिन मन से मन क दूरी
ई दूरी जे दूर करै ऊ हमहन से रंग खेलै
हौ केहू पहलाद त आवै बरत होलिका झेलै।।

अनेत

देखा ए मालिक तू ई अनेत देखा
देवतन के आसन पर भूत-प्रेत देखा

का पहाव नाँधी हम, का रोईं गाईं
एक धाँधागर्दी में कहाँ भाग जाईं
का राजा का परजा सब अचेत देखा।।

गिर गइलैं आन्हीं में भाय फरैवाले
रह गइलैं छाती पर मूँग दरैवाले
दूसरे क मुँह नोचैं सेंत-मेंत देखा।।

के आपन हित नात के संगी साथी
सबही हौ एक घरी पोरस क हाथी
बीरन क मन्सूबा भयल खेत देखा।।

रोय-रोय के किस्सा माई जब गाई
सुनबा त आँखी में खून उतर आई
सिर फूटल देह छिलल बेंत-बेंत देखा।।

एक तिरंगा एक देस

एक तिरंगा एक देस हम, एक खेत-खरिहाने क
एक राग हम, एक बोल हम, भइया एक घराने क
उत्तर-दक्खिन पूरुब-पच्छिव हमरै खेती-बारी हउवै
बन-परबत अस भइया बाबू धरती अस महतारी हउवै
ताल-नदी सब संगी-साथी उछरै कूदे खेलैवाले
जब-जब पड़ै राह में रोड़ा तब-तब रोड़ा ठेलैवाले
हौ मन्दिर मसजिद क आदर, आदर हौ गुरूद्वारे क
आदर हउवै सब धरमन क, आदर भाईचारे क
अगले-बगले घर में जेकरे पता चलै अन्हियारे क
ओकरे घर में दउर-दउर सब नाँव लिखै उजियारे क
सब महाबीर के चीन्हैला, सब गौतम के पहिचानै ला
बड़ा भाग हम नानक पउली सारा देस बखानै ला
गालिब तुलसी सहजोबाई सूर जायसीवाले हम
पंजाबी मदरासी बँगला अउर फारसीवाले हम
कल-करखाना बन्धी-बन्धा सब पोथी का पन्ना हउवै
पिल्लै, राय, मोहम्मद, महतो, सिंह, तिवारी, खन्ना हउवै
गंगा जमुना कृष्णा झेलम ब्रह्मपुत्र क घेरा हउवै
औघड़ साधू पीर औलिया वाह गुरू क डेरा हउवै

राग-रंग क कमी न हमरे क्रिसमस हो बैसाखी हउवै
दिया-देवारी कजरी-फगुवा ईद-दशहरा-राखी हउवै
एक बरन रस डोलै सगरों एक बरन हरियाली लउकै
कहीं क माटी बलुई दोमट कहीं-कहीं क काली लउकै
साड़ी लाल-बनारसवाली दक्खिनवाली गउरी पहिरै
बलियावाली लहुरी भउजी जब पहिरै बँगलउरी पहिरै
विन्ध्याचल, सतपुड़ा, हिमालय, कंचनजंघा ठीहा हउवै
हर मौसम पैगम्बर हउवै हर तिहुवार मसीहा हउवै
कोसी, हीराकुण्ड, भाखरा, गण्डक, व्यास, भगीरथ, हमरे
आज भिलाई, राउरकेला, चितरंजन, अस तीरथ हमरे
हौ सितार रविशंकर क बिसमिल्ला क सहनाई हउवै
कत्थक, भरतनाट्यम हमरे गरब-अउर भवाई हउवै
पूँजी हउवै पंचशील क ताकत सत्य अहिंसावाली
अब नाहीं बँटवारा होई अब ना होई नोआखाली
जे विकास में हाथ बँटाई, उहै देस क मानल जाई
जे तनिको रोड़ा अँटकाई, ऊ भइया गद्दार कहाई
हिन्दूस्तान के माने होला हिन्दू-मुसलिम सिक्ख ईसाई
सबही क ई देस कहाला सबही क ई देस कहाई
हम सबकर हौ शान तिरंगा, मान अउर सनमान तिरंगा
हे भइया यह दुनिया भर में हमहन क पहिचान तिरंगा
छोटका-बड़का सबके सिर पर सीतल छाँह तिरंगा हउवै
आपन-आपन बाँह बढ़ावा देस क बाँह तिरंगा हउवै
ई देस तिरंगा बनल रहै हम ईहै रोज मनाई ला
अपने-अपने सुर में मिल के जन गन मन हम गाई ला।

गुलबिया क चिट्ठी

कहीं निरदयी कि बेदरदी कहीं हम
भुलक्कड़ कहीं कि अलहदी कहीं हम
कि झुट्ठा कि लम्पट कि बुद्धू अनाड़ी
कि अँकड़ू कि अँइठू कि पक्का खेलाड़ी
गयल हउवा जब से न मुँह फिर देखउला
न देहला सनेसा न चिट्ठी पठउला
न कहले कहाला न सहले सहाला
हमैं दाल में कुछ हौ काला बुझाला
झरत हउवै पतई बहत हौ झकोरा
खलत हउवै ऐना खलत हौ सिन्होरा
अ बान्है के हौ बार मीसल परल हौ
बिहाने से तोहरे पर गुस्सा बरल हौ
बजत हौ झमाझम रहरिया क छेमी
सबै भइया बाबू सिवाने क प्रेमी
चढ़ल हउवै फागुन उपद्दर मचल हौ
सबै रंग में डूबल केहू ना बचल हौ
हौ होंठे पर फागुन कपारे पर फागुन
बजावत हौ चिमटा दुआरे पर फागुन

लवर दिन में लहकै परासे के ओरी
कियरिया लगैं जइसे रंग क कटोरी
फरल हउवै सहिजन दुआरे क तब से
उहै हउवै ठीहा दुलारे क तब से
बड़े मन से फगुवा जीयत हउवै बुढ़ऊ
अ भगतिन क मण्ठा पीयत हउवै बुढ़ऊ
जहाँ देखैं बुढ़ऊ टकाटक निहारैं
एको दाँत नाहीं हो मसगुर चियारैं
भगत कण्ठीवाले चुहुल पर ऊतारू
उहैं ढेर बइठैं जहाँ मेहरारू
हम का–का बताईं अ कइसे बताईं
बिपत–पर–बिपत हौ कहां तक गिनाईं
एहर कवनो करवट न आवै ओंहाई
अ देखीं चनरमा त फूटै रोवाई
भुला गइला फगुवा, भुला गइला होरी
भुला गइला चुटकी थपोड़ी टिकोरी
गहागह फुलाइल कियारी भुलइया
तू कइसे भला महुवाबारी भुलइला
सिवाने क सरसों देखाले कि नाहीं
अ कोइल क बोली सुनाले कि नाही
टिकोरा करेजा छुवैला कि नाहीं
अ सिरहाने महुवा चुवैला कि नाहीं
भुला गइला किरिया भुला गइला वादा
अबौले बतावा असों का इरादा
गइल खेती–बारी अ मूँड़े उधारी

अ कइसे दियाई असों मलगुजारी
पकत हउवै गोहूँ लगत हउवै कटनी
उहै बासी रोटी अ लहसुन क चटनी
हँसी मुसकुराहट हेराइल हौ जइसे
अ एही में जिनगी घेराइल हौ जइसे
अ चुड़िहारिन सगरों पुकारैले धँस के
हमैं देख आगे निकल जाले हँस के
बड़ा बेकहल हौ कबुत्तर क जोड़ा
करै मूँहा ठोठी न मानै निगोड़ा
गुटरगूँ-गुटरगूँ सुनावल करैला
ई आल्हर करेजा जरावल करैला
अ गौरइया खोंता लगावत हौ फिर से
अ चुन-चुन के तिनका लियावत हौ फिर से
बँसहटी पुरनकी जरावै के लायक
अ बड़की पलँगरी बिनावै के लायक
सूतीला भुइयाँ मगर जिउ डेराला
अ रोजै इहाँ साँप गोंजर मराला
घरे होता अब ले त दीया बुताइत
अ बहरी दुआरी में बेंवड़ा लगाइत
तू आपन सुनवता हम आपन सुनाइत
आ बेना डोलाइत थकहरी मेंटाइत
निहरीला पैड़ा अ जोहीला गाड़ी
भरल आँख हउवै खुलल हौ केवाड़ी
ऊहाँ नाहीं आइब हम दूसर न होबै
तोरे दाली भाते में मूसर न होबै।।

रामलाल क फगुवा

पहिले-पहिले फगुवा खेलै रामलाल ससुरारी चललैं
रुपया-पइसा कपड़ा-लत्ता कै के खूब तयारी चललै
लेहलैं नया सरौता, बटुआ, कत्था, खड़ी सोपारी, लेहलैं
मेहर खातिर साबुन, पौडर, साया, ब्लाउज, सारी, लेहलैं
अपने खातिर लुंगी, जूता, बीड़ी, आउर सलाई, लेहलैं
कई दुकानी चीख-चीख के आधा किलो मिठाई लेहलैं
हाथ गाल पर फेरै लगलन सोचै अउर बिचारै लगलन
आस-पास सैलून कहाँ हौ चारों ओर निहारै लगलन
बनल-ठनल एक औरत लउकल खोंखैं अउर खँखारै लगलन
इसकूटर का ममा देखइलन बढ़के ममा पुकारै लगलन
नाहीं सुनलैं ममा भीड़ में नाहीं त बतियवले होतन
पुछले होतन हाल घरे क आपन हाल बतबले होतन
नाहीं नाहीं लाख कहित हम तब्बौ चाह पियवले होतन
अपने इसकूटर पर हम्मैं बस अड्डा पहुँचवले होतन
सुनले हई शहर में मम्मा मामी नई लियायल हउवन
बड़की मामी गाँव रहैले ओकरे पर गुस्सायल हउवन
रामलाल अब सरसमान कुल झोरा में सरियावै लगलन
साबुन पौडर लुंगी जूता खोंसै अउर दबावै लगलन

बस से चलीं कि रेकसै अच्छा जोड़ै अउर दहावै लगलन
सोझैं खाली रेकसा लउकल हे रेकसा गोहरावै लगलन
बस से जाये क मतलब हौ पैदल ढेर चले के होई
रेकसा से सीधे दुआर पर कत्तौं न उतरै के होई
का हो रकसा पूरे चलबा सोचा मत बस बोला जनला
रेकसोवाला हँस के कहलस लेला उड़न खटोला जनला
एतना जल्दी तोहेके पूरे अब कइसे पहुँचाई हम
हमहूँ हई अदमियै मालिक गरुड़ देवता नाहीं हम
जइसे तइसे घण्टा भर में रेकसा पार शहर के निकलल
चारो ओरी जाम बेचारा चढ़के कहीं उतर के निकलल
मुँह पर डूबत बेर देखके रामलाल घबराये लगलन
रेकसावाले पर रहि-रहि के पिन्नाये भन्नाये लगलन
ऐसे तेज चली ना हमसे जल्दी हो त खुदै चलावा
आजिज आके रामलाल तब कहलन अच्छा बइठा आवा
बारी-बारी दूनी जाने बइठै अउर चलावै लगलन
एतना गड़बड़ रस्ता सरवा रामलाल गरियावै लगलन
पाहुन अइलैं पाहुन अइलैं घर दउरल अगवानी खातिर
केहू तोसक-तकिया खातिर केहू मीठा-पानी खातिर
रामलाल क मेहर अपने भउजी से बतियावत हउवै
पैदल त ई चलै न जानै अस सुकुवार बतावत हउवै
रेकसावाला मुसकियात हौ रामलाल त हाँफत हउवै
गौर से उनके सब देखत हौ ऊहो सबके भाँपत हउवैं
हँस के बोलल चाहत हउवन लेकिन हँसी न आवत हउवै
अइसैं मिलै सवारी मालिक रेकसावान मनावत हउवै

घर में चाह पियै के खातिर रामलाल बलवावल गइलन
निखरहरे खटिया पर बिच्चे अँगना में बइठावल गइलन
भरमूँहे सब रंग लगवलस जमके भूत बनावल गइलन
बल्टी-बल्टी रंग से तुरतै रामलाल नहवावल गइलन
साली करै चिकारी सटके सरहज गावै गारी बबुआ
बबुई त ससुरारी गइलिन तू अइला ससुरारी बबुआ
रामलाल निखरहरे खटिया फोंय फोंय फुफकारै लगलन
हमरे नियर चलावा रेकसा सपना में ललकारै लगलन।।

झरल आम अब झरल पताई

झरल आम अब झरल पताई, ए पंचो
लड़का रोवै बप्पा माई, ए पंचो
धरतैं झाँपी सुरू बवण्डर दइया रे
के डोली घर तक पहुँचाई, ए पंचो
बिल्ली, चूहा, बाज, कबूतर, बकरी, बाघ,
साँप-नेउर में भइल मिताई, ए पंचो
बुढ़िया घोड़ी लाल लगाम छुवै न दे
कइसे पीठी जीन कसाई, ए पंचो
सच्चों कहीं गोसइयाँ जानै सइयैं खाई
जेकरे चरनी पर ई जाई, ए पंचो
बड़की मार कोहबरे अबहीं बाकी बा
छट्ठी में हो रहल ओझाई, ए पंचो
सबै भिड़ल हौ जजमानी बाँटै में देखा
पण्डित, धोबी, बारी-नाई, ए पचो
बगुला भगत अ मूसर धनुही कब्बौं ना
जे पतियाई धोखा खाई, ए पंचो
हउवै कहीं दाल में काला अइसैं ना
सवत-सवत क करे बड़ाई, ए पंचो

बोला गंगा माई

ई अनेत तू कब तक सहबू बोला गंगा माई
पंचन से संकोच कवन मुँह खोला गंगा माई।।

घावै घाव देह में तोहरे तवनो पर लहरालू
जहाँ लगैले आग बुतावै दउरल-दउरल जालू
कब तक परदा डलबू आखिर कब तक गड़हा पटबू
आपन अँचरा फार-फार के कब तक पेवना सटबू
तोहरे मुँह पर माछी भिनकै, तोहरै बुते पुजारी
चानी काटैं अउर बनावैं चोला गंगा माई।।

कातिल तोहरे बल पर फउकैं सोझै मार गिरावैं
बाढ़ बहावै गाँव के जइसे वइसे लाश बहावैं
ऊहै सबसे ढेर मगन हौ जे हउवै बेइमानी पर
आपन ऊँची नाक गिनावै माई तोहरे पानी पर
अललै पापी-धै धै तोहैं डकरै किरिया खालन
हमरे गाँव क जइसे साधू-भोला गंगा माई।।

तन के माने कठवत हउवै मन के माने गंगा हौ
मगन उहै, रैदास नियरजे बाहर-भीतर चंगा हौ

इहै बनारस भूल गयल हौ कइसे सेवै चाही
कहो खेवइया पुण्य क नइया कइसे खेवै चाही
धक्का खाय भगीरथ, पापी बइठल घाट पुजावैं
एतना उलटा जग में काहें होला गंगा माई।।

घर क पुरखा जिनगी भर त गंगै रोज नहइलैं
देस-देस में दूर-दूर तक हरिसैचन्द्र कहइलैं
उनहीं के नाती-पोतन क अइसन नीयत डोलल
एक बेर त लगल कि दुनिया अब बोलल तब बोलल
उनहूँ के सरगे पहुँचवलू अइसन दया छछाइल
जेकरे करनी बजबजात हौ ढोला गंगा माई।।

हाय रे गंगा माई

ई देखा सुजनी, संजोग
बइद के घर में रोगै रोग
हाय रे गंगा वाह रे लोग।।

आँख भरल हौ मुँह उतरल हौ
जइसे कवनो गाढ़ परल हौ
आँख में आँख डाल के देखा
माथे पर चिन्ता क रेखा
अब गंगा बाजार में रहिहन
ना काशी–हरिद्वार में रहिहन
सबही दुहै निचोड़ै में हौ
सोना–चानी जोड़ै में हौ
सोना–चानी जोड़ै में हौ
हाड़–हाड़ त देह भइल हौ
हँसी ठिठोली रेह भइल हौ
गंगै पर सब टूट रहल हौ
हिंक भर अपने लूट रहल हौ
हाय रे गंगा वाह रे लोग।।

ऊ आदर–सत्कार भूल जा
परब अउर तिहुवार भूल जा
खड़ा भूत अस शहर देखला
घाट–घाट पर जहर देखला
बिना जान क लहर देखला
गंगा भइलीं नहर देखला
नाव नियर मँझधार में गंगा
का देखीं अखबार में गंगा
खूब आज खैरात बँटत हौ
पइसा त इफरात बँटत हौ
अइसे में जे हाथ न धोई
अगिले जनम छछुन्नर होई
हाय रे गंगा वाह रे लोग।।

अइसैं रो–रो बहल करा तू
घाट पकड़के रहल करा तू
तोहैं देख जिउ धक से होला
अइसन काहें बोला–बोला
खूब दउरलू खूब परइलू
कहीं बन्हइलू कहीं टँगइलू
आँख में कीचर मुँह पर फफरी
रेत में जइसे हाँफै मछरी
दूध–बताशा पान–सोपारी
सब ही जाई बारी–बारी
कथा–कीरतन–भजन हेराई

अब के गाई पीर पराई
हाय रे गंगा वाह रे लोग।।

सब तोहरै उद्धार करत हौ
आपन बेड़ा पार करत हौ
घाट के खातिर मार होत हौ
नयी गोल तइयार होत हौ
खाली सोरैसोर हौ माई
साँसत में जिउ तोर हौ माई
तोहई से हौ भाड़ा भत्ता
तोही आज तुरुप क पत्ता
अइसैं तू हर साल झुरइबी
हम्मैं कवनी ओर बोलइबी
ना अइबीं पहिचान में अब तू
रहबी बस गोदान में अब तू
हाय रे गंगा वाह रे लोग।।

छोटका–बड़का तीरथ रोइहैं
पुक्का फार भगीरथ रोइहैं
गागर रोइहैं सागर रोइहैं
रतनाकर पद्माकर रोइहैं
आर–पार क माला रोइहैं
घाटैघाट शिवाला रोइहैं
झण्डी रोइहैं झण्डा रोइहैं
घर में बइठल पण्डा रोइहैं

बालू–बालू नइया रोइहैं
धै–धै पेट खेवइया रोइहैं
बस हमरे सरकार न रोइहैं
दइव क ठेकेदार न रोइहैं
हाय रे गंगा वाह रे लोग।।

एक दिना हम सपना देखली
गंगा क इनजेकसन निकली
मरै के बेरी सब लगवाई
ई है अन्तिम रही दवाई
असली–नकली ना फरियाई
छोटकी सिसिया ढेर बिकाई
गंगा देसी घिउ हो जइहैं
सौ–सौ रुपया बूँद बिकइहैं
सीसी में बोतल में गंगा
बड़े–बड़े होटल में गंगा
तरह–तरह के रेट में गंगा
बैपरियन के पेट में गंगा
हाय रे गंगा वाह रे लोग।।

धरती

आपन खेत कियारी आपन
काँट-कूस फुलवारी आपन
हे भइया? हम भरि-भरि भेंटी
ई धरती महतारी आपन
मन कठवत अस चंगा हउवै
ई रैदास क गंगा हउवैं
एकरे अँचरा तीरथ लहरै
कुल का नाँव तिरंगा हउवै
एही क ई धरम करम हौ
सबके आँखी लाज-शरम हौ
हवा नरम त इहो नरम हौ
हवा गरम त इहो गरम हौ।।

आँख कि जइसे जामुन करिया
मुँह चिक्कन हौ घिउ क घरिया
छोटका-बड़का शहर देहाते
सबके इहै परोसै थरिया
इहै घाघरावाली हउवै

घूँघट–अँचरावाली हउवै
सबके इहै आसरा देले
बड़ी आसरी वाली हउवै
ई लाली खुशहाली देले
ऊसर के हरियाली देले
अजमावल हौ माँग के देखा
घर देले घरवाली देले।।

हरवाली ई फरसावाली
खीर बखीर अनरसावाली
ईहै खेत कचहरीवाली
ईहै एक मदरसावाली
हमरे साथे जरै–मरैले
नेह भरैले पीर हरैले
ऊँचे–खाले हर मौसम में
हीरा–मोती–लाल फरैले
ई मैना हिरना से खेलै
जंगल से झरना से खेलै
फागुन पिया ननद देवर से
सावन में बिरना से खेलै।।

ई हौ बाबू–माईवाली
भाई औ भउजाईवाली
एकरे घर में कमी कवन हौ
ताल–नदी अमराईवाली

सोना चानी-लाल लुटावै
कोठिलन चाउर-दाल लुटावै
एकरे धन क थाह न पइबा
आँख मूँद के माल लुटावै
ईहै गगरिन घिउ ढरकावै
इहै अँजुरिन जिउ जुड़वावै
ई बदरन के अइसे टेरै
जइसे पपिहा पिउ गोहरावै।।

हमरे-तोहरे प्यार में नाचै
परब अउर त्योहार में नाचै
का पूछै के पहिर-ओढ़ के
जब सोरहो सिंगार में नाचै
ई छप्पर-छानी में खुश हौ
खाली गुड़-पानी में खुश हौ
लाख परेशानी हौ फिर भी
सदा परेशानी में खुश हौ
घर-घर में हौ आदर देखा
चँवर डोलावै बादर देखा
बिछ-बिछ गइल हरियारी आगे
गोड़ धोवत हौ सागर देखा।।

राम कृष्ण अरबिन्द इहै हौ
बाउल गीत गोविन्द इहै हो
जै जवान ई, जै किसान ई

हिन्द इहै जै हिन्द इहै हौ
करै सदा सनमान क रच्छा
गीता अउर कुरान क रच्छा
क्रिसमस फगुवा ईद दशहरा
बैसाखी रमजान क रच्छा
साफा हउवै, टोपी हउवै
ई रसखान क गोपी हउवै
इहै अछैवट, इहै त्रिवेनी
अकबर इहै अलोपी हउवै।।

मन में रागै-राग भरल हौ
कजरी-बिरहा-फाग भरल हौ
ई दानी बलिदानी हउवै
खून में त्यागै-त्याग भरल हौ
ईहै दुर्गा, ईहै काली
ईहै हौ पूजा क थाली
ईहै चारों धाम क जननी
एकर करनी बड़ी निराली
ई साधू-सन्तन क घर हौ
कुटिया में सुरखाब क पर हौ
तपवाली जसवाली हउवै
एकर महिमा अजर-अमर हौ।।

गान्ही जी

सिर फूटत हौ, गला कटत हौ, लहू बहत हौ, गान्ही जी
देस बँटत हौ, जइसे हरदी धान बँटत हौ, गान्ही जी
बेर बिसवतै ररुवा चिरई रोज ररत हौ, गान्ही जी
तोहरे घर क रामै मालिक सबै कहत हौ, गान्ही जी।।

हिंसा राहजनी हौ बापू, हौ गुण्डई, डकैती, हउवै
देसी खाली बम बनूक हौ, कपड़ा घड़ी बिलैती, हउवै
छुआछूत हौ, ऊँच–नीच हौ, जात–पाँत पंचइती हउवै
भाय–भतीजा, भूल–भुलइया, भाषण भीड़ भँड़इती हउवै
का बतलाई कहै सुनै में सरम लगत हौ, गान्ही जी
केहुक नाहीं चित्त ठेकाने बरम लगत हौ, गान्ही जी
अइसन तारू चटकल अबकी गरम लगत हौ, गान्ही जी
गाभिन हो कि ठाँठ मरकही भरम लगत हौ, गान्ही जी।।

जे अललै बेइमान इहाँ ऊ डकरै किरिया खाला
लम्बा टीका, मधुरी बानी, पंच बनावल जाला
चाम सोहारी, काम सरौता, पेटैपेट घोटाला
एक्को करम न छूटल लेकिन, चउचक कण्ठी माला

नोना लगल भीत हौ सगरों गिरत-परत हौ गान्ही जी
हाड़ परल हौ अँगनै अँगना, मार टरत हौ गान्ही जी
झगरा क जर अनखुन खोजै जहाँ लहत हौ गान्ही जी
खसम मार के धूम धाम से गया करत हौ गान्ही जी
उहै अमीरी उहै गरीबी उहै जमाना अब्बै हौ
कब्बौ गयल न जाई जड़ से रोग-पुराना अब्बौ हौ
दुसरे के कब्जा में आपन पानी दाना अब्बौ हौ
जहाँ खजाना रहल हमेसा उहै खजाना अब्बौ हौ
कथा कीर्तन बाहर, भीतर जुआ चलत हौ, गान्ही जी
माल गलत हौ दुई नम्बर क, दाल गलत हौ, गान्ही जी
चाल गलत, चउपाल गलत, हर फाल गलत हौ, गान्ही जी
ताल गलत, हड़ताल गलत, पड़ताल गलत हौ, गान्ही जी।।

घूस पैरवी जोर सिफारिश झूठ नकल मक्कारीवाले
देखतै देखत चार दिन में भइलैं महल अटारीवाले
इनके आगे भकुआ जइसे फरसा अउर कुदारीवाले
देहलैं खून-पसीना देहलैं तब्बौं बहिन-मतारीवाले
तोहरै नाव बिकत हो सगरों मांस बिकत हौ गान्ही जी
ताली पीट रहल हौ दुनिया खूब हँसत हौ गान्ही जी
केहू कान भरत हौ केहू मूँग दरत हौ गान्ही जी
कहई के हौ सोर धोवाइल पाप फरत हौ गान्ही जी

जनता बदे जयन्ती बाबू नेता बदे निसाना हउवै
पिछला साल हवालावाला अगिला साल बहाना हउवै
आजादी के माने खाली राजघाट तक जाना हउवै

साल भरे में एक बेर बस रघुपति राघव गाना हउवै
अइसन चढ़ल भवानी सीरे ना उतरत हौ गान्ही जी
आग लगल हौ, धुआँ उठत हौ, नाक बजत हौ गान्ही जी
करिया अच्छर भँइस बरोब्बर बेद लिखत हौ गान्ही जी
एक समय क बागड़ बिल्ला आज भगत हौ गान्ही जी।।

अमवसा क मेला

ई भक्ती के रंग में रँगल गाँव देखा
धरम में करम में सनल गाँव देखा
अगल में बगल में सगल गाँव देखा
अमवसा नहाये चलल गाँव देखा।।

एहू हाथे झोरा, ओहू हाथे झोरा
अ कान्हीं पर बोरी, कपारे पर बोरा
अ कमरी में केहू, रजाई में केहू
अ कथरी में केहू, दुलाई में केहू
अ आजी रँगावत हई गोड़ देखा
हँसत हउवैं बब्बा तनी जोड़ देखा
घुँघटवै से पूछै पतोहिया कि अइया
गठरिया में अबका रखाई बतइहा
एहर हउवै लुग्गा ओहर हउवै पूड़ी
रमायन के लग्गे हौ मड़ुवा क ढूँढ़ी
ऊ चाउर अ चिउरा किनारे के ओरी
अ नयका चपलवा अँचारे के ओरी
अमवसा क मेला अमवसा क मेला
इहै हउवै भइया अमवसा क मेला।।

मचल हउवै हल्ला चढ़ावा-उतारा
खचाखच भरल रेलगाड़ी निहारा
एहर गुर्री-गुर्रा, ओहर लोली-लो ला
अ बिच्चे में हउवै शराफत से बोला
चपायल हौ केहू, दबायल हौ केहू
अ घण्टन से उप्पर टँगायल हौ केहू
केहू हक्का-बक्का, केहू लाल-पीयर
केहू फनफनात हउवै कीरा के नीयर
अ बप्पा-रे-बप्पा, अ दइया-रे-दइया
तनी हमैं आगे बढ़ै देत्या भइया
मगर केहू दर से टसकले न टसकै
टसकले न टसकै, मसकले न मसकै
छिड़ल हो हिताई-नताई क चरचा
पढ़ाई-लिखाई कमाई क चरचा
दरोगा क बदली करावत हौ केहू
अ लग्गी से पानी पियावत हौ केहू
अमवसा क मेला अमवसा क मेला
इहै हउवै भइया अमावसा क मेला।।

जेहर देखा ओहरैं बढ़त हउवै मेला
अ सरगे क सीढ़ी चढ़त हउवै मेला
बड़ी हउवै साँसत न कहले कहाला
मूँड़ै-मूँड़ सगरों न गिनले गिनाला
एही भीड़ में सन्त गिरहस्त देखा
सबै अपने-अपने में हौ व्यस्त देखा

अ टाई में केहू, त टोपी में केहू
अ झूँसी में केहू, अलोपी में केहू
अखाड़न क संगत, अ रंगत ई देखा
बिछ्छल हौ हजारन क पंगत ई देखा
कहीं रासलीला कहीं परबचन हौ
कहीं गोष्ठी हौ कहीं पर भजन हौ
केहू बुढ़िया माई के कोरा उठावै
अ तिरबेनी मइया में गोता लगावै
कलपबास में घर क चिन्ता लगल हौ
कटल धान खरिहाने वइसै परल हौ।।
अमवसा क मेला अमवसा क मेला।
इहै हउवै भइया अमवसा क मेला।।

गुलब्बन क दुलहिन चलैं धीरे-धीरे
भरल नाव जइसे नदी तीरे-तीरे
सजल देह जइसे हौ गौने क डोली
हँसी हो बताशा शहद हउवै बोली
अ देखैलीं ठोकर बचावैलीं धक्का
मनै मन छोहारा मनै मन मुनक्का
फुटेहरा नियर मुसकिया-मुसकिया के
निहारैलीं मेला सिहा के चिहा के
सबै देवी-देवता मनावत चलैलीं
अ नरियर-पर-नरियर चढ़ावत चलैलीं
किनारे से देखैं इशारे से बोलैं
कहीं गाँठ जोड़ैं कहीं गाँठ खोलैं

बड़े मन से मन्दिर में दरसन करैलीं
अ दूधे से शिवजी क अरघा भरैलीं
चढ़ावैं चढ़ावा अ गोंठैं शिवाला
छुवल चाहैं पिण्डी लटक नाहीं जाला।।
अमावसा क मेला अमवसा क मेला
इहै इउवै भइया अमवसा क मेला।।

बहुत दिन पर चम्पा चमेली भेंटइलीं
अ बचपन क दूनों सहेली भेंटइलीं
ई आपन सूनावैं ऊ आपन सुनावैं
दूनों आपन गहना गदेला गिनावैं
असों का बनवलू असों का गढ़वलू
तू जीजा क फोटो न अब तक पठवलू
न ई उन्हें रोकैं न ऊ इन्हें टोकैं
दूनों अपने दुलहा क तारीफ झोंकैं
हमैं अपने सासू क पुतरी तू जान्या
अ हम्मैं ससुर जी क पगरी तू जान्या
शहरियों में पक्की देहतियों में पक्की
चलत हउवै टम्पो चलत हउवै चक्की
मनैमन जरै अ गड़ै लगलीं दूनों
भयल तू-तू मैं-मैं लड़ै लगलीं दूनों
अ साधू छोड़ावैं सिपाही छोड़ावैं
अ हलुवाई जइसे कराही छोड़ावैं
अमवसा क मेला अमवसा क मेला
इहै हउवै भइया अमवसा क मेला।।

कलौता के माई क झोरा हेरायल
अ बुद्धू क बड़का कटोरा हेरायल
टिकुलिया क माई टिकुलिया के जोहै
बिजुलिया क भाई बिजुलिया के जोहै
मचल हउवै मेला में सगरों ढुँढ़ाई
चमेला क बाबू चमेला क माई
गुलबिया सभत्तर निहारत चलैले
मुरहुवा मुरहुवा पुकारत चलैले
अ छोटकी बिटिउवा के मारत चलैले
बिटिउवै पर गुस्सा उतारत चलैले
गोबरधन क सरहज किनारे भेंटइलीं
गोबरधन के संगे पउँड़ के नहइलीं
धरे चलता पाहुन दही-गुड़ खियाइत
भतीजा भयल हौ भतीजा देखाइत
उहैं फेंक गठरी परइलैं गोबरधन
न फिर फिर देखइलैं धरइलैं गोबरधन
अमवसा क मेला अमावसा क मेला।
इहै हउवै भइया अमवसा क मेला।।

केहू शाल सुइटर दुशाला मोलावै
केहू बस अटैची क ताला मोलावै
केहू चायदानी पियाला मोलावै
सोठउरा क केहू मसाला मोलावै
नुमाइस में जातै बदल गइलीं भउजी
अ भइया से आगे निकल गइलीं भउजी

हिंडोला जब आयल मचल गइलीं भउजी
अ देखतै डरामा उछल गइलीं भउजी
अ भइया बेचारू जोड़त हउवैं खरचा
भुलइले न भूलै पकउड़ी क मरचा
बिहाने कचहरी कचहरी क चिन्ता
बहिनिया के गौना मसहरी क चिन्ता
फटल हउवै कुरता टुटल हउवै जूता
खलित्ता में खाली केराया क बूता
तबौ पीछे-पीछे चलत जात हउवन
गदोरी में सुरती मलत जात हउवन
अमवसा क मेला अमवसा क मेला
इहै हउवै भइया अमवसा क मेला ।।

चला चलीं कहीं

चला चलीं कहीं बनवाँ के पार हिरना
एही बनवाँ में बरसै अंगार हिरना।।

रेत भइलीं नदिया पठार भइलीं धरती
जरि गइलीं बगिया उपर भइलीं परती
एही अगिया में दहकै कछार हिरना।।

निंदिया क महँगी सपनवाँ क चोरी
एहि पार धनिया त ओहि पार होरी
बिचवाँ में उठलीं दीवार हिरना।।

बड़ी-बड़ी बखरी क बड़ी-बड़ी कहनी
केहू धोवै सोरिया त केहू टोरै टहनी
केहू बीछै हरी-हरी डार हिरना।।

गीतिया ना महकी न फुलिहैं कजरवा
लुटि जइहैं लजिया ना अँटिहैं अँचरवा
बिकि जइहैं सोरहो सिंगार हिरना।।

जागा जागा हो किसान

जागा जागा हो किसान
तोहीं देसवा क शान
घेरे घरे भोरहरिया जगा दा मितवा
कहीं रहे ना अन्हरिया भगा दा मितवा।।

अइसन करा कमाई भयवा
लहरै खूब किसानी
ऊसर में हरियाली लउकै
चप्पा-चप्पा पानी
तोहीं हउवा भगवान
करै धरती गुमान
चूमि-चूमि फुलवरिया जगा दा मितवा।।
कहीं रहे ना अन्हरिया...

चान-सुरूज पगरी में तोहरे
सावन-फागुन बोली
दूनो हाथ लुटावा भयवा
जिन फइवाला झोली

मह–मह महकै ईमान
गूँजै सँझिया बिहान
हँसके फगुवा देवरिया जगा दा मितवा
कहीं रहे ना अन्हरिया...

लरकोरी क अँचरा डोलै
पुरुवा ले अँगड़ाई
अँगना में किलकारी छलकै
भीजैं तुलसी माई
तोहरी करनी महान
जानै सगरों जहान
फिर से खेतवा कियरिया जगा दा मितवा
कहीं रहे ना अन्हरिया...।।

देसवा हमार

देसवा हमार भइया
फुलवा कै दोना
रतिया में चानी झरै
                    दिनवाँ में सोना
रंग–रंग फुलवा
फुलैला फुलवरिया
कहीं असमानी लाल
कहीं हौ केसरिया
देख्या भगवान तू
                    लगैना कहीं टोना।।
कई–कई बोलिया
बोलैलन भाई–भाई
हिन्दू मुसलमान सिक्ख
पारसी ईसाई
घर–घर सरग
                    तिरथ चारों कोना।।
गोड़ धोवै सगरा
मुकुट हिमवनवाँ

सिमवाँ क सोभा हउवै

देश का जवनवाँ

सबही मोहाय देखि

रुपवा सलोना।।

रोज-रोज गीला

रोज-रोज गीला गरीबी में आँटा
ए गंगा माई! हमार पाप काटा।।

खेती कचहरी पढ़ाई क चिन्ता
बिटिया क गौना बिदाई क चिन्ता
बनल रहै दूनों हमार जोरू जाँता।।

हमरे नियर पापी आयल ना होई
बोझा से एतनी लदायल ना होई
ई बोझ माई समूचा तू बाँटा।।

गोड़ बिछलायल और फूट गइल गगरी
ले दे के खाली इहै मोर ठठरी
छोड़ै ना चोला परान गुड़ माँटा।।

ई शहर ना मरी

जब ले पिरथी रही ई शहर ना मरी
गंगा-जमुना क हमरे लहर ना मरी।।

घर में हरदम अतिथियन क स्वागत रही
शब्द गूँजत रही, भाव जागत रही
पुण्य छूवत रही, पाप भागत रही
तन दधीची रही, मन तथागत रही
ना मरी रोशनी ई डहर ना मरी।।

पर्व आवत रही, जै मनावत रही
रेत में प्रेम से घर बनावत रही
जिन्दगी हँस के सरबस लुटावत रही
भीड़ गावत बजावत जगावत रही
बाढ़ में भी ई बालू क घर ना मरी।।

धार अमिरित क कल-कल बही अइसहीं
सब सुनीं अइसहीं, सब कहीं अइसहीं
बाढ़ पाला इहाँ सब सही अइसहीं
रेत भीजत पसीजत रही अइसहीं
ना मरी ई शिविर कवनो स्वर ना मरी।।

सरद रितु आइल

रितु आइल सरद रितु आइल रे
बनवा में काँस फुलाइल रे
अब जौ जौ दिन दुबराये लगल
ऊ जल्दी भागै पराये लगल
तिजहरियैं से सिहराये लगल
औ, रतिया बढ़ै मोटाये लगल
मन ठहरल ताल थिराइल रे।।

गाँव देखा जोताई–बोवाई में
गाँव देखा कटाई–मड़ाई में
गाँव देखा लिपाई–पोताई में
गाँव नइकी–पुरनकी रजाई में
ओस मोती नियर छितराइल रे।।

फिर ढब–ढब, टीन पिटाये लगल
जोन्हरी देखा अगोराये लगल
कान संझा सबेरे ढँकाये लगल
घामें में लइका मिसाये लगल
रात आधी मिलल कोहराइल रे।।

धान देखा कटाये ढोवाये लगल
खरिहाने बोझा गँजाये लगल
कउड़ा के आगी कढ़ाये लगल
ओ, ऊखिया टूटै चुहाये लगल
अगहन में गौना धराइल रे।।

आइल दिया देवारी

आइल दिया देवारी आइल दिया देवारी
चारों तरफ शुरू हौ तेवहार क तयारी।।

छीलत हौ घास केहू, छोपत हौ केहू माटी
कातिक क करैं चरचा जंगल पहाड़ घाटी
केहू करै लिपाई, केहू करै पोताई
घर-घर में हौ मरम्मत घर-घर में हौ सफाई
कीनत हौ केहू लावा, कीनत हौ केहू लाई
केहू कहत हौ घरिया कइसे असों भराई
चीजन क दाम अइसन आकाश छू रहल हौ
आवाज भरमाइल हौ आँस चू रहल हौ
सत्तर ला साव नगदी, नब्बे रही उधारी।।

गोहूँ क रेट अइसन, बोईं कि पुड़ी खाईं
महँगी क मार सगरों, कवने शहर पराईं
मट्टी क तेल चाही, सरसों क तेल चाही
लेवै के हौ भगौना, लेवै के हौ कराही

बाबू क ओहर तीरथ, माई क एहर बरसी
एही दूनों के खातिर ऊ गाय बिकल जरसी
गोबिना घरे क गहना जूआ में हार बइठल
भाई के बरल गुस्सा, दुइ हाथ मार बइठल
अपने घर क रोना रोवत हई पियारी।।

अगहन में आपरेसन, फागुन में असौं गौना
ई त रोवाय देहलस, तेवहार मरकिनौना
पप्पू के फीस खातिर चाउर गयल बिकाये
हरदी अ नून जइसे दालों लगल किनाये
माधो क फटल कुर्ता, साधो क फटल धोती
बीसन दिना से जूता मोजा रटैलें मोती
कुछ बीज अबौ चाही, कुछ खाद अबौ चाही
कुछ छूट अबौ चाही, इमदाद अबौ चाही
निकियाय रहल हउवै सरकार मलगुजारी।।

साँसत में जिउ परल हौ, अफनाब तनी देखा
भागत फिरैलन दिन भर, महताब तनी देखा
बउराब तनी देखा, गुस्साब तनी देखा
ललचाब तनी देखा, रहिजाब तनी देखा
बड़का कहै के हउवन गोड़े में नूहीं जूता
सच्चों कहत हई हो जूतों क नूहीं बूता
तब्बों ई राग भइया देखा जिया रहल हौ
हमइन के आक्सीजन ईहै पिया रहल हौ
न बिजनेस न सर्बिस फकत खेती–बारी।।

धुरन्धर

बहै फगुनहट उड़ै धुरन्धर
लुप दे एहर लुप दे ओहर
सोनकिरवा अस मुड़ै धुरन्धर।।

गाँव गली बारी बँसवारी
डहरी डाँड़े खेत कियारी
नहर क पुलिया ताल किनारे
डीह क चउरा नदिया नारे
मन्दिर कबौं मदरसा झाँकैं
उचक उचक पोखरा पर ताकैं
छिन महुआ छिन-छिन गुलमोहर
आज त ओकर दरसन नोहर
बस में देह न चित्त ठेकाने
तरई गिनैं रात खरिहाने
जेतनैं हसैं गाँव घर खुलके
ओतनैं मन में कुढ़ैं धुरन्धर।।

हवा बोलावै घाम बोलावै
बहरे चारों धाम बोलावै

घर में कइसे रहैं धुरन्धर
केसे दुखड़ा कहैं धुरन्धर
महुवा आम नीम से पूछैं
फिर लइकन के टीम से पूछैं
का रे सोनवा लउकल कत्तौं
बिजुरी जइसन चमकल कत्तौं
आँख में आँख समाइल हउवै
कवनो चीज हेराइल हउवै
आन्हर कुकुर बतासे भूँकैं
अन्हैं सबसे लड़ैं धुरन्धर।।

दिन–दिन भर न खायँ धुरन्धर
चाहै पर रहि जायँ धुरन्धर
माई कहै कहाँ तू जाले
का पीयैले का तू खाले
बाप कहै मर जायँ धुरन्धर
जायँ जहन्नुम जायँ धुरन्धर
का कारन भउजाई पूछै
देह भइल चउथाई पूछै
भउजी आपन कसम धरावै
फागुन के जिउभर गरियावै
केहू सुनै न पावै घर में
बस भउजी से खुलैं धुरन्धर।।

उहै धुरन्धर आवत हउवन
अपनै से बतियावत हउवन
अइसे ना ई अइसे होई
लेकिन के बिन्ध्याचल ढोई
सोचत अउर बिचारत हउवन
एकटक राह निहारत हउवन
बड़की पूजा करब भवानी
पत हमार राखा महरानी
कइसों बेड़ा पार लगावा
ई चीठिया तोही पहुँचावा
ई दर छोड़ कहाँ अब जाई
चउकठ पर सिर धुनै धुरन्धर।।

कन्हैया क लीला

कन्हइया क लीला त लीलै हौ भाई
न कहले कहायल न गवले गवाई
न कब्बौं ओरायल न कब्बौं ओराई
इहै काम आयल इहै काम आई ।।

कतौं नाँही एतनी मिठाई भरल हौ
मिठइयो में जइसे मलाई भरल हौ
लड़िकपन भरल हौ, ढिठाई भरल हौ
हँसी के कटोरिया में लाई भरल हौ
कन्हइया के गोपी बलावैं, पटावैं,
मिलावैं, रिझावैं, चिढ़ावैं, बिरावैं,
हँसावैं, रोवावैं, नचावैं, खेलावैं,
अ लैनू क लालच दे गइया दुहावैं
कबौं मन में आवै गुजरिया बनावैं
गुजरिया बनावैं, दुपट्टा ओढ़ावैं,
अ काजर लगावैं, अ टिकुली सटावैं
घुँघुट काढ़ के आँख मारै सिखावैं
बड़ा भाग ओकर जे इन्हैं नचाई
जे इन्हैं नचाई उहो नाच जाई।।

ई गोकुल में रहिके अजब खेल खेलैं
एहर फोरैं गगरी, त ओहर ढकेलैं
एहर काटैं चुटकी, ओहर कान फूँकैं
ई मुरदों में हँस के नई जान फूँकैं
ई सट-सट के गोपिन के बुद्धू बनावैं
पहाड़ा पढ़ावैं अ रस्ता देखावैं
न ई बाज आवैं, न ऊ बाज आवैं
ऊ बँसुरी चोरावैं, ई चुनरी चोरावैं
एहर क ओहर बात पट से लगावैं
बिहाने बिहाने ई झगरा करावैं
खुदै बीच में पड़के झगरा छोड़ावैं
एहू के मनावैं ओहू के मनावैं

न टूटै ई नाता न छूटै मिताई
बड़ा सुख मिली भागवत जे नहाई

घुसैं जवने घर में बखेड़ा मचा दें
कहीं क कहीं चीज धै दें छुपा दें
दही खात लैनू गिरावत क निकलैं
अ दूधे क मटकी नचावत क निकलैं
ओहर साँप हउवै न जाया गुवालिन
एही रस्ते रस्ते तू आया गुवालिन
कन्हैया क चक्कर न जानैं बेचारी
जवन ऊ कहैं तवन मानैं बेचारी
कन्हैया कन्हैया पुकारल करैलिन

कन्हैया क रस्ता निहारल करैलिन
कन्हइया न लउकैं त गइय्यन से पूछैं
चिरइय्यन से पूछैं पतइय्यन से पूछैं

कन्हइया क हमके पता जे बताई
जमाने से कुट्टी ओही से मिताई।।

न गेरुवा रँगवलन, न धूनी रमवलन
इहै असली भक्ती क माने बतवलन
गोबरधन उठवलन, अ पानी बचवलन
अ जमुना थहवलन, करिश्मा देखवलन
महारास बन में ऊ अइसन रचवलन
कि बप्पा रे बप्पा सभैं न नचवलन
कहीं हँस के केहुँ क करेजा जुड़वलन
कहीं रो के केहुँ क करेजा दुखवलन
कुरुक्षेत्र में कृष्ण गीता सुनवलन
अ कायर के जोधा बनवलन लड़वलन
खुदै सारथी बनके रन में जितवलन
अ लाखन-करोड़न के मुक्ती दियवलन

कबौं ना बरवलन खटाई मिठाई
ऊँचाई-निचाई छोटाई-बड़ाई।।

बहुत मीत होइहैं पर अइसन ना होइहैं
अ हमरे कन्हइया के जइसन ना होइहैं

एही रूप पर भइलन परवान केतनी
अ हिन्दू इसाई मुसलमान केतनी
केहू देख बेसुध केहू देख पागल
इन्हें देख मीराँ क बैराग जागल
अ रसखान राधा मनावत क देखलैं
दूनों गोड़ मींजत दबावत क देखलैं
इन्हें सूरदसऊ जनमतै क पवलैं
मिलल भाव मन प्रान आँखी बसवलैं
इहै ग्राह मरलन अ गजराज रखलन
इहै द्रौपदी क गइल लाज रखलन

इहै देहलन ऊधो के अइसन दवाई
जपै लगलन ऊधो कन्हाई कन्हाई।।

बियाहे क घर

बियाहे क घर हौ भरल हउवै देखा
कहीं कुछ कहीं कुछ परल हउवै देखा
ई पहुनन क खायाल चरल हउवै देखा
बिछौना पर बिस्कुट गिरल हउवै देखा
अ चच्चठे चूल्हा बरल हउवै देखा
अ हण्डा करहिया चढ़ल हउवै देखा
फलाने के गुस्सा बरल हउवै देखा
अ खर्ची से नानी मरल हउवै देखा
हौ होंठे पर गारी औ नाकी पर गुस्सा
केहू माँगै पूरा केहू माँगै छुट्टा
फलाने क मुँह तमतमायल हौ देखा
जवन चीज माँगै ओरायल हौ देखा
सोचत हउवैं का का मँगावै के होई
दरी दू ठे अउरो लियावै के होई
गलइचो कहीं से लहावै के होई
अ कागज पर अँगुठा सटावै के होई

लगल हउवै कब से बलावा बलावा
तू जा बड़की फूआ खुदै कहिके आवा

बड़ी देर कइलीं दुलारी न अइलीं
पुरुब टोलावाली पियारी न अइलीं
गइतरा सबितरा सुनीता न अइलीं
विनीता पुनीता मनीता न अइलीं
कहाँ गइली सीता, कहाँ गइली सीता
जहाँ गइली ओहिजैं समा गइली सीता
ई घर बड़की फूआ के अढ़वत हौ खाली
फूआ हाली-हाली, फूआ हाली-हाली
हरे बड़की फूआ, हरे बड़की फूआ
कहाँ रक्खी ओखरी कहाँ रक्खी जूआ
एहर बड़की फूआ ओहर बड़की फूआ
बियाहे में जइसे सोहर बड़की फूआ
कढ़ावा कढ़ावा कढ़ा देहली फूआ
अ कामे क लहरा लगा देहली फूआ।।

अ तोसक अ तकिया जुटावत हौ केहू
अ खटिया-बिछौना लियावत हौ केहू
उठावत को केहू बिछावत हौ केहू
अ दोना अ पत्तल गिनावत हौ केहू
पुजारी क चउचक बनत हउवै गाँजा
अ बाँधे क खटिया तड़त हउवैं राजा
नई चूड़ी हउवै बिटोला देखावै
कलाई पर रख के कलाई बजावै
देखवही में दू ठे चटक गइलीं चूड़ी
ऊ ओड़िचा सहीतै पटक देहलीं पूड़ी
पप्पू क दुलहिन बड़ी खिलखिलाले

ऊ पप्पू ले बढ़के चुडुक्का बुझाले
देखै लायक हौ बाँके बो क गोराई
दही पर जमल जइसे मोटकी मलाई
धमक पड़लीं तब ले अकेला क माई
अ कोहबर के पूजा में का-का रखाई

फँसल हउवै चउकी फँसल हउवै बेलना
ओसरवै में कहिके बइठ गइलीं मलना
कटत हउवै कोंहड़ा कटत हउवै आलू
छिलत हउवै लेहसुन अकालू सुकालू
जरत हउवै बुनियाँ निकाला निकाला
तिवारी के हौ बड़का पौना मँगाला
एहर छन रहल हौ, ओहर सन रहल हौ
थोड़ी कच्ची-पक्की दुनो बन रहल हौ
कहो के उतरलस ई कच्ची कलौंजी
चुनारवाली भौजी चुनारवाली भौजी
एहर आवा आजी ओसरवै में आवा
हे आजी के बइठै के पीढ़ा लियावा
बइठ गइलीं आजी बटुर गइली दुलही
एहर आरावाली ओरह गाजीपुरही
बिपत पर बिपत हौ कहै लायक नाहीं
पतोहिया रसोइयाँ छुवै लायक नाहीं।।

चलल पांत खाये बजल ढोल ढब से
गारी गावैवाली जोहत बाटीं कब से
कहाँ टाट हउवैं बिछावा-बिछावा

कसोरा कहाँ हौ कसोरा लियावा
तू पत्तल लगावा तू दोना लगावा
तू पानी परोसा तू पुरवा चलावा
कचौड़ी कन्हैया रसेदार गोपी
अ रैता क हँडिया उठवलैं अलोपी
रसेदार मीठी लगत हउवै भइया
नमक तसमई में हौ दइया रे दइया
मचल कोको लोलो मचल हाबा-डाबा
तबौ ढोल पीटै गुलाबा सिताबा
केहू नेग माँगै केहू ले परोसा
मचल जल्दी-जल्दी भकोसी-भकोसा
बड़ा भाग भउजी क पायल मिलल हौ
बियाहे के घर में हेरायल मिलल हौ।।

पप्पू क दुलहिन

पप्पू के दुलहिन क चरचा कालोनी के घर-घर में
पप्पू क दुलहिन पप्पू के रक्खै अपने अण्डर में
पपुआ इण्टर फेल दुलहिया बी.ए. पास हौ भाई जी
पप्पू अस ऊ लद्धड़ नाहीं एडवान्स हौ भाई जी
कहै ससुर के पापा जी औ कहै सास के मम्मी जी
माई डियर कहै पप्पू के पप्पू कहैं मुसम्मी जी
पप्पू के दुलहिन क नक्शा कालोनी में हाई हौ
ढंग एकर बेढब हौ सबसे, रंग एकर एकजाई हौ
बहू सुरक्षा समिति बनवले हौ अपने कालोनी में
बहुतन के ई सबक सिखवले हौ अपने कालोनी में
कालोनी क कुल दुलहिनियाँ एके प्रेसीडेण्ट कहैलीं
एकर कहना कुल मानैलीं, एकर कहना तुरत करैलीं
कालोनी क बुढ़वा-बुढ़िया दूरै से परनाम करैलन
भितरैं भीतर सास डरैले भितरैं भीतर ससुर डरैलन
दिन में सूट, रात में मैक्सी, ना घुँघुटा ना अँचरा जी
देख-देख के हँसैं पड़ोसी मिसराइन औ मिसरा जी
अपने एक्को काम न छूवै कुल पपुवै से करवावैले
पपुओ जान गयल हौ काहे माई डियर बलावैले

छूट गइल पप्पू क बीड़ी ओ चौराहा छूट गयल
छूट गइल मण्डली रात क ही–ही हा–हा छूट गयल
हरदम अपटूडेट रहैले मेकप दूनो जून करे
रोज बिहाने मलै चिरौंजी गाले पर निंबुआ रगरै
पप्पू ओके का छेड़िहैं ऊ खुद छेड़ैले पप्पू के
जइसे फेरै पान पनेरिन ऊ फेरैले पप्पू के
पप्पू के जेबा में एक दिन लभलेटर ऊ पाय गइल
लभलेटर ऊ पाय गइल पप्पू क शामत आय गइल
मुँह पर छींटा मार–मार के आधी रात जगावैले
ई लभलेटर केकर हउवै उनहीं से पढ़वावैले
लभलेटर ऊ देखतै पपुआ पहिले त सोकताय गयल
झपकी जइसे फिर से आइल पपुआ उहैं गोताय गयल
मेहर छींटा मारै फिर–फिर पपुआ आँख न खोलत हौ
संकट में कुकुरे क पिल्ला जइसे कूँ–कूँ बोलत हौ
जइसे कत्तौं घाव लगल हौ हाँफत अउर कराहत हौ
इम्तिहान के चिट अस चिठियाँ मुँह में घोंटल चाहत हौ
सहसा हँसल ठठाके पपुआ फिर गुरेर के देखलस
अन्हियारे में एक तीर ऊ खूब साध के मरलस
अच्छा देखा एहर आवा बात सुना तू अइसन हउवै
लभलेटर लीखै क हमरे कालेज में कमटीसन हउवै
हमरो कहना मान मोसमिया रात आज क बीतै दे
सबसे बढ़िया लभलेटर पर पुरस्कार हौ जीतै दे।।

जेतनै रागी ओतनै डफली

जेतनै रागी ओतनै डफली
राम व्यवस्था कबले बदली।।

घर-घर में हौ ईहै चर्चा
नौ क लकड़ी नब्बे खर्चा
फिर सबके बेकूफ बनौलैं
झण्डा नारा भाषण पर्चा
फिर वइसै तरसावै पानी
फिर वइसै तरसावै बिजली।।

पानी महँगा, खून हौ सस्ता
चकाचौंध में गायब रस्ता
का छोटका का बड़का देखा
सबही क हौ हालत खस्ता
अपराधी से डरैं सिपाही
सनमुख होतै झाकैं बगली।।

कोट बिकत फैसला बिकत हौ
गुण्डन में अब जिला बिकत हौ

बैपारिन में सउदा जइसे
नेतवन में इण्डिया बिकत हौ
असली बस लेबिल हो उप्पर
भित्तर माल भरल हौ नकली।।

अपने के गरियावैं मिसिरी
कौनो काम न आइल डिगिरी
चौबीस पन्नी तीन पंच में
सोरह पन्नी बड़े चउधिरी
साधू के धुकधुकी लगल हौ
सधुवाइन के आवै मचली।।

देश में आग लगावैवाले
दुनिया के भरमावैवाले
कल भी रहलैं आज भी हउवैं
उल्लू सभै बनावैवाले
अबना मानब फोरब भण्डा
बहुत दिना हम तोपली-ढँकली।।

जहवाँ गइलीं डाढ़ो रानी
पड़ल पहुँचतै पाथर पानी
झुट्ठा बाबा पैर पुजावैं
मुँह देखैं ग्यानी-बिग्यानी
कोने में रोवत हौ देखा
गान्हीं जी क चरखा-तकली

हिप हिप हुर्रा

हिप हिप हुर्रा हिप हिप हुर्रा
हिप हिप हुर्रा
अबकी मारब टोय–टोय के
ना मारब एक सुर्रा।।

केहु क टूटी पँजरी–पँखुरा
केहु क टूटी मूड़ी
केहु क टूटी नड़िहर–कँड़िहर
डाँक न पइहैं कूड़ी
झरी मोटाई, छूटी भूँसी
उड़ी सड़क पर धुर्रा।।

अइसन काढ़ा देब कि एदाँ
आई तरत ओंहाई
जब–जब खोलिहैं आँख चउधिरी
तीनों लोक देखाई
जब तक जीहैं पानी–पानी
अइठन रही न गुर्रा।।

अइसे नाहीं काम चलीं अब
जब ले लगी न धक्का
हक्का-बक्का सबै सवारी
जाम भयल हौ चक्का
ए कक्का पंचन से पूछा
टोर्रा चली कि भुर्रा।।

फिर-फिर चली न तिकड़म कवनो
फिर-फिर चली न झाँसा
टूटल नाहीं दाँत दूध कै
निकलै लगल मुँहासा
कहाँ गइल ऊ अरबी-तड़बी
कहाँ गयल ऊ तुर्रा।।

केतनी अबकी गया बइठिहैं
केतनी गाय चरइहैं
केतनी फिर-फिर नाँव न लीहैं
गठरी फेंक परइहैं
खुज्झा, फूलझरी महताबी,
बान पड़ाका मुर्रा।।

तुलसीदास

हम त बस एतनै जानीला तुलसीदास के बारे में
दिया देखावैं, राह बतावैं, आन्हीं में अन्हियारे में
हमरे दुख में सुख में तुलसी सच्चों बड़ा सहायक हउवैं
तुलसी घर क जोधा हउवैं, तुलसी घर क नायक हउवैं
हमरे कुल कमवैं में तुलसी बढ़के हाथ बँटावैवाला
अइसे नाहीं अइसे-अइसे रस्ता हमैं देखावैवाला
अनुशासन में रहै सिखावै तुलसी क कविताई हमके
ऊ हम्मै जेतना पतियाले का केहू पतियाई हमके
तुलसी क कविता सच्चो में जीवन के भरपूर करैले
ऊहै पत पानी रक्खैले ऊहै संकट दूर करैले
तुलसी के हम नीक तरह से जानीला पहिचानी ला
तुलसी पर अभिमान करीला, पूजीला हम मानीला
एक त मुरहा, दुसरे टूअर, तिसरे पक्का टेकी तुलसी
जेहि दिन छोड़लस साथ गिरस्ती, भइलैं सन्त बिबेकी तुलसी
रामकथा क गंगा लेके तुलसी चलैं भगीरथ जइसे
परग-परग पर उत्सव मेला, परग-परग पर तीरथ जइसे
चप्पा-चप्पा अलख जगवलैं रामकथा पहुँचवलैं तुलसी
कोने-अँतरे जोत जरवलैं घर-घर भूत भगवलैं तुलसी

राम से ज्यादा बन-बन तुलसी राम के खातिर भटकल हउवैं
केसे पूछैं के बतलावै चौडगरा में अटकल हउवैं
रामों कठिन परीच्छा लिहलैं तब तुलसी के दरसन दिहलैं
अपने के पहिचानै खातिर मन क निरमल दरपन दिहलैं
खुद से लोहा लिहले हउवैं खुद से शर्त लगवले हउवैं
का केहु ओतनी कष्ट उठाई जेतनी कष्ट उठवले हउवैं
माँग के खइलैं जात न पुछलैं मसजिद में सुत गइलैं तुलसी
जहवाँ राम देखइलैं उनके बस ओहिजैं रुक गइलैं तुलसी
तुलसी जहाँ रहैलन सच्चों जंगल में मंगल कै देलन
झरना नदी नियर सन्नाटा लहर-लहर कल-कल कै देलन
टूटल जोड़ले हउवैं तुलसी, फाटक सियले हउवैं तुलसी
दुनिया क दुख अपने भीतर बइसैं जियले हउवैं तुलसी
तुलसी हमरे तीज परब में नहछू अउर नहावन में
साथे-साथे जरै जेठ में, साथे भींजैं सावन में
घरे-दुआरे कोट-कचहरी तुलसी खेत-कियारी में
रामकथा क न्यौता बाटैं तुलसी महुवाबारी में
तुलसी हमरे साथ दरी पर बइठैलन बतियावैलन
जहाँ कहीं अटकैले गाड़ी तुलसी हाथ लगावैलन
तुलसी हमैं भरोसा साहस हिम्मत अउर सहारा देलन
जब जब सूखै होंठ कि तुलसी मुँह पर रसकै धारा देलन
का सावन का फागुन तुलसी राम के रंग रँगायल हउवैं
हमरे-तोहरे इनके-उनके सबके बीच समायल हउवैं
संकटमोचन दिहले हउवैं सेवा क जिमदारी देखा
तुलसी क घर अँगना देखा, देखा पान-सोपारी देखा
राम भरोसे पर्वत पर हौ तुलसी क फलवारी देखा

तुलसी घोड़ा बेच के सूतैं, राम करैं रखवारी देखा
कूट-कूट के विनय भरल हौ, विनय पत्रिका पढ़ै ते जानै
कविता क मर्मज्ञ उहै जे तुलसी क मानस पहिचानै
तुलसी के मानस में हरदम रामकथा लहरात रहैले
रामकथा के छाँहि-छाँहि भक्ती गोता खात रहैले
नाभादास नियर जे देखी ओके साफ देखइहैं तुलसी
दूसर केहू नाहीं खाली बालैमीक जनइहैं तुलसी
अकबर के मीराँ रहीम के तुलसी राम देखवले हउवैं
तुलसी आगे फादर कामिल बुल्के माथ झुकवले हउवैं
तुलसी क का करीं बड़ाई तुलसी एक न दूसर भाई
घर-घर तुलसी बनल रहै औ बनल रहै ई राम दोहाई
तुलसी के बल राम क हउवै तुलसी केहु से डरिहैं नाहीं
जब तक रामकथा हो जग में तब तक तुलसी मरिहैं नाहीं।।

●●●

राग रंग

(भोजपुरी गीत संकलन)

हमार देसवा सारी दुनिया से आला

हमार देसवा सारी दुनिया से आला
ई सबसे अनोखा ई सबसे निराला।।

राग रंग नाच गीत बारहों महीना
मुँह चूमै बार-बार माथ क पसीना
मुँह देखै खातिर के ऐना अगुताला।।

मह-मह-मह अमराई खेत गमगमाला
गूँजैला झरना सीवान गुनगुनाला
धूप में सोन्हाला ई छाँह में जुड़ाला।।

ताल खिलखिलाला पहाड़ खिलखिलाला
खेत में कछार में पियार खिलखिलाला
अँगना में सोरहों सिंगार खिलखिलाला।।

ना बीछै ऊँच-नीच जात न बरावै
सबही के अपने गरे से लगावै
इहै सारे धरमन क पलना कहाला।।

भोरहरी सिंगार करे

पहिने किरिनिया क हार
खिरिकिया पे ठाढ़
भोरहरी सिंगार करे।

झिलमिल-झिलमिल तलवा क पानी
उतरि नहाले कवनों सोनवा क रानी
लिहले उमिरिया क भार
सुघर-सुकुवार
भोरहरी सिंगार करे।।

सतरँग चुनरी सुरूज रंग बिंदिया
नवरँग सजनी रचावैले मेंहदिया
जगमग जग उजियार
झरेला कचनार
भोरहरी सिंगार करे।।

विहँसेला फूल मगन फुलवरिया
गन्ध में लथपथ कुसुमी चुनरिया

भँवरा करेला गुंजार
पँखुरिया निहार
भोरहरी सिंगार करे।।

पिया–पिया पपिहा पुकारे मधुबनवाँ
मीठी–मीठी बोलिया सुनावैले मयनवाँ
करैले कोइलिया पुकार
हो अमवाँ के डार
भोरहरी सिंगार करे।।

फगुनवाँ सोहाय नाँही सजनी

भइलै परदेसिया सजनवाँ
फगुनवाँ सोहाय नाँही सजनी।।

खेते-खेते सरसों मटर गदराइल
जइसे कवनों चढ़ली उमिर गदुवाइल
खींचि बान मारैला पवनवाँ
फगुनवाँ सोहाय नाँही सजनी।।

जब से गइल पिया कजरो ना परली
लटि गइलीं केसिया न चुड़िया पहिरली
खनके न कबहूँ कगनवाँ,
फगुनवाँ सोहाय नाँही सजनी।।

अँचरा पकड़ि खींचे मुरही बयरिया
उड़ि-उड़ि जाय मोरे माथे से चुनरिया
रहि-रहि कसके परनवाँ
फगुनवाँ सोहाय नाँही सजनी।।

जब–जब सुधिया हो आवै तोरी छलिया
बोलिया बोलैली सब सखिया–सहेलिया
भरि–भरि आवैला नयनवाँ,
फगुनवाँ सोहाय नाँही सजनी।।

सखी रे मधुमास खलै

नाँही भेजै पियवा सनेस
बसैला परदेस
सखी रे मधुमास खलै।

अँग-अँग सरसों के भीनैले जवानी
देखत-देखत भइलीं तीसिया सयानी
देखि-देखि होत कलेस
मटरिया क खेत
सखी रे मधुमास खलै।।

तनिको न भावैले कोइलिया क बोली
बोलैला पपीहरा लगैले जइसे गोली
करैला सुगनवाँ अनेत
बहुत दुख देत
सखी रे मधुमास खलै।।

छलिया बेदरदी पठावै नाँही पतिया
दिनवाँ न बीतै नीके बीतै नाँही रतिया
धूर से धूसर भेस
रूखर भइलैं केस
सखी रे मधुमास खलै।।

पिया के निहारै गोरी

पिया के निहारै गोरी घुँघुटा उठाय के।
तनी मुसुकाय तनी होंठवा दबाय के।।

पुजली सुरूजवा कि मनली पियरिया
तुलसी के देली जल भरि के अँजुरिया
रखिहा हमार पिया नेहिया जोगाय के।।

साथे-साथे, खेते-खरिहनवाँ में रहबै
रहबै सवनवाँ फगुनवाँ में रहबै
अँगना दुआर धइ देबै चमकाय के।।

गरजै बदरवा कि चमकै बिजुरिया
भूलै नाँही घरवा क पतरी डगरिया
देहरी अगोरै मन दियना जरायके।।

तोहईं से हउवै पिया हर-हरियरिया
तोहईं से हउवै मोरी सगुनी चुनरिया
छोड़िहा न हमैं बिरहिनियाँ बनायके।।

लागै चोट करेजवा में

जिन मारा नजरिया के बान, सँवरिया
लागै चोट करेजवा में।

बैरी भँवरवा मुँह से न बोलै
अँचरा खींचै घुँघुट मोरा खोलै
मोर काँपेला पाँचो परान सँवरिया
लागै चोट करेजवा में।।

कारे-कारे नैना बड़े रतनारे
महुवा क फूल झरैं भिनसारे
ना बूझै दरद बेईमान सँवरिया
लागै चोट करेजवा में।।

छुई-छुई भागै दरद उपजावै
सारी रतियाँ मोहें निंदिया न आवै
ना भावै महोबिया पान सँवरिया
लागै चोट करेजवा में।।

नेहिया काहे तू लगवला

नेहिया काहे तू लगवला परदेसी बबुआ
गड़ै हथवा में मुनरी, गोड़े में बिछुआ।।

नेहिया लगवला बउरहिया बनवला
मीठी-मीठी बतिया से मनवाँ लोभवला
मरला मतिया हमार तू चलवला जदुआ।।

फूलवा, भँवरवा, तितिलिया देखवला
तोहई पढ़वला कुल तोहई सिखवला
हम्मै तोहई सुँघवला फूलल महुआ।।

कवने सइतिया बनवला दुलहिनियाँ
सखिया सहेलिया कहैलीं बिरहिनियाँ
नाँही भावै कजरी, न भावै फगुआ।।

रस बरसै आज अँगनवाँ में

सरसोइया फूलै सिवनवाँ में
रस बरसै आज अँगनवाँ में।

बउरल अमवाँ छूवै गोइयाँ
बउरल अमवाँ छूवै
सँसियै सँसिया चूवै महुआ
सँसियै सँसिया चूवै
मन उड़ै मोर असमनवाँ में
रस बरसै आज अँगनवाँ में।।

हँस-हँस बोलै बोली दुनिया
हँस-हँस बोलै बोली
केहू कहै बतासा मिसरी
केसर-कुमकुम रोली
मुँह देखत बनै अयनवाँ में
रस बरसै आज अँगनवाँ में।।

दहकै लाल परसवा बनवाँ
जियरा लगल कचोटै

सोझैं दरै अँगारा, देहिया
नोचै आउर बकोटै
मोर मितवा मिलै सपनवाँ में
रस बरसै आज अँगनवाँ में।।

अइसन बहै बयरिया सुर-सुर
रहि-रहि झोंका आवै
ना मानै कोइलरिया मुरही
अउरो आग लगावै
का करिहै राम फगुनवाँ में
रस बरसै आज अँगनवाँ में।।

खेलै भउजी से फगुनवाँ ननद लहुरी

खेलै भउजी से फगुनवाँ ननद लहुरी
मारे रँग क मेहनवाँ ननद लहुरी।।

चुटकी काटै, करै चिकारी,
लाल गुलाल लगावै
दिन-दिन-भर दउरावै हँसि-हँसि
सौ-सौ नाच नचावै
उलटे देले ओरहनवाँ ननद लहुरी।।

कवनो काम न धन्धा खाली,
बइठल मउज उड़ावै
भउजी-भउजी रटै बराबर
हरदम हुकुम चलावै
नाँही मानैले कहनवाँ ननद लहुरी।।

टिकुली माँगै झुलनी माँगै
माँगै लहँगा चोली
मेंहदी माँगै लाली माँगै

माँगैं काजर रोली
माँगैं गाले क गोदनवाँ ननद लहुरी।।

भउजी चाउर बीनै बइठै
चाउर बिनै न देले
मुँह पर सोझैं पानी मारै
भागै थरिया लेले
छीनै हाथे क बेलनवाँ ननद लहरी।।

जेहर–जेहर भउजी जाले
ओहर–ओहर–जाले
भउजी के संग सूतै बइठै
भउजी के संग खाले
जाई कब ले गवनवाँ ननद लहुरी।।

तोहके किरिया हमार

तोहके किरिया हमार जिन भुलाया मितवा
हमरे नेहिया कऽ लजिया बचाया मितवा।।

रसवा लोभाई मधुमसवा लोभाई
तरई भरल ई अकसवा लोभाई
केहू केतनो लोभावै जिन लोभाया मितवा।।

अँखिया में तोहईं सपनवाँ में तोहईं
साँसिया में तोहईं परनवाँ में तोहईं
छूटै गँठिया न, नतवा निभाया मितवा।।

डोलिहैं बयरिया बहकिहैं अँचरवा
घेरिहैं बदरिया त भींजिहैं कजरवा
हमरे मनवाँ क बतिया पुराया मितवा।।

दिनवाँ रोवाई हमैं रतिया रोवाई
बरहों महीना तोरी सुधिया रोवाई
मोर टूटै न असरवा जियाया मितवा।।

ना जइबै गोइयाँ

ना जइबै गोइयाँ
अकेल फुलबगिया।।

आस बढ़ि जाले, पियास बढ़ि जाले
बारी उमिरिया, हुलास बढ़ि जाले
फूँकै कोइलिया
धधकि उठे अगिया।।

मारैले पान-फूल, छैलन क टोली
बोलैले बोली, करैले ठिठोली
फँस जाई चुनरी
उलझ जाई नथिया।।

गीत कहीं फूली परान कहीं महकी
पापी पपिहरा, सुनाई कोलदहकी
आवैना दीहैं
भेंटाय जइहैं रसिया।।

फूलै मन में पियरवा

फूलै मन में पियरवा ईमान महकै
जइसे मह–मह खेतवा सिवान महकै।।

नाँही मानै मोर कहना
हमार हिरना
भागै रहि–रहि नदिया
कछार हिरना
लहराय हरियरिया परान महकै।।

घर–आँगना–दुआर
तिहुवार उतरै
तिहुवार उतरै हो
बहार उतरै
जइसे हरदी के संगे धान–पान महकै।।

उड़ैं पँखिया पसार के
हमार चिरई
कब होइहैं मोर सपना
सकार चिरई
मोरे साँसिया में तोर अरमान महकै।।

फगुनवाँ में गोइयाँ

फगुनवाँ में गोइयाँ ईहै कुल होला।।

अमवाँ में लगलैं टिकोरवा ए सखिया कि
लगलीं परसवा में आग,
कुसुमी के फुलवा में रँगली चुनरिया कि
पड़लीं चुनरिया में दाग
सेजरिया पे रेंगैला साँप क सँपोला।।

पीयर-पीयर सरसोइयवा क खेतवा कि
लहरै बगलिया में ताल,
झम-झम बाजै अरहरिया क छेमिया कि
मनवाँ क पूछा जिन हाल,
अ देखत बनैला सिवाने क चोला।।

मह-मह महकै महुववा क बरिया कि
मह-मह महकै पिरीत
झुर-झुर झुरकैले फगुनी बयरिया कि

गूँजैला सिवनवाँ में गीत
धराइल बा गलती, हँसै टोली टोला।।

अँखिया में अँखिया समइली ए सखिया कि
निदिया हिरन भइलीं भोर
मनवाँ से मनवाँ मिलावै बेईमनवाँ कि
छोड़ै ना अँचरवा क कोर
लड़िकइयाँ क हमरे पियार मुँहबोला।।

आधी आधी रतिया में बोलै कोइलरिया कि
बिहरै करेजवा हमार
एही पार जागै बिरहिनिया जोगिनिया कि
जोगिया बसैला ओही पार
अइसे में जइसे छू जाला फफोला।।

चला चला मोरे मीत

चला–चला मोरे मीत फिर कछारे चला
ताल के किनारे चला ना।।

जायेवाली हौ बहार
आज चला आर–पार
इहै मोका हौ धान के दुआरे चला
पान के ओसारे चला ना।।

माना–माना बिसवास
ईहाँ–ऊहाँ, आस–पास
जवन छूवत हौ आँख भर निहारे चला
होंठ से जुठारे चला ना।।

गावै कजरी सिवान
कहीं बिरहा क तान
ध्यान देके तनी तोहूँ सुर सँवारे चला
कुलनजर उतारे चला ना।।

सइयाँ परदेसवा में छाये

हमैं न सवनवाँ सोहाय हो,
सइयाँ परदेसवा में छाये,
हारि गइली चीठिया पठाय हो
सइयाँ परदेसवा में छाये।।

गरजै बदरवा कि चमकै बिजुरिया
नाँही भावै तीज हमैं भावै ना कजरिया
रहि–रहि जिया अगियाय हो
सइयाँ परदेसवा में छाये।।

बनवाँ में मोर बोलै बिहरै करेजवा
पिया बेईमान नाँही भेजैला सनेसवा
गोइयाँ नाँही बिरहा सहाय हो
सइयाँ परदेसवा में छाये।।

नाँही जानै राम मोर साध कब पूरी
होई आँख चार मिटि जाई कुल दूरी
मेंहदी क फूल गभुराय हो
सइयाँ परदेसवा में छाये।।

ई बदरवा गोइयाँ

हमसे रोज करैला रार ई बदरवा गोइयाँ
मारै मुँहवैं पर बौछार ई बदरवा गोइयाँ।।

आव न देखै ताव न देखै
जून–कुजून न जानै
अदबदाय के करै बोलौनी
अन्हैं झगरा फानै,
हमके भेवै धारोधार ई बदरवा गोइयाँ।।

हमरे मन क पीर न जानै
ना ई जरन बुतावै
उमड़–घुमड़ के आवै पाजी
खाली जिउ डरवावै
अपने आदत से लाचार ई बदरवा गोइयाँ।।

झरर–झरर झर, झरझर–झरझर
बरसै मुरहा पानी
कवनो करवट नींद न आवै
चूवै छप्पर छानी
जइसे पहिले क जिमदार ई बदरवा गोइयाँ।।

बरखा बहार सखिया

हरियर–हरियर खेत–कियारी
धरती पहिरै धानी सारी
रिमझिम–रिमझिम झरै बदरा फुहार सखिया
चारों ओरी छाई बरखा बहार सखिया।।

नाचै मोर कोइलिया बोलै
झील–ताल लहरालैं
हर–हर हर–हर झरना डोलैं
पेड़ पहाड़ नहालैं
नीक लागै देखा नदिया कछार सखिया।।

गाँव गली में कजरी गूँजै
गूँजै बने सिवाने
बुढ़ऊ बाबा भइँस चरावैं
देखा छाता ताने
सबके मनवाँ में मेघवा मल्हार सखिया।।

कहीं कबड्डी सरपट सत्तू
होला पाती होला
झलुआ देखा पड़ल दुआरे
झूलै टोली–टोला
घरे–घरे हउवै आइल तिहुवार सखिया।।

बोलै बनवाँ में मोरवा

बोलै बनवाँ में मोरवा
घेरैले बदरी,
सारी धरती रँगावै गोइयाँ
धानी चुनरी।।

जहाँ-जहाँ जाले आँख
आँख बिछलाले
चारों ओरी इहै
हरियरिया देखाले
घेरैं रहिया सहेलिया
खेलैलीं कजरी।।

धान क कियारी छूवै
ताल क किनारा
नीक लागै मुँहवाँ पे
रस क फुहारा
मोर गोरू चरवहवा
बजावै बँसुरी।।

नाँही मानै कहना
हमार समउरिया
सोरहो सिंगार क
पियार समउरिया
बड़ा पाजी बा पियरवा
करैला रगरी।।

हम अछरिया पढ़बै ना

सूनू सून रे सँवरिया
बीती गइली अन्हियरिया
हम अछरिया पढ़बै ना
खुलिहै मनवाँ क केवरिया
हम अछरिया पढ़बै ना।।

अपने अँगना सरग उतारब
देहरी सुख क दियना बारब
बदलब देसवा क नजरिया
हम पुतरिया गढ़बै ना।।

बरसी जमके चानी-सोना
चमकी चम-चम चारों कोना
लेके सिरवा पर गठरिया
हम डगरिया बढ़बै ना।।

नया-नया इतिहास बनाइब
सदियन क अभिशाप मेटाइब
बदली हमरो तकदीरिया
हम मोटरिया चढ़बै ना।।

चलू-चलू रे सहेलिया

चलू-चलू रे सहेलिया पढ़ाई करींजा
बिद्या भाई, बिद्या भाई, बिद्या भाई करींजा।।

पढ़-लिख लेईं फिर सबके पढ़ाईं
मिल-जुल देसवा के अगवाँ बढ़ाईं
आवै हरदम काम ऊ कमाई करींजा।।

खेत-खरिहान घर-अँगना सँवारीं
जहाँ अन्हियार उहाँ बिजुली उतारीं
केहू पिछड़ै ना पावै अगुवाई करींजा।।

दुखवा भगाईं ई गरीबिया भगाईं
उसरे में चला हरियरिया उगाईं
अब रोग में ओझाई ना, दवाई करींजा।।

बेदवा निहारीं इतिहसवा निहारीं
रचि-रचि जिनगी क रहिया सुधारीं
लेके हथवा कलमियाँ लिखाई करींजा।।

जइसे–जइसे असौं जाड़ा

स्त्री स्वर : जइसे–जइसे असौं जाड़ा नियराय रसिया
हमैं नइहरे से लीहा तू बोलाय रसिया।।

पुरुष स्वर : जहाँ बरखा में गइलू पराय रनियाँ
असौं ऊहैं लीहा जड़वा बिताय रनियाँ।।

स्त्री स्वर : असौं नाँही तोहैं छोड़बै अकेल रसिया
दूनों हथवा में रखबै नकेल रसिया
बिना हमरे तू जाला दुबराय रसिया
जइसे–जइसे असौं जाड़ा।।

पुरुष स्वर : तनी हमरो पे करा तू खियाल रनियाँ
हउवै एमे क पढ़ाई एह साल रनियाँ
इहै सोचि–सोचि जिउवा घबराय रनियाँ
जहाँ बरखा में गइलू।।

स्त्री स्वर : तू त सुरुवै क हउवा बेईमान रसिया
नकल मार–मार देला इम्तिहान रसिया

गइला कई–कई बेर तू धराय रसिया
जइसे–जइसे असौं।।

पुरुष स्वर : कइसे खाईं हम किरिया तोहार रनियाँ
असौं हउवै खूब पढ़ै क सुतार रनियाँ
मन तनिको न असौं उबियाय रनियाँ
जहाँ बरखा में।।

स्त्री स्वर : हउवै मनवा में तोहरे त चोर रसिया
हमैं दगा देके जइबा कवने ओर रसिया
चारों ओरी देबै पहरा लगाय रसिया
जइसे–जइसे असौं।।

पुरुष स्वर : जहाँ बरखा में गइलू तू पराय रनियाँ
असौं ऊहैं लीहा जड़वा बिताय रनियाँ

स्त्री स्वर : जइसे–जइसे असौं जाड़ा नियराय रसिया
हमैं नइहरे से लीहा तू बोलाय रसिया।।

चूवै टुप-टुप ओसिया

ननद : चूवै टुप-टुप ओसिया ठरैला अँगना
भउजी हमहूँ के चाही गरम ओढ़ना।।

भाभी : चूवै टुप-टुप ओसिया ठरैला अँगना
तू उधार लेला बबुई, हमार ओढ़ना।।

ननद : घामे-घामे भागै जिउ छाँह ना सोहाला
बइठै न ओसी में ओस से पराला
जइसे बनवाँ में कवनो हिरन छवना।।

भाभी : तनी धीर धरा बबुई बिहान होये दा
अगहनवाँ के रेखिया उठान होये दा
अगहनवाँ हमार हउवै सग बिरना।।

ननद : अँगना में जस-जस रात गहिराले
चुटकी बयार काटै, देह सिहराले
मोर ठिठुरै परान, घटै ना घटना।।

भाभी : माना कहना हमार ना जड़इबू बबुई
मिली ओढ़ना तोहार तू लुकइबू बबुई
अगहनवाँ चढ़त हम देब गवना।।

चिरई तोहके लैके ना

पुरुष स्वर : सहबै भुखिया-पियसिया
दुखवा ढोइबै बरहोमसिया
चिरई तोहके लैके ना, छइबै उँचवा पर मड़इया
चिरई तोहके लैके ना।।

स्त्री स्वर : सहबै सिगरी बिपतिया
रखबै तोहरी इजतिया
रजऊ तोहके लैके ना, छोड़बै माई औ बपइया
रजऊ तोहके लैके ना।।

पुरुष स्वर : छुटिहैं घरवा-दुअरवा
होईहैं रहिया पहड़वा
कुल जुलुमवाँ सहबै ना, अबत रहबै सँगवाँ-सँगवाँ
कुल जुलुमवाँ सहबै ना।।

दिनवाँ तोरबै पथरवा
रतियाँ गुहबै गजरवा
चिरई तोहके लैके ना, कटबै हँस के हम समइया
चिरई तोहके लैके ना।।

स्त्री स्वर : रखबै अँखिया के छहियाँ
तकिया होईहैं मोरी बहियाँ
हम पसीनवाँ पोंछबै ना, होइहैं अँचरा मोर पोंछनवाँ
हम पसीनवाँ पोंछबै ना।।

हमरे मनवा क मुरतिया
बाँकी तोहरी सुरतिया
रजऊ तोहके लैके ना, नचबै-गइबै ताता थइया
रजऊ तोहके लैके ना।।

पुरुष स्वर : निचवाँ फुलवा बिछइबै,
उपराँ पनवाँ ओढ़इबै
हम जोगइबै तोहके ना, जइसे जोगवै पियरवा
हम जोगइबै तोहके ना।।

तोहईं अँखिया क सपनवाँ
तोहईं जीनगी परनवाँ
चिरई तोहके लैके ना, होबै कुँवर कन्हैया
चिरई तोहके लैके ना।।

स्त्री स्वर : सूना-सूना मोर सजनवाँ
खटबै बरहों महीनवाँ
मेहनतिया करबै ना, सँगवाँ-सँगवाँ रतिया-दिनवाँ
मेहनतिया करबै ना।।

नाँही छूटी ई पिरीतिया
ईहै गीतिया संगीतिया
रजऊ तोहके लैके ना, खेइबै जीनगी क नइया
रजऊ तोहके लैके ना।।

हमरे अँगना उतरल ना

ऐना जइसन भोरहरिया
हमरे अँगना उतरल ना,
हमरे अँगना उतरल ना,
हमरे दुअरे उतरल ना
ऐना जइसन भोरहरिया
हमरे अँगना उतरल ना।।

गीत कढ़वलस, सगुन कढ़वलस
चिक्कन डहर बनवलस
ऊँचे-खाले कोने-अँतरे
सबके गले लगवलस
लेके दुधवा क कटोरिया
हमरे अँगना उतरल ना।।

लीक छोड़ के चलै सिखवलस
काबिल हमैं बनवलस
सबके दिहलस नई रोशनी
सबके राह देखवलस

देखा–देखा फुलवरिया
हमरे अँगना उतरल ना।।

गाँव के हमरे सरग बनवलस
भूत भगवलस घर से
बाँह पकड़ के सुई लगवलस
रोग भगवलस जड़ से
हमरे मन क साँवरगोरिया
हमरे अँगना उतरल ना।।

जिनिगिया लहर–लहर लहराय

जिनिगिया लहर–लहर लहराय,
आँख न ठहरै रूप के आगे
रूप देख बिछलाय।।

खेत भरल खरिहान भरल हौ
भरल–भरल हौ अँगना
नई–नई हौ देह सुहागिन
नया–नया हौ कँगना
रितु आवै रितु जाय, टहनिया
सौ–सौ झोंका खाय।।

अगले–बगले रस कै झरना
गूँजै मधुर बसुरिया
झिर–झिर झिर–झिर बहै बयरिया
फर–फर उड़ै चुनरिया
घर–घर बोलै धार दूध कै
देख जिया हरसाय।।

महु–महु महकै बाग–बगइचा
चमकै ताल–तलैया
फुलवरिया में तितली–भौंरा
नाचैं ताता थैया
घूँघुट काढ़ दुलहिया निरखै
सुख ना कहीं समाय।।

जागा–जागा मोरे बचवा

जागा–जागा मोरे बचवा जगावै माई
इसकूलिया के जूनिया चेतावै माई।।

दुनिया जागल तोहूँ जागा
कहना माना आलस त्यागा
मन में तू उत्साह जगावा
राह क रोड़ा दूर भगावा
देखा आगे–आगे रहिया देखावै माई।।

फिर–फिर जिन अनजान बना तू
पढ़–लिख के सग्यान बना तू
तू रहीम रसखान बना तू
राछस ना इन्सान बना तू
इहै रोज–रोज पठवा पढ़ावै माई।।

ना पढ़बा त पिछड़ल रहबा
अइसै उजड़ल–उखड़ल रहबा
ए बचवा तू जहवाँ जइबा
कदम–कदम पर धक्का खइबा
छोड़–छोड़ा अवगुनवाँ सिखावै माई।।

सुधिया नाँही लेहला ना

पनवाँ क पतवा पीयर भइलैं मितवा
सुधिया नाँही लेहला ना
गइला जब से कलकतवाँ
सुधिया नाँही लेहला ना।।

फुलवा से मरला, पतइया से छुवला
किरिया खइला मुरहा
जइसे खिरिया बखीरिया
किरिया खइला मुरहा
भेजला ना चीठिया ना देहला सनेसवा
सुधिया नाँही लेहला ना
गइला जब से कलकतवाँ
सुधिया नाँही लेहला ना।।

तीजिया रोवावै, मारै मेहना अयनवाँ
ई गोदनवाँ बैरी ना
डाहै बरहों महिनवाँ
ई गोदनवाँ बैरी ना

नीदिया हेरइलीं मोर उड़लैं सपनवाँ
सुधिया नाँही लेहला ना
गइला जब से कलकतवाँ
सुधिया नाँही लेहला ना।।

हमरे गौने क चुनरिया भइलीं फटही लुगरिया
किरकिरिया भइली हो
रहली अँखिया क पुतरिया
किरकिरिया भइली हो
कइसे खेतवा क धनवाँ, कइसे गोदिया क ललनवाँ
सुधिया नाँही लेहला ना
गइला जब से कलकतवाँ
सुधिया नाँही लेहला ना।।

कारी–कारी बदरिया

कारी–कारी बदरिया
ननद लहुरी।।

नाच–नाच माँगैले लाल बुनकी
भइया के आगे देखावै ठुनकी
अरे मुँहवाँ भरल हउवै
गूड़ बहुरी।।

चौका के चूल्हा के लग्गे न आवै
दिन–दिन–भर ऐना में ओठ बिचकावै
नीक लगै गुस्सा औ
नीक चभुरी।।

इनसे डेराले न उनसे डेराले
लेले ओरहना दुआरे पर जाले
हँसके चिढ़ावै
बिरावै अँगुरी।।

बारी–बगइचा कियारी में टहरै
मैना नियर फुलवारी में टहरै
संगे गइया चरावै
बजावै बँसुरी।।

घर ना मोर सँवरिया बा

रिमझिम बरसै बदरा
चारों ओर अन्हरिया बा
घर ना मोर सँवरिया बा ना।।

बरसै जोर-जोर से पानी
दूनो जून चलै ओरवानी
छानी-छप्पर चूवै
भीजत मोर सेजरिया बा
घर ना मोर सँवरिया बा ना।।

बिजुरी चमकि-चमकि डेरवावै
पुरवा रहि-रहि दिया बुतावै
थर-थर काँपै जियरा
बारी मोर उमिरिया बा
घर ना मोर सँवरिया बा ना।।

मारैं सखी-सहेली ताना
माना चाहे तू मत माना
झलुवा हमैं न भावै
सइयाँ जहर कजरिया बा
घर ना मोर सँवरिया बा ना।।

स्याम बँसिया बजवलैं

स्याम बँसिया बजवलैं जवने रतिया
कुल छोड़-छाड़ भगलीं घरे से सखिया।।

सास नाँही देखलीं ससुर नाँही देखलीं
जेठ नाँही देखलीं देवर नाँही देखलीं
देखलीं न पियवा, भुलइलीं खटिया।

रूप नाँही सजलीं, सिंगार नाँही कइलीं
ऐना से आँख चार-चार नाँही कइलीं
नाँही देखलीं ई, कहवाँ सटल बिंदिया।।

हार नाँही खोजलीं, हुमेल नाँही खोजलीं
खोजलीं ना अँतर, फुलेल नाँही खोजलीं
सब भगलीं तोड़ाय के गरे क फँसिया।।

सबही के स्याम अँकवरिया में लउकैं
राधा के त दुनहूँ पुतरिया में लउकैं
मोर रखिहा इजतिया कटै ना बतिया।।

गान्ही बाबा क कहनियाँ

गान्ही बाबा क कहनियाँ
सुना हो मितवा।
रखलैं देसवा क पनियाँ
सुना हो मितवा।।

सूतल देश जगवलैं गान्ही
घर क भूत भगवलैं गान्ही
जन-जन के अपनवलैं गान्ही
सबके गरे लगवलैं गान्ही
जस गावै सारी दुनिया
सुना हो मितवा।।

तोप-टैंक से डरलैं नाँही
सेना देख पराइलैं नाँही
डट गइलैं त हटलैं नाँही
कब्बौं बात पलटलैं नाँही
ठुकरवलैं सोना-चनियाँ
सुना हो मितवा।।

सुख-सुविधा ना जनलैं गान्ही
सच्चा साधू रहलैं गान्ही
सबके हाथ क पियलैं गान्ही
सबके घर क खइलैं गान्ही
नाँही बिछलैं बरनियाँ
सुना हो मितवा।।

प्रेम क नाता तोड़लैं नाँहीं
सत्य अहिंसा छोड़लैं नाँहीं
सेवा से मुँह मोड़लैं नाँही
रुपया-पइसा जोड़लैं नाँही
हल कइलैं परेसनियाँ
सुना हो मितवा।।

गान्ही कै जै बोला भइया
ईहै पार लगउलैं नइया
गान्ही अगर न होतैं दइया
आज न होत ई ताता थइया
गान्ही दिहलैं कुरबनियाँ
सुना हो मितवा।।

गोरिया धीरे-धीरे जाय

मथवा बिंदिया सटवले
मँगिया सेनुरा से भरले
पहिरे धानी रे चुनरिया
गोरिया धीरे-धीरे जाय।।

फुफुती उपरा उठवले
घुँघुटा दाँत से दबवले
दबले बगले गगरिया
गोरिया धीरे-धीरे जाय।।

छल-छल गगरी क पनियाँ
छम-छम बाजै पैजनियाँ
कम्मर सोहे करधनियाँ
गोरिया धीरे-धीरे जाय।।

लइका खेलैं ऊहाँ गोली
बोलैं रहि-रहि बोली
मारैं सिटिया टिकोरिया
गोरिया धीरे-धीरे जाय।।

जइसे कुहुकै कोइलिया
वइसे बोलै मीठी बोलिया
बन्हले अँचरा उमिरिया
गोरिया धीरे–धीरे जाय।।

जइसे भादों क बदरवा
वइसे अँखिया में कजरवा
सीधी चितवै नजरिया
गोरिया धीरे–धीरे जाय।।

हमरे देसवा क महिमा

हमरे देसवा क महिमा
अपार मितवा,
हउवै नोहरी क देसवा
हमार मितवा।।

सबकर स्वागत करै प्रेम से
सबके गरे लगावै
अन्हियारे में दिया जरावै
सबके राह देखावै
नाँही जानै के हमार
के तोहार मितवा।।

पंचशील क पूँजी हमरे
सत्य अहिंसा थाती
मेल–जोल क शान निराली
एक दीया सौ बाती
महकै मह–मह घरवा –
दुआर मितवा।।

ई देसवा दानी–बलिदानी
ई ग्यानी–बिग्यानी
एह दुनिया में यह देसवा क
भइया कहीं न सानी
देवी–देवता एहिजाँ लेलैं
अवतार मितवा।।

हमरे देसवा क दुनिया में

नाँही मिली ई बयार
खुलल अँगना–दुआर
अइसन देसवा ए भइया कवनो ओर ना मिली
हमरे देसवा क दुनिया में जोड़ ना मिली।।

हमरे घर में बन्द नजरिया खोलै वाले हउवन
बीसन भाषा—बीसन बोली बोलै वाले हउवन
रमता जोगी बहता पानी डोलै वाले हउवन
फागुन में रँग बड़े चाव से घोलै वाले हउवन
नाँही मिली ई बहार
छेड़ै बँसुरी कछार
मिली सगरों चनरमा, ई चकोर ना मिली।।

हमरे घर में आगे बढ़के हाथ बँटावल जाला
जब–जब आवै आँच आन पर माथ कटावल जाला
सच के साथे रहै हमेशा इहै सिखावल जाला
देह क लाज बचावल जाले नेह लगावत जाला
रोज–रोज तिहुवार
लागै मेलवा हजार
नाँही मिली अइसन दीया ई अँजोर ना मिली।।

हमरे घर में सन्त औलिया गौतम गान्ही देखा
पक्की से हौ सटल प्रेम से छप्पर-छान्ही देखा
तुलसी क, नानक कबीर क राम कहानी देखा
बलि क गहिरी छाप पड़ल हौ घर-घर दानी देखा
जइसे रसवा क धार
मुँहवाँ चूमै बार-बार
राधा-कान्हा क ई जोड़ी साँवर-गोर ना मिली।।

तोहरी पिरीतिया

तोहरी पिरीतिया बदरवा क छाहीं
तनिकै में हाँ पिया तनिकै में नाँही।।

छिटकै किरिनियाँ अमोलवा के माथे
उड़ि-उड़ि चिरई लोकैलीं हाथे-हाथे
मुरही पुतरिया लिखैले गलबाँही।।

झुर-झुर सिहरै पिपरवा क पाती
जोगवै बयरिया उमिर अहिवाती
रतिया में चोर, पिया दिनवाँ सिपाही।।

नयी-नयी चुनरी सनेहिया क पानी
पहिली पिरीतिया क पहिली निशानी
सुगना क ठोर, पिया केतनी सराही।।

कल-कल नदिया लहर किलकारी
बिजुरी क डार पिया देहिया हमारी
छल-छल लजिया क छलके सुराही।।

रिमझिम बरसैले बदरिया

रिमझिम बरसैले बदरिया
गोइयाँ गावैलीं कजरिया
मोर सँवरिया भींजै ना, ओही धनवाँ के कियरिया
मोर सँवरिया भींजै ना।।

भरलैं तलवा–पोखरिया
नाचैं चेल्हवा मछरिया
मोर नजरिया भींजै ना, भींजै अँखिया क पुतरिया
मोर नजरिया भींजै ना।।

लागल नखत अदरवा
देखू–देखू रे बदरवा
मोर बखरिया भींजै ना, भींजै कोठवा–अँटरिया
मोर बखरिया भींजै ना।।

भइलैं हरियर सिवनवाँ
लोटै भुइयाँ में सवनवाँ

मोर चुनरिया भींजै ना, भींजै सइयाँ क पगरिया
मोर चुनिरया भींजै ना।।

भीजै मँगिया क सेन्हुरवा
भींजै सोरहों सिंगरवा
फुलवरिया भींजै ना, सइयाँ खोला ना केवरिया
फुलवरिया भींजै ना
भींजै दुधवा क कटोरिया मोर मिसिरिया भींजै ना।।

लवटे बदरवा

लवटे बदरवा
लवटि आयीं बुनियाँ
पिया तोरी रहिया निहारै ललमुनियाँ।।

अँगना में भींजलीं ओसरवा में भींजलीं
पिया तोरी चिरई पिंजरवा में भींजलीं
बनवाँ में भींजैलीं
देखैले सारी दुनियाँ।।

सासू मारैं मेहना, ननद मारै ताना
घरवा क लोग पिया भइलैं बेगाना
गूलरी क फूल भइलीं
तेलवा सबुनियाँ।।

देखि-देखि बजरी जोन्हरिया के पाती
भरि अइलीं अँखिया, बिहरि गइलीं छाती
बिख भइलीं बिंदिया
मेंहदिया नथुनियाँ।।

बड़ी टहकार बा अँजोरिया हो

बड़ी टहकार बा अँजोरिया हो
तनी देखा तोहूँ।

कहवाँ लुकाइल अन्हरिया हो,
तनी देखा तोहूँ।।

देखा ओकर देहिया बा गोर केतनी
रतियों में बाटै अँजोर केतनी
पुनवसिया तोहार समउरिया हो
तनी देखा तोहूँ।।

चान बा परात अस जब मुसकाई
हँसी नाँही चान क अकास में समाई
एक बेरी रोप के अँजुरिया हो
तनी देखा तोहूँ।।

सारी–सारी रात चान ताल में नहाला
आय–आय आरीं मँझधार में पराला

अँगुरी बिरावैं लहरिया हो
तनी देखा तोहूँ।।

बोला बतियावा कहीं आवैना ओंहाई
खीर खाये आँगना में चान आज आई
पीढ़ा पर खीर क कटोरिया हो तनी देखा तोहूँ।।

आगे–आगे रहिया

आगे–आगे रहिया बनाये चला भाई
पिछड़े के सथवाँ लियाये चला भाई।।

भइलैं विकास चारों ओरियाँ निहारा
खेतवा सँवारा फुलवरिया सँवारा
हथवा–से–हथवा मिलाये चला भाई।।

लहरे सिवनवाँ नहरिया क पानी
हमहूँ करब अब जम के किसानी
कुल नयका तरीकवा बताये चला भाई।।

केहू नाँही भागी सब करिहैं पढ़ाई
केहू नाँहीं कगदे पर अँगुठा लगाई
सभै इसकूल पहुँचाये चला भाई।।

घूरहू मुराहू पबितरिया सितबिया
जोड़िहैं हिसाब सब पढ़िहैं किताबिया
घरे–घरे अलख जगाये चला भाई।।

राम देखा जमाना बदल गइलैं

राम देखा जमाना बदल गइलैं
हमरे घर से दरीद्दर निकल गइलैं।।

ना बा गरीबी ऊ ना बा तबाही
ना बाटै कवनो तरह क मनाही
भाग जागल नजारा सँवर गइलैं।।

भेद भाव मेटल मेटाय गइल खाईं
आय गइल सगरों बहार नई भाई
देखा भुइयाँ सरग फिर उतर गइलैं।।

रोज-रोज मेला हौ रोज खुशहाली
ऊसर में भइया खिलल हरियाली
सोना-चानी सिवाने पसर गइलैं।।

बिजुलिया क जोती टिबुलिया क पानी
झूमै सिवनवाँ फसिलिया सयानी
जहाँ रहलीं झोंपड़िया महल भइलैं।।

अमरइया हमरी

लागै हमके पियार अमरइया हमरी
गावै फगुवा मल्हार अमरइया हमरी।।

हमके पछुवाँ ओढ़ावै ई ओढ़ावै पुरूवा
हमके बेनिया डोलावै ई डोलावै झलुवा
हमरे गरवा क हार अमरइया हमरी।।

हमके पजरे बोलावै बतियावै हमसे
अपने मनवाँ क बतिया बतावै हमसे
हउवै तीज तिहुवार अमरइया हमरी।।

देखै बरहों महिनवाँ हमार रहिया
गोइयाँ अब क गइल फिर अइबू कहिया
छेंकै डोलिया कहार अमरइया हमरी।।

फल–फूल देले हमैं, छाँह देले हमके
राह देले हमके, ई बाँह देले हमके
ईहै जिनगी हमार अमरइया हमरी।।

जागा–जागा हो बलमुवाँ

जागा–जागा हो बलमुवाँ जगावै गोरिया
अपने मनवाँ क बतिया बतावै गोरिया।।

अब जिन सूता तान चदरिया
अँखिया खोल निहारा
चारों ओरी जाग जगैया
अँगना गली ओसारा
पूजे नयका सुरूजवा मनावै गोरिया।।

भागल भूत अन्हरिया भागल
जागल देस–जमाना
आपन खेत–कियारी आपन
आपन राग–तराना
सारे जग क खबरिया सुनावै गोरिया।।

अब जिन सोवा, अब जिन खोवा
आगे बढ़ा सजनवाँ
घर क सुन्दर नक्शा अपने

हाथे गढ़ा सजनवाँ
छोड़ा लीकिया पुरनकी सिखावै गोरिया।।

चह-चह चह-चह चिरई बोलैं
हर-हर हर-हर झरना
घरे-सिवाने गइया-बछरू
बनवाँ उछरैं हिरना
एही रँगवा में छींटिया रँगावै गोरिया।।

बिना पढ़ले ए भाय

बिना पढ़ले ए भाय गुजर नहिनी
बस ईहै एक राह दूसर नहिनी।।

पढ़-लिख लेबा नाँव कमइबा
इज्जत-ओहदा-आसन पइबा
भीड़ में आगे-आगे रहबा
ना तू जाहिल जट्ट कहइबा
अब्बो ले तू चेता भइया
आँख खोल के देखा भइया
एतनी भइल तरक्की लेकिन
तोहरे पे कवनो असर नहिनी।।

पढ़-लिख लेबा राह बनइबा
अन्हियारे में दिया जरइबा
इन्हें जगइबा उन्हें जगइबा
तू सबके हुसियार बनइबा
जल्दी-जल्दी फाल बढ़ावा
फाल बढ़ावा हाथ बँटावा

दुनिया आज कहाँ जा पहुँचल
तोहैं दुनिया क कवनो खबर नहिनी।।

पढ़-लिख लेबा कलम चलइबा
गाँव-घरे के कामें अइबा
मंजिल पर सबके पहुँचइबा
जनम-जनम क दाग मेटइबा
तोहई के हौ पीर हरै के
तोहई के दुःख दूर करै के
तोहई के कुल करै-धरै के
खुद अपने पर यार नजर नहिनी।।

बाबू कुँवर सिंह

बाबू कुँवर सिंह, बाबू कुँवर सिंह, बाबू कुँवर सिंह हो
दुनिया भर में कइला देश क अपने नाँव बाबू कुँवर सिंह हो।।

आजादी क राग कढ़वला
देश–जाति क मान बढ़वला
मार पीट के खेद–खाद के
अँगरेजवन के दूर भगवला
नाँहीं सोचला मन में तनिको दाहिन–बाँव, बाबू कुँवर सिंह हो।

रखला लाज बचवला पानी
दिहला तू असली कुरबानी
देह–प्रान कै मोह ना कइला
तू रहला असली बलिदानी
तोहरे बल–पौरूख क कहनी गावै गाँव–गिराँव, बाबू कुँवर सिंह हो।।

सुतला ना सुसतइला ना
सुख से कतौं छँहइला ना
शेर नियर तू आगे–आगे

घाव पीठ पर खइला ना
ओहरै तू मैदान बनवला, जेहर बढ़वला पाँव, बाबू कुँवर सिंह हो।।

देश के खातिर जियला-मरला
कहीं न बाबू हिम्मत हरला
भोजपुरियन क मान बढ़वला
डूबत नइया तोहीं उबरला
अँगरेजवन के मार बिछवला बक्सर से डुमराँव, बाबू कुँवर सिंह हो।।

बाबा घरे उठिहैं

बाबा घरे उठिहैं हरदिया हो रामा
अबकी चइतवाँ।।

बाबा जुड़इहैं जइसे छाँहे क इनरवा
माई जुड़ाई जइसे नदिया हो रामा
अबकी चइतवाँ।।

केहू के नावें मोरी देहिया लिखाई
सभवा में कटिहैं रसिदिया हो रामा
अबकी चइतवाँ।।

छुटि जइहैं बाबा सब घरवा–दुअरवा
छुटि जइहैं केवड़ा–मेंहदिया हो रामा
अबकी चइतवाँ।।

ससुई सरेखी कुछ देवरा सरेखी
उनहूँ ले ढेर ननदिया हो रामा
अबकी चइतवाँ।।

आयल चइत सलोना

आयल चइत सलोना
फूहरी क मुँह लोना
दोना रसवा क छलकै नयनवाँ में
गोइयाँ सोनवाँ अगोरैं खरिहनवाँ में।।

निबिया मारै भरी निबौरी
दुनिया बोलै बोली
हवा बउरही छुइ–छुई भागै
खुलै पान कै ढोली
भोली महुवा पसारैले अयनवाँ में।।

दिन–पर–दिन परचल गौरैया
खोंता नया लगावै
पोर–पोर हरदी में बूड़ल
देहिय सगुन मनावै
गावै भउजी सोहरवा सपनवाँ में।।

सखी–सहेली घर–घर गइलीं
दिन गीनै अरहरिया

भितरैं भीतर बरै करेजा
जब बोलै कोइलरिया
करिया अगिया लगावै मधुबनवाँ में।।

साँस–साँस में केवड़ा फूलै
बात–बात में महकै
पागल मनवाँ बालू–बालू
हिरना जइसे बहकै
टहकै मुरही अँजोरिया अँगनवा में।।

देहलू जिनिगिया मइया

देहलू जिनिगिया मइया देहलू सेन्हुरवा
मोर अँचरवा भरतू ना
दे के गोदिया में ललनवाँ, मोर अँचरवा भरतू ना।।

सखिया सहेलिया सब भइलीं लरकोरिया
हमरी ओरियाँ देखा ना
बीतल जाले मोर उमिरिया, हमरी ओरियाँ देखा ना।।
मइया बाँटा उजियरवा,
काटा मोर अन्हियरवा
उपकरवा करतू ना, दे के गोदिया में ललनवाँ
उपकरवा करतू ना।।

बाटै एतनी अरजिया मइया राखा मोरी लजिया
ई बिपतिया काटा ना,
जागै हमरो किसमतिया ई बिपतिया काटा ना,
लेके अइली हम असरवा
माई तोहरे किनरवा
मोर सहरवा बनतू ना, देके गोदिया में ललनवाँ
मोर सहरवा बनतू ना।।

करबै जिनगीभर पुजनवाँ, करबै रोज दरसनवाँ
अरमनवाँ पूरा हो,
मइया माँगीला मँगनवाँ अरमनवाँ पूरा हो
मारै मेहना जेठनिया
बोलै ससुई बझिनिया
मोर बेदनवाँ हरतू ना दे के गोदिया में ललनवाँ
मोर बेदनवाँ हरतू ना।।

धुनियाँ रमइबै हम

धुनियाँ रमइबै हम करबै पुजनिया कि
धरबै जोगिनियाँ क भेस गंगा जी
घरवा ना भावै मइया भावै ना दुअरवा कि
पियवा बसैला परदेस गंगा जी।।

तिजिया कजरिया रोवावै बेलवरिया कि
सोहै नाँही कवनो तिहुवार गंगा जी
नाँहीं सोहैं छींटिया चुनरिया पियरिया कि
नाँहीं सोहैं सोरहों सिंगार गंगा जी
गोतिनी–परोसिनी ना बूझैलीं दरदिया कि
हँसि–हँसि देलीं उपदेस गंगा जी।।

दिनवाँ त बीतै मइया खेत–खरिहनवाँ कि
होई जाले रतिया पहार गंगा जी
बगिया ना फूलै मइया बोलै ना कोइलिया कि
बरहों महीना पतझार गंगा जी
चनवाँ ना भावै नाँहीं भावैले चननिया कि
लागैला करेजवा में ठेस गंगा जी।।

बीति गइलैं दिनवाँ महिनवाँ बरिसवा कि
सूखि गइलीं तुलसी हमार गंगा जी
रोवत-रोवत मोर अँखिया झुरइलीं कि
टूटे नाँहीं साँसिया के तार गंगा जी
देहलू सेन्हुरवा मइया देहलू पियरवा कि
तोहीं मोर हरा ई कलेस गंगा जी।।

झुर-झुर बहै जहाँ पुरवइया

झुर-झुर बहै जहाँ पुरवइया
रहि-रहि तोरै देह मकइया
महकै मह-मह खेतवा सिवान सजनी
ओही खेतवा में सँझिया बिहान सजनी।।

पिपरा नाचै ताल नचावै
नदिया करै चिकारी
अँचरा उड़ै टिकुलिया झलकै
फूल भरै किलकारी
भँवरा झूमै बगिया-बगिया
भागै एहर-ओहर फुलमतिया
छैला जइसे चलै रेखिया उठान सजनी।।

नयी हरीयरी काजर आँजै
माँग भरै बँसवरिया
लहरा मारै खड़ी फसिलिया
खुल-खुल जाय कियरिया
रचि-रचि बान्हैं पिया पगरिया

देखै घुँघुटा खोल गुजरिया
दूनों ओरी भइलीं मोहिया सयान सजनी।।

कँगना खनकै बजै पयलिया
तुलसी के अँगनइया
जब-जब बजै मथानी हँस-हँस
दउरैं किसुन कन्हइया
सुगना बोलै राम ओसारे
भगतिन भजन करैं पिछवारे
बाबा बाँचैं रोज दुअरे पुरान सजनी।।

चान हँसल अँजुरी में

चान हँसल अँजुरी में।
एक लहर अँगना में दउर गइल
के छुवलस मन जइसे बउर गइल
अँखियन के जोत मिलल
ओंठवन पर गीत खिलल
रस बरसल धार-धार
बेला के पँखुरी में।।

जिउ जइसे हरियर कचनार भइल
सपना में फुलवन क हार भइल
किरिन-किरिन मुसकाइल
साँस-साँस अकुलाइल
सूतल सुर जाग उठल
बैरागी बँसुरी में।।

पुरइन क पात-पात सिहर गइल
ताल बीच पुरवइया लहर गइल
चिरइन क सोर भइल
ढेर-सा अँजोर भइल
दिन बीतल गुइयाँ फिर
अँझुराइल रसरी में।।

अहकैला परदेसी महकैला फाग रे

अहकैला परदेसी
महकैला फाग रे।
भाग चलू, भाग चलू, भाग चलू, भाग रे।

महुवा क फूल चुवै, आम क टिकोरा
कोहबर क गीत रचै, काठ क सिन्होरा
जागैले कोइलरिया
धधकैले आग रे।।

लाल क, गुलाल क, अबीर क, बुलौवा
रोज–रोज दे जाला नान्ह क, सुगौवा
बीन्हैले फगुनइया
फूटैला राग रे।।

संझा जब खेलै ले चान से तलैया
झूलै गुलमोहर के डाल से जुन्हैया
हमरो जिउ हो जाला
मनिहारा नाग रे।।

करेजा बरै लगल

फरै लगल हौ आम कि
महुवा झरै लगल,
किस्मत में परदेस
करेजा बरै लगल।।

देहले होई चइती बैना घरे–घरे
झंखत होइहैं गंगा गौरी नीब तरे
भरै लगल हौ आँख कि
पानी मरै लगल
साँसै साँस सनेस
करेजा बरै लगल।।

खरिहाने में धौरा, धौंरी खेत में
सबसे बड़ा अभागा हिरना रेत में
जरै लगल हौ गोड़ कि
लावा परै लगल
पग–पग पर उपदेस
करेजा बरै लगल।।

पैंड़ा छोड़ दुपहरी हाँफै छाँह में
कइसे काटीं, नाँव लिखल हौ बाँह में
डरै लगल जिउ, हाथ
माथ पर धरै लगल
लगै ठेस–पर–ठेस
करेजा बरै लगल।।

छुटि गइलैं घरवा-दुअरवा

छुटि गइलैं घरवा-दुअरवा-अँगनवाँ कि
छुटि गइलैं नान्हें क मिलनवाँ विधाता,
छुटि गइलैं गउवाँ-गिरउवाँ-सिवनवाँ कि
छुटि गइलैं खेत-खरिहनवाँ विधाता।।

छुटि गइलैं तलवा, पोखरवा मन्दिरवा कि
छुटि गइलैं डीह चउतरवा विधाता
छुटि गइलीं अमवा, महुववा क बरिया कि
छुटि गइलैं एकला पिपरवा विधाता,
लगि गइलीं अगिया, कि जरि गइलीं भगिया कि
चूर भइलैं हाथे क अयनवाँ विधाता।।

हिंक भर खेलली, ना नींद भर सुतली कि
परली ना सुख क कजरवा विधाता,
गवली-गववली ना हँसली-हँसवली कि
भइलीं जिनिगिया पथरवा विधाता
ढुर-ढुर ढुरकैला दुनहूँ नयनवाँ कि
थर-थर काँपैला परनवाँ विधाता।।

माई मोरी होतीं त कोरवाँ चोरवतीं कि
रचि-रचि करतीं सिंगरवा विधाता
बाबा मोरे होतैं त करतैं दुलरवा कि
हमके ओढ़वतैं ओहरवा विधाता
नाँहीं मोरे बाबू माई नाँही मोरे बिरना कि
टूटि गइलैं कुल्हियै गुमनवाँ विधाता।।

ए जसुदा मइया

कन्हैया बड़ा रगरी
ए जसुदा मइया,
चोरावै मोर चुनरी अ
फोरै मोर गगरी
ए जसुदा मइया।।

अपने के बड़का ऊ सोचैला मन में
कहना ना मानै, रोवाय मारै बन में
पीटै थपोड़ी, बिरावैला अँगुरी
ए जसुदा मइया।।

जानैलू कइसे घोरवैला हमके
बँसुरी में नाव ले बोलावैला हमके
जूनी–कुजूनी बजावैला बँसुरी
ए जसुदा मइया।।

देखै अकेले त अउरो चिढ़ावै
बुढ़वा नियर हँसके मुँह पगुरावै
टेढ़ करै गर्दन नचावैला पुतरी
ए जसुदा मइया।।

बहै रसे–रसे फगुनी बयार

बहै रसे–रसे फगुनी बयार सखिया
फुलवरिया में अइलीं बहार सखिया।।
पीयर–पीयर सरसो फूलल
झूमै खेत–कियारी
देह तोरै बँसवारी एहर
ओहर महुवाबारी
नाँहीं ठहरै अँचरवा हमार सखिया।।

मह–मह महकै बउर आमकै
काटै गाँव चिकोटी
नस–नस में हौ भरल बिजुरिया
नाचै बोटी–बोटी
सूने अँगना झरैला कचनार सखिया।।

अमरइया बोलै कोइलरिया
डाहै दिनवाँ–रतिया
मोर पिया परदेसिया गोइयाँ
नाँही भेजै पतिया
जरै अगिया में सोरहो सिंगार सखिया।।

नदी किनारे बिरहा टेरै
आधी रात बिरहिया
नींद चोरावै, चैन चोरावै
अइसन मोर सनेहिया
काहें एतनी सतावैला पियार सखिया।।

बदलल देस–जमाना बदलल

बदलल देस–जमाना बदलल
सारा ताना–बाना बदलल
घरे–घरे देखा सगरों अँजोर हो गयल
जागा–जागा मोरे भइया अब भोर हो गयल।।

नया सबेरा नयी रोशनी खेती–बारी नयी–नयी
तौर–तरीका नया–नया कुल दिया देवारी नयी–नयी
बदलल राग तराना बदलल
सब–कुछ नया, पुराना बदलल
ऊसर–बंजर जहवाँ रहलैं रस हिलोर हो गयल।।

छानी–छप्पर गली–ओसारे सगरों जरै बिजुरिया
कोने–अँतरे कहीं न लउकै भाग गइल अन्हियरिया
पानी बदलल, हावा बदलल
खान–पान, पहिनावा बदलल
अइसन बदलल ई जिनिगिया मन बिभोर हो गयल।।

जे नाँही कुछ पढ़लस–लिखलस ऊहै ना बढ़ पवलस
अपने पाँव कुल्हाड़ी मरलस सबकर नाक कटवलस
नाँही पउलस बढ़ै क मोका
खइलस कदम–कदम पर धोखा
कइसें कहीं ओके मनई ऊ त ढोर हो गयल।।

अपने पहिले पढ़ा–लिखा

अपने पहिले पढ़ा–लिखा फिर
सबके पढ़ै सिखावा जा,
नयी डगर तइयार भइल हौ
चलके तनी देखावा जा।।
कब तक पिछड़ल रहबा आखिर
सोचा तनी बिचारा जा,
अपने हाथ सजावा जिनगी
अपने हाथ सँवारा जा,
कागज–कलम–सियाही लेला
अच्छर जोत जरावा जा।।

नाँही रही गरीबी घर में
नाँही रही उदासी जी
नाँही रही जिनिगिया भूखी
नाँही रही पियासी जी
लहर–लहर लहराय पिरीतिया
बिद्यराग कढ़ावा जा।।

अच्छा करतब करा ए भइया
अच्छी बात बतावा जा
अँगुरी धै–धै चला चलावा
आगे सभै बढ़ावा जा
जुग–जुग क अन्हियार भगावा
सूरूज नया उगावा जा।।

मेल–जोल से रहै सिखावा
सबके गरे लगावा जा
जौने से कल्यान हो सबकर
ऊहै पाठ पढ़ावा जा
दुनिया उप्पर देश के अपने
ए भइया पहुँचावा जा।।

अब ना पिछड़ी गाँव हमार

अब ना पिछड़ी गाँव हमार
देखा हरदम हौ तैयार
कोने–कोने किलकारी औ पढ़ाई गूँजै ना
बिद्या माई, बिद्या माई, बिद्या माई गूँजै ना।।

साफ–सफाई, रहन–सहन में
खान–पान में लउकै
बजै दूध क धार दुआरे
मन बछरू अस छउकै
रोजै मेला औ तिहुवार
सोहै अँगना–दुआर
गूँजै ढबढब ढोल, शहनाई गूँजै ना।।

अपने–अपने काम–धाम में
सबही जुटल निहारा,
लइकी–लइका साथ बइठ के
लीखैं–पढ़ैं पहाड़ा
गम–गम गमकै खेत कछार

चारों ओरी हौ बहार
हौले-हौले पुरवाई अमराई गूँजै ना।।

पढ़ल-लिखल हौ गाँव, गाँव क
नक्शा देखा भाई
इस्कूल जात हौ लदल-लदल ई
रेक्सा देखा भाई
तितली-भौंरा पंख पसार
सगरों करैं मधुर गुंजार
जइसे बरहों महीना हौ जुलाई गूँजै ना।।

बदरऊ पानी दा

पानी दा एह साल, बदरऊ पानी दा।।
भरै ताल कै गाल, बदरऊ पानी दा।।

बोलै ना मुँह खोलै मकई नयी-नयी
पेट में लेहले बाल, बदरऊ पानी दा।।

धान से पूछा पान से पूछा, पूछा घड़ी-घड़ी
जे माँगै ततकाल, बदरऊ पानी दा।।

परै न टूटी, बुझै न चूल्हा महँगी में
खिलै भात पर दाल, बदरऊ पानी दा।।

का पहिरीं का पोंछी भयवा देखा ना
जरै लगल तिरपाल, बदरऊ पानी दा।।

गोली चलैं न, लाठी निकलैं खेते में
होय ना भुइयाँ लाल, बदरऊ पानी दा।।

तोहैं देख सब फोरै गगरी घरे-घरे
का कहीं गाँव क हाल, बदरऊ पानी दा।।

राम करैं तू बनल रहा हम बनल रहीं
ई बनल रहै चउपाल, बदरऊ पानी दा।।

बरसू-बरसू रे सवनवाँ

बरसू-बरसू रे सवनवाँ
मोर सजनवाँ अइलैं ना,
मोर सजनवाँ अइलैं ना
मोर परनवाँ अइलैं ना।।
बरसू-बरसू रे सवनवाँ।

हमके लहँगा ली अइलैं, हमके चुनरी ली अइलैं
हमके मूँगा-मोतीवाली दूठे मुनरी ली अइलैं
लेके सारहों सिंगरवा
मोर सजनवाँ अइलैं ना।।
बरसू-बरसू रे सवनवाँ।

देखली सइयाँ क सुरतिया मोर बिपतिया भगलीं ना
अँखिया पउलीं सुख क निंदिया किसमतिया जगलीं ना
अपने सुगनी के करनवाँ
घर सुगनवाँ अइलैं ना।।
बरसू-बरसू रे सवनवाँ।

रहली अबहीं ले जोगिनिया दुलहिनियाँ भइली ना
दुलहिनियाँ भइली ना हे मलकिनियाँ भइली ना
मेंटै मनवा क अन्हरिया
मोर दियनवाँ अइलैं ना।।
बरसू-बरसू रे सवनवाँ।

ए बदरू तू पानी बरसा

ए बदरू तू पानी बरसा हमरे खेत-कियारी में
गाँव-गली में बरसा, बदरू बरसा तू बँसवारी में
पाथर पिघलै, झरना निकलै हर-हर हर-हर गूँजै हो
तू दुनिया क भला करैला दुनिया तोहैं पूजै हो।।

किसमिस, गरी, चिरौंजी बरसा, पान छोहारा, बरसा तू
पड़ै जान में जान दुबारा, अमिरित धारा बरसा तू
छइलै फइलै खूब हरियरी, अबकी खेती-बारी में
हचकत बहँगी तीज पठाईं, बिटिया के ससुरारी में।।

फूटै बाल, पसीना महकै, सोना उपजै माटी में
जेतनीं चाहीं घीव सोखाईं सतुआवाली बाटी में
जोड़ा धानी चूनर देईं बेटवा के महतारी के
हँसके अगवढ़ मुँह पर मारीं बाकी मालग़ुजारी के।।

ना अब रहै महाजन मूँड़े ना हम मरी उधारी में
ना अँगना में फुटै दुआरी ना डँड़वार ओसारी में
लड़ै न गगरी, घटै न रसरी, अबकी साल इनारे में
फिर मचान से लहरा लेईं गाईं गीत कछारे में।।

सारस मोर पपीहा बोलैं बोल-बोल पर बेधैं ना
सूजा लेके, बरछी लेके, कहीं करेजा छेदैं ना
झलुवा लहसै, कजरी हुलसै, सुख बरसै, दधिकाँदो में
हवा न झोंकै धूर आँख में, अबकी सावन-भादों में।।

बाबू-माई से तीरथ कै अबकी पक्का वादा हउवै
फिर दूसर का करीं इरादा ईहै वादा ज्यादा हउवै
एक्कै हमरे धन्धा बदरू एक्कै हमरे छाता हो
एहू में जिन कमी कर्‌या तू बनल रहै ई नाता हो।।

आजी आज बड़ी गुस्सा हौ बरस रहल हौ माई पर
पूजाघर में जरतै कण्डी धइलस दियासलाई पर
अँइठ गइल हौ बड़की खटिया धइलै धइल दलानी में
बाप रे केतनी जादू-टोना एह असाढ़ के पानी में।।

टेढ़े-मेढ़े रस्ता देखा

टेढ़े-मेढ़े रस्ता देखा पानी ऊँचे-खाले जी
राम क दुलहिन घूँघुट कढ़ले ताल नहाये जाले जी।।

धान पान लहराला सगरों लहर बहर जिउ होला हो
काम के आगे मुँह जिन देखा गुड़ क कुण्डा खोला हो
छान्ही चूवै, महतो सोचैं, हाथ टिकौले गाले जी।।

करिया-करिया जामुन टूटै, टपकै नीब-निबौरी हो
फिर-फिर रगरैं पीठ बिकानू, उप्फर परै अम्हौरी हो
कहै बसहटी हम असाढ़ में परली केकरे पाले जी।।

केहू खेलै खेल कबड्डी, केहू सरपट सत्तू हो
हरिया खेलै होला पाती, गारी दें खरपत्तू हो
जब देखा तब घर से गायब काम लगल हौ ताले जी।।

जब-जब आवै भरल बदरिया सट-सट के बतियावै हो
बूँदै बूँद जियावै सबके फूलै फूल उगावै हो
सोझै मुँह पर पानी मारै पीठ फेर मुस्काले जी।।

केहू जाला नइहर–सासुर केहू हाट–बजारे हो
संगे–संगे दिनभर केहू भींजै खेत–कछारे हो
अदबदाय के रोज कजरिया बिरहा से टकराले जी।।

देखा-देखा आँख खोल के

देखा-देखा आँख खोल के देखा तनी किसानी देखा
उसरे में ले रहल कलइया, चउचक फसल सयानी देखा।।

ना जादू ना मन्तर हौ ई ना हौ टोना-टोटका
एकजाई रौनक हौ घर-घर का बड़का का छोटका
अँतर भइल हौ खेत कि गमकै सबकर खून-पसीना
बरगद के पीढ़ा पर बइठल जमके आज पुदीना
बड़े भाग से दिन लौटल हौ दहिने भइल भवानी देखा
आय रहल हौ गाँव में पक्की जात हौ छप्पर-छानी देखा।।

सिर से उतरल बोझ कि उतरल पेवना हमरे तन से
जनम-जनम क गयल तगादा जान बचल ओरहन से
हर बरदा घर आपन भइलैं आपन पानी दाना
आपन पैंड़ा आपन मंजिल आपन देस-जमाना
अयनों से सुग्घर मुँह जेकर अइसन पक्का पानी देखा
भउजी त भउजी हौ हमरे भउजी क देवरानी देखा।।

बजै दूध कै धार दुआरे, घर में चूड़ी कँगना
फूले के थरिया अस चमकै का पूछै के अँगना

ठुमुक-ठुमुक गौरइया डोलै, डोलै पूत बकइयाँ
दउर-दउर परछाईं पकरै बलि-बलि जायँ गोसइयाँ
छल-छल छलकै भरल कमोरी तैरै लगल मथानी देखा
देह चमाचम शीशा जइसे साँचा ढरल जवानी देखा।।

जेहर देखा ओहर हरियरी का गोंइड़ा का पाही
चारों ओरी राम राज हौ अब आखिर का चाही
घर-दुआर कुल चिक्कन-चिक्कन चउरस चाकर रस्ता
उदय भयल हौ नया-मदरसा, अच्छर, पोथी बस्ता
नई सुबह हौ नई प्रभाती, नई-नई अगवानी देखा
नया-नया सन्देस देत हौ जुग क नई कहानी देखा।।

बरसै में काहे के

बरसै में काहें के देर करत हउवा
मम्मा हो भैने के जेर करत हउवा।।

ई देबै ऊ देबै झुट्ठा त नाँहीं
बातै से खाली कुबेर करत हउवा।।

अब्बो ले आपन तू आदत सुधारा
तरैय्यन के घर में सबेर करत हउवा।।

तोहईं के दुनिया गरियाय रहल हउवै
काहे तू अइसन अन्धेर करत हउवा।।

मामी से चलके लगाई ला लाई
फलनियाँ से बात घेर-घेर करत हउवा।।

एहर सुनले बाटी

एहर सुनले बाटी, ओहर सुनले बाटी
हम आवै क तोहरे खबर सुनले बाटी।।

बड़ी तेज हउवै नजर सुनले बाटी
तुरन्तै करैले असर सुनले बाटी।।

तू रूपे क ऐना तू सोने क दीया
तू हउवा शहद क लतर सुनले बाटी।।

हौ लोइयो से ज्यादा मुलायम गदोरी
कि लैनू में हौ तर-बतर सुनले बाटी।।

तोहैं लेके अक्सर चलल हउवै गोली
कि बहुतन क छूटल हौ घर सुनले बाटी।।

नदी गमगमाले शहर गमगमाला
नहाला तू मल के अँतर सुनले बाटी।।

जे झाँकैला ओही के खाली देखाले
हँसी हौ पहाड़ी नहर सुनले बाटी।।

तोरे पास हउवै खुशी क खजाना
तू बाँटैला आठों पहर सुनले बाटी।।

बहुत मन करैला मगर जिउ डेराला
बताशा में देला जहर सुनले बाटी।।

खेलै दा हमैं फगुआ

खेलै दा हमैं फगुआ छोड़ा सवत दुआरी
एहिजाँ का हऊ बइठल जाके रोवा अँटारी।।

टेढ़े भ चाहे सोझे कइसों तू माँग काढ़ा
अब ना चली गँड़ासा, अब ना चली कटारी।।

मारे कुफुत के छाती हरदम बरल करैले
जानै के साथ जाई बूढ़ा क ई बेमारी।।

अइसन तोहार गुस्सा उनहूँ क घर छोड़वलू
हमरों खराब कइलू फगुआ दिया देवारी।।

बेटवा क एहर बरही ओहर ससुर क तेरही
कइसे भला दियाई एह साल मलगुजारी।।

आठों पहर क रगरा चौबिस घरी क झंझट
टोला परोस अइसन घर में धिया कुँवारी।।

कवने सउख के मारे पण्डित के भेज देहलू
बिहनै से देह आधी अब के नजर उतारी।।

ई फागुन क मस्ती

ई फागुन क मस्ती ई फागुन क पानी
झरत हउवै सोना झरत हउवै चानी
न मुट्ठी में मन हो, न बस में जवानी
अ ठेंगे पे राजा, औ ठेंगे पे रानी।।

कटोरा गुलाबी, कटोरी गुलाबी
अ चुटकी गुलाबी, टिकोरी गुलाबी
मगन हउवै केतनी ई राजा बो मौजी
बिहाने से मुँह पर मलत हौ चिरौंजी।।

एहर जाले भौजी, ओहर जाले भौजी
अ पैंड़े में हँस के, ठहर जाले भौजी
सनहना में देखा सनइलैं पुजारी
पिटा गइलैं साधू करै में चिकारी।।

कन्हैया के काटैला खाली बिछौना
दुसरका बरिस हौ तिसरके में गौना
तिवारी क पतरा जरत नाँही बाटै
अ गौने क साइत परत नाँही बाटै।।

सरसो अस पियरानी गोइयाँ

सरसो अस पियरानी गोइयाँ
हरदी पानी-पानी गोइयाँ।।

गहबर पियरी कोहबर देह
भुइयाँ चुइ-चुइ परै सनेह
चितवन-छुअन-सोहागा-सोना
हँसी पखारै चानी गोइयाँ।।

जे देखै ऊहै ललचाय
ऐना से कुछ कहल न जाय
बिना गिरवले बिजुली मुरही
बदरी आज न मानी गोइयाँ।।

पहिरै धूप, सुहागिन फुनगी
मैना कँवरे, टुइयाँ टुनगी
छूट गइल लरिकइयाँ जइसे
खोजत फिरे जवानी गोइयाँ।।

माला छूटल पूजा छूटल
बड़े भगत क कण्ठी टूटल
महुवा डँसै आम उद्बेगै
छैला करैं फुटानी गोइयाँ।।

रोज बसन्तू भेजैं पाती
फूलै टेसू सुलगै छाती
पिया लोभइलैं आन गाँव में
ई देखा बेईमानी गोइयाँ।।

फगुआ ना खेलब ससुरारी

ना खेलब ससुरारी फगुआ ना खेलब ससुरारी
बेर बिसवतै सास बिछावैं खटिया बीच दुआरी।।

बबुआ बन के, ठाट-बाट से, फगुआ खेलै गइली
एहरों धक्का खइली सौ-सौ, ओहरों धक्का खइली
साली खींचै, सरहज खींचै, अपने-अपने ओरी
होरी हौ जीजा जी होरी, ननदोई जी होरी
हम्मैं जइसे घुमटा आवै दूनों के अँकवारी।।

अवतै त हरवाहीं थमली फिर थमली चरवाही
हम त आपन धरम समझली ऊ बूझै बउराही
गायों दुहीं त हमहीं दूही, हमहीं खेत अगोरीं
घर में सबै फइल के सूतैं हमहीं टाँग बटोरीं
ओहू पर सबकर मुँह जोहीं, सबकर भरी हुँकारी।।

मस नोचै, कुछ ऊडुस काटैं, नसकट खटिया-डाहै
अइसे में ना लगै ओंहाई रामैं लाज निबाहैं
कुहूँ-कुहूँ कोइल का बोलै सोझै धरै अँगारा
दूनों करवट उहै मुसीबत जिउकै वारा न्यारा
सार पिहिंक के चहका गावै औ मारै टिटकारी।।

मेहर मूँह फुलवले हरदम ना बोलै ना ताकै
कबौं ठमक के चढ़ै अँटारी, कबौं झमक के झाँकै
हमहूँ कहीं कि हे मन देखा ई नक्शा ई तेवर
हमहीं रहली नीक अ फरचा हमही भइली नेवर
तोहूँ दर ला मूँग करेजे बेटवा क महतारी।।

आपन मन ओहिजैं पतियाला आपन जहाँ पियारी
इहै सोच के हमहूँ अइली फागुन में ससुरारी
फागुन में मेहरारू गुस्सा अउरो हमैं जरावै
हमरे ओरी पीठ फेर के गोंइयन से बतियावै
फागुन में ससुरार खलत हौ किस्मत क बलिहारी।।

गोइयाँ! रहि–रहि गरजै

गोइयाँ! रहि–रहि गरजै बदरवा ना,
छायी घटा घनघोर
नाचैं बनवाँ में मोर
शोर करैं दूनो ननदी–देवरवा ना।।

गाँव डूबै उतिराय
रँग धानी लहराय
गोरी चलैं फहराय के अँचरवा ना।।

बिना पिया बरसात
हमैं असों ना सोहात
पारै हँसि–हँसि लहुरी कजरवा ना।।

वाह–वाह रे पियार
बिना नाव–पतवार
केहू पार करै नदिया सगरवा ना।।

उठै कजरी क तान
बोली बोलै ला सिवान
मैना तोहैं देबै सोने क पिंजरवा ना।।

धनि-धनि देसवा मोरा

धनि-धनि देसवा मोरा
धनि इतिहसवा से
धनि-धनि ना, बाटीं हमरी धरतिया से
धनि-धनि ना।।

लहरे सगरवा उतरे अँगने बदरवा
फर-फर फहरे मोरे माई क अँचरवा से
से धनि-धनि ना, फहरे हमरी किरितिया
धनि-धनि ना।।

खेतवा किसनवाँ सोहे सीमा पे जवनवाँ
मटिया में जूझै मोरे देश क ललनवाँ
से धनि-धनि ना, गमकै गाँवें मेहनतिया से
धनि-धनि ना।।

सोहे पगरिया माथे, चमकै गगनवाँ
दुधवा क धार छलकै हमरे अँगनवा
से धनि-धनि ना, महकै महुवा पिरीतिया से
धनि-धनि ना।।

●●

अप्रकाशित कविता

आपने जैसे आँचल सँभाला।
सारा आँगन हुआ धूपवाला॥

चितवनों की ये दुहरी कतारें।
मालिनें टेरतीं फूल–माला॥

देह जैसे बिजलियों का झूला।
छाँह जैसे गली का शिवाला॥

हाथ का जैसे रूमाल मौसम।
हार जैसे गले का उजाला॥

दे रही है दुहाई शरारत।
सादगी से पड़ा आज पाला॥

अभी न जाओ अरी चाँदनी।
ओ मेरी सहचरी चाँदनी॥

ताल–नदी पूछेंगे हमसे।
पूछेगी जल–परी चाँदनी॥

रमता जोगी बहता पानी।
परदेसी नौकरी चाँदनी॥

क्या जाने कल किसकी होगी।
भाड़े की कोठरी चाँदनी॥

काश कहीं अपने घर होते।
काजल में किरकिरी चाँदनी॥

महुवा और साँप का किस्सा।
नया नहीं बावरी चाँदनी॥

हर पीढ़ी के साथ रही है।
पंचायत की दरी चाँदनी॥

जलते जंगल को आँखों में।
खोयी गोदावरी चाँदनी॥

गयी रात खुलती है जैसे। ।
कोई विद्याधरी चाँदनी॥

आप भी साहेब कमाल करते हैं।
गूँगों से क्या सवाल करते हैं॥

पूछना ही है तो हमसे पूछिये।
आपका जीना मुहाल करते हैं॥

इस तरह सौदा किसी की आड़ में।
हम नहीं करते दलाल करते हैं॥

कुछ हमारा भी खयाल करिये न।
हम आपका कितना खयाल करते हैं॥

आपसे नहीं होता तो नहीं सही।
हटिये सोहनी महिवाल करते हैं॥

उनके घर हो रही लड़ाई, आपसे मतलब।
चोर-चोर मौसेरे भाई, आपसे मतलब॥

नये सिरे से बाँट रहे जजमानी अपनी।
पण्डित धोबी बारी नाई आपसे मतलब॥

हम तुम ये वो सब खाते हैं गाय कसम।
आज अगर खा रहे कसाई, आपसे मतलब॥

घड़ों पड़ा है पानी जिसके चेहरे पर।
फिर भी उसको शर्म न आयी आपसे मतलब॥

जिसका मुर्दा नहीं गा रहा है मस्ती में।
दिल अपना औ प्रीति परायी, आपसे मतलब॥

कैसे चलेगा राज ये दिल्ली से पूछिये।
कब तक रहेगा ताज ये दिल्ली से पूछिये॥

दिल्ली ही माई–बाप है दिल्ली ही सरगना।
किस पर गिरेगी गाज ये दिल्ली से पूछिये॥

दाना नहीं है पेट में नंगे बदन हैं लोग।।
क्यों दे रहे आवाज ये दिल्ली से पूछिये॥

लाठी कहाँ चलेगी गोली कहाँ चलेगी।
किसकी लुटेगी लाज ये दिल्ली से पूछिये॥

मेरे हुजूर आका परवरदिगार मालिक।
क्यों लखनऊ नाराज, ये दिल्ली से पूछिये॥

छोटी–बड़ी हर बात में दिल्ली की दुहाई।
कब जा रहे हैं आज ये दिल्ली से पूछिये॥

होगा न कोई काम चिड़ी के गुलाम से।
इसका है क्या इलाज ये दिल्ली से पूछिये॥

होनेवाली है भोर सुनता हूँ।
कब से मुर्गों का शोर सुनता हूँ॥

कोई सोने से मढ़नेवाला है।
सारे कौओं की ठोर सुनता हूँ॥

जूते-मोजे उदास बैठे हैं।
कल से पहनेंगे भोर सुनता हूँ॥

रोज होगी मल्हार की महफिल।
जलते जंगल की ओर सुनता हूँ॥

कुल्फियों पर इनाम रखा है।
लिये कूपन चकोर सुनता हूँ॥

हाथ पंचों के कुछ नहीं आया।
फिर से होगी बटोर सुनता हूँ॥

फूला-फूला है आँगन हमारा पिया।
प्यार जैसे हमारा तुम्हारा पिया॥

देह की गन्ध जैसी खिली धूप में।
चार आँखें हथेली का मारा पिया॥

ये गुनाहों का मौसम पखेरू से दिन।
लौटकर आ गये हैं दुबारा पिया॥

ये हँसीं ये हवा गुदगुदी ये उमर।
पीठ फेरो ना समझो इशारा पिया॥

शोख अँगड़ाइयों की कसम है तुम्हें।
रात भर करवटों ने पुकारा पिया॥

सीटियाँ गूँजती हैं शहर में।
धूप मारी गयी दोपहर में॥

प्रेत फिर हैं टहलते सड़क पर।
देवता काँपते डर से घर में॥

थे हँसी आइने गीत झूले।
आ गये हड्डियों की सतर में॥

छिन गयी है खुशी जिन्दगी की।
कट गयी जेब जैसे सफर में॥

दूध के दाँत टूटे नहीं ये।
चढ़ गये पत्थरों की नजर में॥

पूछो ना गवईं का हालचाल भैया।
मिलते हैं लोग यहाँ दाल-दाल भैया॥

परती हैं खेत और उगती हैं लाशें।
ये नौबत आयी है हाल-हाल भैया॥

मुश्किल है एक जून काटना बिताना।
रहते थे लोग जहाँ साल-साल भैया॥

रोते हैं लोग जहाँ आँखों-ही-आँखों।
हँसते हैं लोग वही गाल-गाल भैया॥

छाँह गयी गीत गये और गये झूले।
उड़ती है धूल आज ताल-ताल भैया॥

परसों से गायब है नौरंगिया गूँगी।
अरहर में साड़ी है लाल-लाल भैया॥

बदली पहचाने और बदले पैमाने हैं।
औरत के माने हैं माल-वाल भैया॥

बेटी के बाबू की हिम्मत तो देखिये।
चढ़ता है खेत लिये थाल-थाल भैया॥

घर-घर है राग वही घर-घर है रोना।
पात-पात भौजी हैं डाल-डाल भैया॥

थोड़ी और कसर बाकी है आँधी आने में।
लगे हुए हैं लोग सुबह से हवा बनाने में॥

अखबारों की खबरें हैं कुछ-कुछ अफवाहें हैं।
हाथों-हाथों आसमान से दाम गिराने में॥

झण्डे पर्चे तरे भाषण आश्वासन कोरे।
सरकारी दूकानें हैं राहत पहुँचाने में॥

किसके दिन लद गये बाप रे किसके दिन हैं लौटे।
रोता है भगवान सड़क पर मन्दिर थाने में॥

कितनी दूरी ये है जंगल कौन बतायेगा।
बड़े-बड़े गुमराह हुए हैं राह दिखाने में॥

ऊपर-ऊपर बादल-बादल पानी-पानी है।
भीतर-भीतर परेशान हैं आग लगाने में॥

सुबह-सुबह अखबार बेचकर लौटा खाली पेट।
किया हारकर रिक्शे से समझौता खाली पेट॥

धनुष नहीं होने की जिद में इतना तोड़ दिया।
गयी रीढ़ औ छिली पीठ का सौदा खाली पेट॥

किसने यार तुम्हें बगिया का माली बना दिया।
नहीं दिखायी देता है ये पौधा खाली पेट॥

अँधियारे में जाकर बरसीं आँखें भरी-भरी।
भीतर से छू गया कहीं कजरौटा खाली पेट॥

गुस्सा था या कमजोरी थी या नादानी थी।
अनजाने ही रौंदा गया घरौंदा खाली पेट॥

फूल होंगे गन्ध होगी तितलियाँ होंगी।
तितलियों की घात में, कुछ उँगलियाँ होंगी॥

झील में सुर्खाब के पर लग रहे होंगे।
आग पानी में लगाती मछलियाँ होंगी॥

केवड़े की देह अब गदरा गयी होगी।
जीभ होंठों पर फिराती बदलियाँ होंगी॥

केतकी त्योहार के रंग में रँगी होगी।
आजकल उसकी अदाएँ बिजलियाँ होंगी॥

रात अजगर की तरह पसरी पड़ी होगी।
जागती झख मारती दो पुतलियाँ होंगी॥

यूँ भी महफिल में छा गया कोई।
दर्द-ही-दर्द गा गया कोई॥

लोग चेहरा बनाये बैठे थे।
आईना भी दिखा गया कोई॥

बाद मुद्दत के बारिशें लौटीं।
बादलों को रुला गया कोई॥

प्यास बाकी थी जाम खाली था।
मुझमें दरिया समा गया कोई॥

एक ही बच रहा था बस्ती में।
शेख को भी पिला गया कोई॥

उसके चेहरे से उड़ गयी रौनक।
जब से मुँह पर सुना गया कोई॥

हवा लगी चिनगारी बोने फागुन में।
हुए गुलाबी चारों कोने फागुन में॥

नदी पहाड़ी जंगल टीले गाँव-गली।
सबके मुँह महुवा के दोने फागुन में॥

कुहरा भी अब भाग रहा है घाटी से।
धूप लगी है सुई चुभोने फागुन में॥

इसी तरह से हँसकर कण्ठी तोड़ी है।
पहने थी साधू-सन्तों ने फागुन में॥

सोच-समझकर मिलना-जुलना लोगों से।
करते हैं सब जादू-टोने फागुन में॥

मैं ठहरा परदेसी मेरी कौन सुने।
बौर नहीं देते हैं सोने फागुन में॥

छैल-छबीली हरियाली के किस्से हैं।
रस लेते हैं गाँव सलोने फागुन में॥

जब से आँखें चार हुई हैं।
तब से ही बीमार हुई हैं॥

आपस में ही नाव नदी थे।
आपस में पतवार हुई हैं॥

दिनभर रही किरकिरी जैसी।
रात गले का हार हुई हैं॥

अपनी खबर नहीं है इनको।
औरों में अखबार हुई हैं॥

सावन-भादों में कदम्ब थी।
फागुन में अखबार हुई हैं॥

थिरक रहे मौसम के आगे।
ठुमरी ध्रुपद धमार हुई हैं॥

आँखें ही दर्पण हैं मन का।
आँखें ही श्रृंगार हुई हैं॥

अन्तराल भरती हैं दक्षिणी हवाएँ।
झर-झर सुख झरती हैं दक्षिणी हवाएँ॥

खेत-कियारी गाँव-गली अमराई में।
फिरकी-सी-फिरती हैं दक्षिणी हवाएँ॥

फुलवारी-बँसवारी दोनों अगल-बगल।
बीच में सँवरती हैं दक्षिणी हवाएँ॥

मीठी शोख गुलाबी कलियाँ उगती हैं।
जहाँ हाथ झरती हैं दक्षिणी हवाएँ॥

कड़ा छड़ा पैंजनी बजातीं झनन-झनन।
घाट पर उतरती हैं दक्षिणी हवाएँ॥

इस मौसम में खेल दिखाने निकली हैं।
देखो क्या करती हैं दक्षिणी हवाएँ॥

जिस खिड़की से पूछो यही बतायेगी।
आजकल उभरती हैं दक्षिणी हवाएँ॥

कैसे-कैसे तलवे अब सहलाने पड़ते हैं।
कदम-कदम पर सौ-सौ बाप बनाने पड़ते हैं॥

क्या कहने हैं दिन बहुरे हैं जब से घूरों के।
घूरे भी अब सिरमाथे बैठाने पड़ते हैं॥

उसको शायद पता नहीं वो गाँव की औरत है।
इस रस्ते में आगे चलकर थाने पड़ते हैं॥

काम नहीं होता है केवल कहने-सुनने से।
कुर्सी-कुर्सी पान फूल पहुँचाने पड़ते हैं॥

हँस-हँस करके सारा गुस्सा पीना पड़ता है।
रो-रोकर लोहे के चने चबाने पड़ते हैं॥

इस बस्ती में जीने के दस्तूर निराले हैं।
रोने-गाने चिल्लाने-घिघियाने पड़ते हैं॥

आपने अच्छा पाठ पढ़ाया, वाह भाई जी वाह–वाह।
काठ का उल्लू हमें बनाया, वाह भाई जी वाह–वाह॥

झूठ बोलना धूल झोंकना कुआँ झँकाना धक्के देना।
आपने क्या–क्या नहीं सिखाया, वाह भाई जी वाह–वाह॥

आपने घर की दुनिया बदली घर की असली चीज देखकर।
नाक कटाकर नाम कमाया वाह भाई जी वाह–वाह॥

जिसने सारा गाँव जलाया मारा–काटा लूटा जिसने।
इसके सिर पर अमन की छाया, वाह भाई जी वाह–वाह॥

कोरस गाने लगे बेचारे नये–पुराने गूँगे सारे।
आपने ऐसा बटन दबाया, वाह भाई जी वाह–वाह॥

आसमान में बौने पहुँचे लँगड़े जीते दौड़ नाच में।
लूलों से डंका बजवाया, वाह भाई जी वाह–वाह॥

आज की बदली मजेदार है।
आग लगाती धुआँधार है॥

कोई मेरे घर आयेगा।
मेरे घर का खुला द्वार है।

मैं भी कुछ-कुछ गुनाहगार हूँ।
वह भी कुछ-कुछ गुनाहगार है॥

उसकी आँखें भरी-भरी हैं।
भेदा सपना तार-तार है॥

आँगन में आकाश समाया।
ताल-नदी के आर-पार है॥

जिसे देखिये ठिठका ठहरा।
जाने किसका इन्तजार है॥

इन्द्रधनुष उतरा आँगन में।
मेंहदी लगी महकने मन में॥

काली घटा तुम्हारी चर्चा।
कदलीवन में वृन्दावन में॥

पेड़ खड़े हैं ऐसे जैसे।
हाथ उठे हैं अनुमोदन में॥

उलझन में है ताल नदी भी।
पान–सुपारी भी उलझन में॥

पुरवाई दोनों में शामिल।
आलम्बन में उद्दीपन में॥

चाँद सलेटी सूट में निकला।
शाम गुलाबी अवगुण्ठन में॥

कोई नहीं दिखायी देता।
आज रही थी अनुशासन में॥

घिरने लगी घटा कजरारी।
असमंजस में धूप बिचारी॥

गलियारे का भाव बढ़ा है।
धानी चूनर लाल कियारी॥

क्या जाने क्या उसके मन में।
मेरे मन में पान-सुपारी॥

मेरी नींद के इतने वैरी।
मोर पपीहा कोयल कारी॥

पुरवाई की चाल देखकर।
लहालोट है खेत-कियारी॥

बौछारों ने खूब संकटा।
ताल गँड़ासा झील कटारी॥

बादल गरजे बिजली कौंधे।
बीच भँवर में नाव हमारी॥

मैंने अपना खून जलाया जंगल में।
दुनिया ने त्योहार मनाया जंगल में॥

पंछी भी रह गये तरसकर बारिश में।
नहीं मिली पत्ते की छाया जंगल में॥

जिसके हाथ कुल्हाड़ी उसकी चाँदी थी।
लकड़ी का बाजार लगाया जंगल में॥

हर रस्ता अजगर के मुँह में जाता था।
कोई नक्शा काम न आया जंगल में॥

जिसको मैंने सहज भाव से अपना समझा।
उसने हँसकर पाठ पढ़ाया जंगल में॥

उसकी खाल बड़ी मोटी थी बप्पा रे।
गैंडा भी उससे शर्माया जंगल में॥

नये साल की नयी तसल्ली अच्छी है जी अच्छी है।
दूध नहीं पीयेगी बिल्ली, अच्छी है जी अच्छी है॥

बातों में मक्खन-ही-मक्खन मन में काई काँटे जी।
आँखों में ये चर्बी झिल्ली अच्छी है जी अच्छी है॥

दाँत गिरे सिर चढ़ी सफेदी फिर भी बचपन नहीं गया।
चौथे पन की कुट्टी-मिल्ली अच्छी है जी अच्छी है॥

सूप सभा में चुप बैठा है देख रहा है लोगों को।
चलनी उड़ा रही है खिल्ली अच्छी है जी अच्छी है॥

किसके सिर से किसके सिर आ गयी उछलकर झटके में।
रनिंग शील्ड हो गयी दुपल्ली अच्छी है जी अच्छी है॥

रही बात इन गिरे दिनों में टिकने और सम्हलने की।
भूसाघर में बर्फ की सिल्ली अच्छी है जी अच्छी है॥

बारूदों अंगारों, अन्धे कुओं, सुरंगों साँसों को।
झेल रही सदियों से दिल्ली अच्छी है जी अच्छी है॥

जोड़ा ताल और पुरवाई।
जबसे बिछुड़े नींद न आई॥

कच्चे घर में खुली भागवत।
आँगन तुलसी दूध नहायी॥

मेंहदी और महावर आगे।
हम हो गये निछावर भाई॥

नहीं भूलती भरी दुपहरी।
बिरहा वही वही अमराई॥

जब मिलती तब पैर खींचती।
नहीं मानती तट की काई॥

स्वर फूटा सन्नाटा टूटा।
खुला मदरसा हुई पढ़ाई॥

अक्सर मिली राह में पैदल।
छूट गयी बस की कठिनाई॥

सावन-भादों झील किनारे।
सारस उतरे पंख पसारे॥

धान-पान स्वागत में निकले।
आओ जी आँखों के तारे॥

सिर से ऊपर ज्वार-बाजरे।
सोच रहे हैं रामदुलारे॥

काली घटा हवा की मारी।
तिनके हैं लहरों के मारे॥

इस मुट्ठी में पके करौंदे।
उस मुट्ठी में गरी छुहारे॥

पाँच सुहागिन मंगल गातीं।
पूजा बैठी खुले ओसारे॥

बरसे नहीं आज भी वैरी।
निकल गये बादल आवारे॥

मन से मन का तार मिला है।
यह सुख पहली बार मिला है॥

आज मिली है दिव्य आरती।
और भव्य श्रृंगार मिला है॥

कैसा खिला-खिला है मौसम।
जीने का अधिकार मिला है॥

जिस दिन से बदला है मौसम।
गीत मिला त्योहार मिला है॥

हल्दी चन्दन केसर कुमकुम।
पान फूल का प्यार मिला है॥

घर के भीतर कोहबर जैसे।
बाहर बन्दनवार मिला है॥

रूप के आँगन धूप खिली है।
द्वार से जैसे द्वार मिला है॥

बह गया अंगद हमारा वक्त की इस धार में।
सन्त मुल्ला पादरी अक्सर मिले हैं बार में॥

आ गये कितने न जाने अपनी रोटी सेंकने।
त्योहार का बदला लिया गुण्डों ने जब त्योहार में॥

काबिले तारीफ है राहत का मंजर देखिये।
है बाढ़ गंगा पार में तो नाव जमुना पार में॥

फरियाद लेकर जो गया उसकी जुबाँ काटी गयी।
कितना बड़ा अन्धेर है मालिक तेरे दरबार में॥

बेईमानों के शहर में सच का प्रतिशत ये रहा।
मारे गये कुल आठ सौ बारह छपा अखबार में॥

आग पर काबू की कोशिश हर तरफ से है मगर।
घी डालनेवाले भी बैठे हैं इसी बाजार में॥

आदमी की नस्ल शायद अब नहीं रह पायेगी।
दोनों हाथों से जुटा है आदमी हथियार में॥

बढ़ रही हैं देश में खूनी हवाएँ आजकल।
आततायी हो गयीं सारी दिशाएँ आजकल॥

आदमी की शक्ल में हैं शेर भालू भेड़िये।
रोज मारी जा रही हैं सभ्यताएँ आजकल॥

कौरवों के बीच में नंगी खड़ी फिर द्रौपदी।
अनसुनी हैं पाण्डवों की प्रार्थनाएँ आजकल॥

जी दहल उठता है स्वागत फूल-माला देखकर।
बारूद होकर जी रही सद्‌भावनाएँ आजकल॥

हर रथ यहाँ षड़यन्त्र है हर रास्ता है पैंतरा।
दूर की कौड़ी बड़ों की यात्राएँ आजकल॥

आ गये उल्लू जहाँ कोयल पपीहा मोर थे।
अमराइयाँ हैं सोच में रोयें कि गायें आजकल॥

मुट्ठियाँ थीं हो गयी खुलकर हथेली भीड़ में।
खा रही हैं ठोकरें फिर-फिर कलाएँ आजकल॥

रामधुन होंठों पर हैं आँखों में कुर्सी नाचती।
शान्ति वन में हो रहीं कैसी सभाएँ आजकल॥

कैसे कह दूँ कि सब-कुछ भला देश में।
हर शहर आज है कर्बला देश में॥

चैन की नींद कोई नहीं सो रहा।
रोज ही कुछ-न-कुछ मामला देश में॥

देखते-देखते क्या से क्या हो गयीं।
शारदा गौरी श्री मंगला देश में॥

सिर्फ साड़ी मिली उसकी झाड़ी में कल।
जो थी एकादशी निर्जला देश में॥

मैंने झाँक निहारा कहीं वो नहीं।
सूर-रसखान का साँवला देश में॥

कौन-सा माम किसने किया बोलिये।
पूतनाएँ बचीं वत्सल देश में॥

कौन पीये पचाये भला ये ज़हर।
कोई शंकर नहीं बावला देश में॥

सुनते-सुनते कान पके हैं पत्थर हुई पुतलियाँ राम।
त्योहारों के रंग में डूबी कब लौटेंगी गलियाँ राम॥

कलरव की नगरी में कैसा पसरा है गहरा सन्नाटा।
झूल रहे चमगादड़ छत से चिपकी हैं छिपकलियाँ राम॥

उत्सव-मेले राग-रंग सब तिरसठ से छत्तीस हुए।
फूलों में कीड़े-ही-कीड़े मुर्दा शोख तितलियाँ राम॥

मौसम बदला तो क्या बदला जब बदला माहौल नहीं।
फूटी नहीं यहाँ हरियाली गूँजी नहीं कजलियाँ राम॥

क्या तारीफ करूँ मैं अब इन मुँह पर गानेवालों की।
सबके अपने राग अलग हैं सबकी अलग डफलियाँ राम॥

मालूम नहीं तटबन्धों को ये लहरों को मालूम नहीं।
किस संकट से गुजर रहे हैं सीपी शंख मछलियाँ राम॥

कहने को जनतन्त्र देश में कहने को जनसत्ता है।
रीछों के घेरे में जैसे मधुमक्खी का छत्ता है॥

साहेब से मिलना है लेकिन बीच में गाड़ी अटकी है।
जूझ रहा साहेब का पी ए जेब में सौ का पत्ता है॥

नौ बेटों की माँ है बुढ़िया कोई बेटा पास नहीं।
दिल्ली बाम्बे पूना पटना तो कोई कलकत्ता है॥

जिस कुर्सी पर तुम बैठे हो इस पर सत्य बैठता था।
इस कुर्सी की साख न बेचो इसकी बड़ी महत्ता है॥

खुद को लौह पुरुष कहते हो कभी आईना देखे हो।
लौह पुरुष तो वही एक था तू तो बिलकुल लत्ता है॥

सच्ची राह दिखानेवालों के झूठे अनुयायी निकले।
पुरखे जितना रहे अहिंसक उतने पूत कसाई निकले॥

कितने ईसा मूसा निकले कितने नानक ब्रह्म और राम।
हिन्दू निकले, मुस्लिम निकले, निकले सिक्ख-ईसाई निकले॥

जब-जब गिनती हुई बाग में तितली भौंरे इक्का-दुक्का।
और वहीं उल्लू के पट्ठे सदा तीन-चौथाई निकले॥

अपने-अपने ढंग से सबने इस घर को तोड़ा बिल गाया।
अच्छे चचा-भतीजे निकले अच्छे ताऊ-ताई निकले॥

किसकी-किसकी करूँ शिकायत किस-किसकी तारीफ करूँ।
आपस में सब चट्टे-बट्टे सब मौसेरे भाई निकले॥

गहरी पड़ी दरार है, सच कह रहा हूँ मैं।
बिलकुल ही आर-पार है, अखबार देखिये॥

बारिश के बाद और हवा तेज चलेगी।
अब तक का समाचार है, अखबार देखिये॥

कहते थे जिसे दूध का धोया हुआ सभी।
निकला वो रँगा स्यार है, अखबार देखिये॥

बिल्ली की लगी आँख है, छींके में हर घड़ी।
मौके का इन्तजार है, अखबार देखिये॥

रोटी की लड़ाई है लँगोटी की लड़ाई।
दोनों तरफ से मार है, अखबार देखिये॥

जिस ओर देखता हूँ उसी ओर मुसीबत।
हर ओर हाहाकार है, अखबार देखिये॥

फूलों जैसी हल्की-फुल्की रंगों जैसी गहरी शाम।
ले लो दीया-बाती लेलो खेलो देहरी-देहरी शाम॥

गजरों डूबी मालिन जैसी भरी-भरी चाँदनी शरद की।
हरसिंगार की खुली पीठ पर लिखती गंगा लहरी शाम॥

मुँह बोली सिर चढ़ी नदी थी कल-कल करती रेत हो गयी।
और रेत में सिर धुनती है मछली एक सुनहरी शाम॥

फुर्सत की घड़ियाँ भी आतीं मेरे हिस्से मुश्किल से।
जब-जब आयीं तब-तब मेरे घर में लगी कचहरी शाम॥

कितनी-कितनी बातें मेरी बिना बिचारे सोचे-समझे।
इनसे-उनसे कह आती हैं घर की दुष्ट गिलहरी शाम॥

सूनी-सूनी रात हमारी कर जाती है आँखों-आँखों।
काटे कटती नहीं कसम से टीले की दोपहरी शाम॥

घर से भागे बच्चे जैसा मन रहता है सहमा-सहमा।
लेकिन ये दुनिया क्या जाने जो है अन्धी-बहरी शाम॥

आते-जाते कहीं अगर वो बुद्धू दिखे तो कहना उससे।
अन्तिम बस के इन्तजार में गुड़िया पुल पर ठहरी शाम॥

आसमान धुँधला है।
मौसम को नजला है॥

सूरज-जैसे फूटा।
पीतल का तसला है॥

धूप कमर से टूटी।
नहले पर दहला है॥

सुबहें झरतीं स्याही।
शायद कुछ घपला है॥

धरती बस कहने को।
सुजला है सुफला है॥

श्वेत खद्दर भी एक।
दलदल है जलजला है॥

बाबू बड़ा न भैया मैडम।
सबसे बड़ा रुपैया मैडम॥

चलो बुहारो घर-आँगन अब।
छोड़ो ताता थैया मैडम॥

कुर्सी को तुम गोद मत समझो।
अस्पताल की शरया मैडम॥

कहाँ चिकोटी काट रही हो।
तुमसे भली ततैया मैडम॥

हरी क्रान्ति दे रही दुहाई।
खेत खा रही गैया मैडम॥

ऐसे कब तक काम चलेगा।
बदलो जरा रवैया मैडम॥

नारे याद न औ आश्वासन।
केवल भूलभुलैया मैडम॥

उतरेगा जमुना में कान्हा।
होगी नाम न भैया बहती॥

डर के मारे घर में बैठे हैं रंग घोले लोग।
देख रहे हैं घायल फागुन खिड़की खोले लोग॥

बातों-ही-बातों में हँसकर गर्दन नाप रहे।
सम्बन्धों का सौदा करते हैं मुँह बोले लोग॥

सागर से भी ज्यादा पानीदार कोयले होते थे।
जब आती थी आँच देह पर हो जाते थे शोले लोग॥

भूखे-प्यासे सीधे-सादे हारे-थके किसानों को।
तपती धूप ठिठुरती रातें और दिखाते ओले लोग॥

होली हो या ईद दीवाली फुलझरियों के मौके पर।
फूलों के गुच्छों में रखकर फेंक रहे हथगोले लोग॥

देखिये मचानों को।
सुनिये श्रीमानों को॥

बूढ़ों को मंच मिला।
हाल नौजवानों को॥

वही शरारत सूझी भी तो ढेलेबाजी।
काँच के मकानों को॥

रोको मत आने दो।
आँधी-तूफानों को॥

दिल्ली की हवा लगी।
क्या कहें किसानों को॥

चेहरों की कमी नहीं।
चेचक के दानों को॥

बकरों ने वोट दिया।
गोश्त की दुकानों को॥

एक मोड़ ऐसा भी आया पूने में।
हँसने लगा ठठाकर कोई सूने में॥

वह भी हिचक रहा था खुलकर कहने में।
मैं भी काँप रहा था उसको छूने में॥

वैसी बारिश फिर-फिर कहाँ मयस्सर हो।
जैसी बारिश उस दिन मिली नमूने में॥

क्या जाने कितना रंग लाया होगा अब।
कटी जीभ का दर्द गुलाबी चूने में॥

ढलती धूप अँधेरा झरता और उखड़ती साँसें हैं।
आधे जंगल थका बटोही तीनों मिलकर फाँसे हैं॥

जनम-जनम के परदेसी जब आँख मूँदकर गाते हैं।
सुन लो तो फिर नींद न आये ऐसे बारहमास हैं॥

सूखी बीमार पंखुरियों को मैं लेकर अपनी बाहों में।
यही सोचता रहा बराबर काँटे फूल कहाँ से हैं॥

कितनी महँगी हुई जिन्दगी कितने सस्ते लोग हुए।
भूखे नंगी लाशों के हैं और खून के प्यासे हैं॥

बादल बिजली बूँदाबाँदी में पुरवाई सावन में।
सच-सच कहना कैसा लगता मेरे भाई सावन में॥

उमड़-घुमड़ ये गड़गड़-कड़कड़ शोर-शराबा कीचड़ ये।
पगली जैसी कजली गाती है अमराई सावन में॥

कितना चालू निकला मौसम धूल झोंकता आँखों में।
घर-घर में है अरे बापरे राम दुहाई सावन में॥

झरना झीलें ताल पोखरे नहरें नदिया डरे-डरे।
आसमान में काँटै की हो रही लड़ाई सावन में॥

खेतों की ये अँटकी साँसें मेघों की ये सौदेबाजी।
कोई बोले जिसे सुहाती ये शहनाई सावन में॥

झिल्ली-झींगुर मेंढक खा भूले मेघ मल्हारों में।
संगमरमर पर नाच रही है खुलकर काई सावन में॥

गँठिया गुर्दा दाढ़कपारी दमा रतौंधी बाई है।
सबसे पहले आखिर किसकी करूँ दवाई सावन में॥

बीच शहर में मुर्दाघर पहुँचा दूँगी मैं कहना तब।
रोज सबेरे धम की देती गंगा माई सावन में॥

नागिन-सी बींध रही पुरवाई क्या करूँ।
बरखा की साँझ और गहराई क्या करूँ॥

पोखर में देख रही इन्द्रधनुष जूड़े का।
सँभाली युवती-सी अमराई क्या करूँ॥

सोलह की नहरों में लहरें अट्ठारह की।
उनसे भी बीस मिली कठिनाई क्या करूँ॥

चाह रही फिर जैसे बाँहों में भूलना।
अधखुले किवाड़ों की अँगड़ाई क्या करूँ॥

खाँटी इस ठेठ हँसी शोख चुहल बोलो ना।
मेंहदी के हाथ लगी गोराई क्या करूँ॥

कौन सुनेगा मेरी तीखी बौछारों में।
परदेसी गलियों में बरियाई क्या करूँ॥

मत पूछो बरखा में कैसी क्या लगती है धूप।
अगियारी में डूबी मेरी माँ लगती है धूप॥

एकादशी प्राण से जीती घर के कामों में।
हूँ लगती है धूप माँ की हाँ लगती है धूप॥

दूध नहायी तुलसी कोई छू-छू जाती है।
क्या कहने जब माँ की झूठी ना लगती है धूप॥

जाने कितनी गहराई है यार तुम्हारी आँखों में।
एक और मीराँबाई है यार तुम्हारी आँखों में॥

कितने सागर कितने तूफाँ कितनी-कितनी लहरें।
अँगड़ाई-ही-अँगड़ाई है, यार तुम्हारी आँखों में॥

तुलसी की है विनयपत्रिका है सतसई बिहारी की।
पद्मावत की चौपाई है, यार तुम्हारी आँखों में॥

मेरी तरह छहाँकर कोई तेज धूप में देखे तो।
कल्पवृक्ष है पुरवाई है यार तुम्हारी आँखों में॥

इन आँखों को देख-देखकर सच कहता मैं जीता हूँ।
मैंने बड़ी उमर पायी है, यार तुम्हारी आँखों में॥

यह भी कोई घर है यार।
खुद से लगता डर है यार॥

गलियारे भेंड़िया खड़ा है।
आँगन में अजगर है यार॥

आँखों में भुतहा सन्नाटा।
सिर पर महानगर है यार॥

बड़े बुरे सपने आते हैं।
चक्कर-ही-चक्कर है यार॥

हाथों में वह फूल लिये है।
जेबों में पत्थर है यार॥

चारों कोने वही लोग हैं।
किस कोने ईश्वर है यार॥

छोटे बच्चे के बस्ते-सा।
सब-कुछ तितर-बितर है यार॥

जब देखो तब दंगा-कर्फ्यू।
वही गाय-सूअर है यार॥

कल से दिन मसखरे हुए हैं।
शैतानी से भरे हुए हैं॥

रात उमस की मारी जैसी।
गलियों में बिस्तरे हुए हैं॥

आँधी ने नोटिस भेजा है।
बौर आम के डरे हुए हैं॥

फिर से आँखें चार हुई हैं।
घाव पुराने हरे हुए हैं॥

दीवारों से कान लगे हैं।
मुँह पर उँगली धरे हुए हैं॥

साल फसिल की चीज देखकर।
बूढ़े भी छोकरे हुए हैं॥

कल कोई दूसरा नहीं था।
आज कई दूसरे हुए हैं॥

नयी धूप है नयी धूप है।
हाँ भाई वाकई धूप है॥

ताल किनारे बैठी-बैठी।
देह तोड़ती जई धूप है॥

भीतर-भीतर शिमला-शिमला।
बाहर से बम्बई धूप है॥

क्यारी-क्यारी कसी हुई है।
भरी-भरी चम्पई धूप है॥

जब से हल्दी धान बँटा है।
ताथइ-ताथइ थई धूप है॥

टीले पर बैठे रहना है।
आने को कह गयी धूप है॥

सर्दी की परवाह नहीं है।
कन्धे पर मिर्जई धूप है॥

रीतिकाल-सी हवा चली है।
साँसों में सतसई धूप है॥

उतरी कोई परी ओस में।
तैराती तश्तरी ओस में॥

फूलों के स्कूल खुले हैं।
चिड़ियों की कचहरी ओस में॥

उसका मन भी टूटा होगा।
जिसकी टूटी लरी ओस में॥

गीतों के रस भींग रही है।
सारी बारादरी ओस में॥

जैसे-जैसे पौ फूटी है।
फूटी है मसखरी ओस में॥

हार गयी वह पहली बाजी।
जीत गयी दूसरी ओस में॥

आती होगी लेकर कोयल।
आमों की मंजरी ओस में॥

जो कल थे हमारे पराये हुए हैं।
वही आज महफिल में आये हुए हैं॥

कहो तो बता हूँ मैं अन्दाज से ही।
कि दामन में क्या-क्या छुपाये हुए हैं॥

कोई उनसे पूछे कि अब क्या गिला है।
जो सूरत यूँ अपनी बनाये हुए हैं।

वो अब इससे ज्यादा क्या एहसाँ करेगा।
सितम-पर-सितम ही तो ढाये हुए हैं॥

सभी से है उनकी यहाँ गुफ्तगू पर।
हमीं से क्यों आँखें चुराये हुए हैं।

मेरे नाम की ही कसम खानेवाली।
मेरे नाम से खार खाये हुए हैं॥

घर के तौर-तरीके बदले, बदले ठौर-ठिकाने जी।
सबकी आँखों पर पर्दा है कौन किसे पहचाने जी॥

एक-दूसरे की आँखों में तिरसठ जैसे रहनेवाला।
छत्तिस जैसे क्या बैठे हैं दोनों नये-पुराने जी॥

इस मौसम में खुद को बहुत बचाकर रखना है।
ऐरे-गैरे नत्थू-खैरे कीमत लगे लगाने जी॥

हाथ हुए बिटिया के पीले आँखें भींग गयीं।
इसके पहले पता नहीं था मुझे पिता के माने जी॥

जिस रस्ते से सूर गया है उस रस्ते से कोई भी।
आँख मूँदकर जा सकता है गोकुल से बरसाने जी॥

छोटी-सी यह भूल तुम्हारी नींद हुआ करती है मेरी।
चादर जैसे तह करके मैं रखता हूँ सिरहाने जी॥

दिन न जाने कहा वे हमारे गये।
धान से पान से जो सँवारे गये॥

रेत में ताल लिखकर मिटाये गये।
धूप में चार बादल उतारे गये॥

देखते-देखते टकटकी लग गयी।
हाथ कन्धे पर जैसे तुम्हारे गये॥

सात जन्मों के प्यासे गये भी कहाँ।
एक प्यासी नदी के किनारे गये॥

बीच की एक दीवार ने ये किया।
पहले आँगन गया फिर ओसरे गये॥

फूल से रंग से गीत से राग से।
सैकड़ों नाम लेकर पुकारे गये॥

तुमको मैंने आँख बनाया।
उसने मुझको खूब रुलाया॥

खुद की रक्खी चीज न मिलती।
ऐसा मैंने अक्सर पाया॥

जड़ से कटता पेड़ देखकर।
सकते में है पेड़ का साया॥

लगता है वो वहाँ नहीं है।
वर्षों से कुछ हाल न आया॥

राम की चिड़िया राम का खेत।
अच्छी है ये राम की माया॥

यह कोई अपराध नहीं है।
चोरी से फल तोड़ के खाया॥

हालाँकि वो गीत है मेरा।
लेकिन मैंने कभी न गाया॥

तूने मेरी नींद चुरायी।
तूने मेरा चैन चुराया॥

कैसे-कैसे गुल खिलते हैं।
बिना नदी के पुल खिलते हैं॥

दूध नहीं खिलता छाती में।
बोतल और निपुल खिलते हैं॥

आस्तीन के साँप जहाँ हैं।
वहाँ नहीं केचुल खिलते हैं॥

फूल दिखायी भले न दे पर।
गूलर में बिलकुल खिलते हैं॥

अँगूठे साथ नहीं देते।
(जब हाथों में) चंगुल खिलते हैं॥

हमारे सनम भी गुनहगार निकले।
अँधेरा बढ़ा तो रँगे स्यार निकले॥

पकड़ में है आई अभी चाल उनकी।
बड़ी सादगी से कई बार निकले॥

इधर धूल झोंके उधर कान काटे।
त्रिवेणी में डूबे हरिद्वार निकले॥

वही कारनामें वही वारदातें।
कलाकार के घर कमाकर निकले॥

अभी तक न जाने कहाँ सो रहे हैं।
कलम के सिपाही भी गद्दार निकले॥

बीच में रख के ताजमहल दो दिल बतियाने बैठे हैं।
कौन है कितने पानी में ये थाह लगाने बैठे हैं॥

कैसा होता प्यार मोहब्बत कैसी होती देखो तो।
नये सिरे से दीवानों को यही बताने बैठे हैं॥

सारी दुनिया हक्का-बक्का मुँह बाये बस देख रही।
हवा मुर्ग कमरे में घुसकर हवा बनाने बैठे हैं॥

दोनों-के-दोनों बेचारे करते भी तो करते क्या।
अपने-अपने घाव भूलकर मन बहलाने बैठे हैं॥

सच्चाई तो मालिक जाने या फिर जाने ताजमहल।
काम बनाने बैठे हैं या काम बढ़ाने बैठे हैं॥

टुकड़ों को इस तरह से उसने बिछा दिया।
शीशे में सबको अपना चेहरा दिखा दिया॥

जिस रास्ते से आज तक परहेज था जिसे।
उस रास्ते का उसको अगुवा बना दिया॥

हैरत में खुद पड़े हैं बकरी औ बाघ दोनों।
दोनों को एक घाट पे पानी पिला दिया॥

फूले नहीं समाये लोग बाग-बाग थे।
उस शोख ने एक और नया गुल खिला दिया॥

खुद वे पहाड़ होने का जिनको गुमान था।
लट्टू की तरह भीड़ में उनको नचा दिया॥

हल दलदल में धँसा हुआ है,।
पगड़ी में सिर फँसा हुआ है॥

क्या है ठौर-ठिकाना उसका।
जो आँखों में बसा हुआ है॥

अभी-अभी लौटी है रौनक।
अभी-अभी हादसा हुआ है॥

ये टूटेगा या बोलेगा।
जो सितार-सा कसा हुआ है॥

कल तक जो स्वीकार नहीं था।
आज वही पार-सा हुआ है॥

ना जन्तर ना मन्तर वाले।
हल बक्खर हम गट्ठर वाले॥

घर की पीड़ा ये क्या जानें।
ये तो हैं बुल्डोजर वाले॥

शीशे का घर खोज रहे हैं।
जितने भी हैं पत्थर वाले॥

बच्चे पाकर खुश हैं देखो।
भालू वाले बन्दर वाले॥

हैं तो एक बँटे हैं फिर भी।
बाहर वाले भीतर वाले॥

सबसे ज्यादा वे प्यासे हैं।
जो हैं सात समन्दरवाले॥

आसमान में कूक रहे हैं।
कैसे हैं ये छप्पर वाले॥

दोनों चाँदी काट रहे हैं।
वर्दी वाले खद्दर वाले॥

खोज रहे हैं पीठ भीड़ में।
भेष बदलकर खंजर वाले॥

मौसम का मुँह देख रहे हैं।
आँधी और बवण्डर वाले॥

हमें जगाने कब आओगे।
गोरखनाथ मुछन्दरवाले॥

पिक्चर वालों के चक्कर में।
मारे गये थियेटर वाले॥

••

भूमिकाएँ

बिना कान का आदमी

तीन चौथाई आन्हर

राग रंग

बिना कान का आदमी

पाठक बन्धुओ !

इस संकलन के बारे में मुझे अपनी ओर से कुछ नहीं कहना है। क्योंकि यह काम जिम्मेदारी से ज्यादा ईमानदारी का है। यही सोचकर मैंने सुप्रसिद्ध हिन्दी समीक्षक डॉ. सत्यप्रकाश मिश्र से इस पुस्तक के सन्दर्भ में लिखने का आग्रह किया था, जिसे उन्होंने सहर्ष स्वीकार किया और जो कुछ लिखा वह भूमिका के रूप में शामिल है। मैं इसके लिए डॉ. मिश्र का हृदय से आभारी हूँ।

हाँ, मुझे कहना सिर्फ इतना है कि वैसे तो इस दोहा-संकलन का सम्बोधन एक ही है–**'बिना कान का आदमी'**! लेकिन भाव-संस्कार और कथ्य के स्तर पर दोहों को मैंने दो भागों में बाँट दिया है। पहला भाग है–**'मंगल का अवतार'**। दूसरा भाग है–**'अब सुनिये दो टूक'**। जैसे ग़ज़ल का हर शेर रदीफ और काफिया से बँधे होने के बावजूद अर्थ और भाव की दृष्टि से स्वतन्त्र और अलग होता है। उसी तरह दोहा भी होता है। हर दोहा अपना अलग और स्वतन्त्र अर्थ–भाव रखता है। **'मंगल का अवतार'** भाग में वे दोहे हैं जो प्रकृति-प्रेम और राग-रंग से जुड़े-बँधे, आदिम काल से चले आ रहे मानव-मन को प्रगट करते हैं। और **'अब सुनिये दो टूक'** भाग में वे दोहे हैं जो पारिवारिक-सामाजिक-सांस्कृतिक-राजनीतिक विसंगतियों एवं विडम्बनाओं के शिकार आदमी और उसके परिवेश को प्रगट करते हैं। बस, मेरा काम खत्म और आपका यानी पाठक का काम शुरू। क्योंकि **'बिना कान का आदमी'** आज महत्त्वपूर्ण हो गया है और जितना महत्त्वपूर्ण हुआ है ऐसा आदमी, उतना ही ओझल भी। फिर भी इन्हें हम-आप झेलेंगे। झेलना हमारी किस्मत में है। आम आदमी ऐसे ख़ास आदमी को पहले भी झेलता रहा, और आज भी झेल रहा है। आगे भी झेलेगा। यह विसंगति हमारी घुट्टी और बुनियाद में है। इससे बड़ा अभिशाप और क्या होगा...?

बहरहाल, आप पन्ना पलटिये....

–कैलाश गौतम

●●

तीन चौथाई आन्हर

आपन बात

ई हमार भोजपुरी क पहिला कविता संग्रह हौ। हालाँकि पिछले लगभग बीस-बाइस साल के भीतर हिन्दी अवधी अउर भोजपुरी के बहुत से पत्र-पत्रिकन अ रेडियो के माध्यम से एह संग्रह क ज्यादातर कविता आप सब तक अच्छी तरह से पहुँच चुकल हइन। जन-जन तक एह संग्रह के कवितन के पहुँचावै क सबसे अधिक श्रेय कवि सम्मेलन क भी हौ जेकरे जरिये खाली भोजपुरी

इलाके तक ई कुल कविता न सुनल-समझल अ सराहल गइलीं बल्कि बघेली, बुन्देली, ब्रज, अवधी आउर खड़ीबोली के इलाकन के साथ-साथ ओह इलाकन में भी खूब मन से सुनल सराहल गइलीं जहाँ दूसर भाषा बोली बोलैवाले लोग रहैलन जइसे बम्बई, कलकत्ता, नागपुर, सिलवासा, दिल्ली आउर नेपाल क इलाका। थोड़ी बहुत अइसने जगहन पर हमै दिक्कत जरूर भइल लेकिन खाँटी शब्दन क हिन्दी में अर्थ बतवले से बात आसानी से समझ में आवत गइल अ सुनैवाले काफी रस ले-लेके सुनलन।

एह संग्रह के प्रकाशन के पीछे सबसे बड़ा सहयोग ओह श्रोता लोगन क हउवै जे बार-बार आग्रह कइलस कि संग्रह चाही, संग्रह चाही ई सब कविता कहाँ मिलिहैं, सचमुच अगर चाहैवाले बार-बार न टोकले होतन त शायद ई संग्रह अबो न छपल होत। काहे से कि आज कविता संग्रह का प्रकाशक खोजल बड़ा कठिन काम हौ अ दूसरे कुछ आपन लापरवाही। एही सब वजह से ई संग्रह आप सब तक देर से पहुँच रहल हौ। बहरहाल जवन कुछ हौ आप सबके सामने हौ।

अब बात एह संग्रह के भाषा क कयल चाहत हई। काहे से कि ऊहौ बहुत जरूरी हौ। हिन्दी भाषा में तरह-तरह क बोली अ उपबोली हइन जइसे-अवधी, ब्रज, बुन्देली, बघेली, कुमाऊँनी, गढ़वाली, मगही आदि आदि। ओही तरह से एह बोलियन क भी केतनी उपबोली हइन-जइसे अवधी में कन्नौजी, बैसवारी अ भोजपुरी में छपरहिया, शाहाबादी, बनारसी, मिर्जापुरी आदि। एह संग्रह क भाषा खाँटी बनारसी हउवै-ठेठ गाँव देहातवाली बनारसी शहरवाली बनारसी नाँही। चूँकि हम मूलतः रहैवाला बनारस के पूरबी इलाके क हई चन्दौली क। अब चन्दौली भी जिला हो गयल हौ चन्दौली के एकदम पूरूब में अ उत्तर में एकर सरूप उहै ना हो जवन चन्दौली तहसील के पच्छिम अ दक्खिन में हौ। एक मसल कहल जाले कि पानी बदलै कोस-कोस पर बानी बदलै चार कोस पर। बदलाव चाहे पानी क होय चाहे बानी क ओकर धरम, संस्कार अ स्वभाव न बिगड़ै-मरै के चाही। अ ई तबै सम्भव हौ जब ऊ बानी-बोली आम आदमी के प्रयोग में रहै वर्ना जइसे देखत-देखत पानी मर जाला वइसहीं बानी भी मर जाले। पता नाँही केतनी भाषा-बोली हमहन के पास रहलीं समय के साथ-साथ सब गायब हो गइली। आज नूहीं देखात। अइसन काहे भयल? खाली एह नाते कि न त रचनाकार एह सिलसिले में सोचलन अ न त शासनै-प्रशासन कुछ कइलस। अगर ओह बोलियन में लिखाई पढ़ाई भइल होत त आज हमहन के पास एक अच्छा खासा उन्हन क इतिहास होत। लेकिन लिखैवाले भी आपन जिम्मेदारी नाँही निभवलन आ पढ़ैवाले उहै पढ़लन जवन उनके पढ़ै के पड़ल। हाँ एतना जरूर रहल कि गाँव देहात क समूचा जनमानस अपने बोली के अपने संस्कृति के अपने परम्परा अ रीतिरिवाज के छोड़लस नाँही। ओके बराबर अपने साँस में पलले पोसले रहल। जवने से कि ओह समाज क अंग होये के नाते हमैं दिक्कत ना भइल। ई भाषा ई बोली ई संस्कार ई संस्कृति हमैं घुट्टी में मिलल हौ। हम कइसे एके छोड़ देही। बोली माने महतारी। जवन बोली हमै माई से मिलल ऊ माई से कम कइसे? एकर लाज रखब हम आपन धरम समझली अ इहै सोच के हम बनारसी बोली में कविता लिखै शुरू कइली। भोजपुरी कहावतन क मुहावरन क ठेठ रंग एमें देखै के मिली। कवनो मुहावरा या कहावत खुद क गढ़ल नाँही हौ बल्कि ओकर एक परम्परा हौ एक इतिहास हौ। अ जहाँ भी अइसन प्रयोग भयल हौ ऊ ओह भाव अ संवेदना के रच्छा में भयल हौ। अ अनायास भयल हौ सायास-अ फालतू नाँही भयल हौ। गाँव-गली, खेत-खरिहान, मेला-ठेला, तीज-तिहुवार, बर-बरात, भीड़-भाड़ में जवन सब जुटले पर बोलै बतियावै ला ओही क ई जीयत-जागत फोटो भरल अलबम हौ, हर कविता अपने भीतर क भाव उजागर करत चलै ले बशर्ते कि पढ़ै-सुनैवाले भी कविता पचावै क मन बनवले रहैं।

एह संग्रह क मूल स्वर का हौ? मूल धरम का हौ? एकर अन्तरात्मा का हौ एकर स्वभाव का हौ ईहो जानब जरूरी हौ। बिना ओ के जनले अ बिना ओकरे अनुरूप अपने मन में विचार के

बनवले कविता के तह तक पहुँचै में दिक्कत होई। एक संग्रह क मूल धरम हउवै-पारिवारिक, सामाजिक, राजनीतिक अउर सांस्कृतिक असंगति-विसंगति क साक्षात्कार। जहाँ हमैं जइसन देखायल, जइसन हम महसूस कइली, उहाँ वइसन कहै क प्रयास कइली। अ एह प्रयास में हमैं तरह-तरह के प्रतीकन क, कहावतन क, मुहावरन क, अन्योक्तियन-बक्रोक्तियन क सहारा लेवै के पड़ल हौ। कहीं भी कवनो भी बात व्यक्तिगत आक्षेप से प्रभावित नाँही हौ अ न त केहू क निन्दा अ हिनाई हौ बल्कि ऊ पूरे समाज, समुदाय वर्ग जाति गुट क परिचायक हौ। हमार आज क घर-परिवार देश-समाज कहाँ-कहाँ कइसे-कइसे गिरावट क शिकार भयल हौ अ एकरे बदे के जिम्मेदार हौ? समय? परिस्थिति? व्यक्ति? समूह? जाति-वर्ग-दल? सबके ऊपर बड़ी ईमानदारी के साथ हँस मुसकियाय के अँगुरी धरै क कोशिश कइले हई ताकि केहु के मरचो न लगै अ काम भी बन जाय। यानी व्यंग्य एक तरह से एकर मुख्य धरम हौ। अगर कहीं केहु के कुछ नेवर लगै त ओकरे बदे हम इहै प्रार्थना करत हई कि भाई तनी सीमा के बहरे निकल के सोचा समझा। हमैं विश्वास हौ कि भ्रम दूर हो जाई। जहाँ घर का बात हौ उहाँ खाली एक घर क बात नाँही हौ बल्कि पूरे देश के घर के में रूप में देखल गयल हौ। जहाँ गाँव क बात हौ ऊहाँ खाली एक गाँव क बात नाँही हौ बल्कि हर गाँव क बात हउवै। जहाँ बाबू-माई कक्का-काकी भइया-भउजी हउवैं ऊ खाली हमरै नूहीं ऊ सबकर हउवन। मतलब कहै क इ कि व्यक्तिगत एमे कुछ नाँही हौ जेतना हौ सब सामाजिक अ सामूहिक हौ।

हमैं पूरा विश्वास हौ कि आप सब एह संग्रह के पसन्द कयल जाईं काहे से कि एमें हर जगह आपै लोग हउवैं अ मजे क बात ई कि आगे-आगे आप लोग अ पाछे-पाछे हम। एक बात अउर हउवैं जहाँ भोजपुरी क पहिचान चुनरिया गुजरिया अँचरवा कजरवा, कोइलिया, मयनवा, सवनवाँ, फगुनवाँ, गोदनवाँ, जोबनवाँ तक बनके रह गइल रहल ऊहा ई संग्रह ओह भ्रम के दूर करै क एक भरपूर सार्थक प्रयास साबित होई। संग्रह पढ़ले के बाद आप सब भी ईहै महसूस करब।

अ ई त आप लोग जनतै हई कि एक कविता से संग्रह नाँही बनत। कम से कम दस-बीस पचीस-पचास कविता क होब संग्रह के बदे जरूरी हौ। त आप लोग इहो जान लेईं कि एक बचन के बहुवचन बनावे क श्रेय खाली आकाशवाणी इलाहाबाद के पंचाइत घर के हउवै। अ ओहू में ग्रामीण कार्यक्रम के संयोजक श्री केशव चन्द्र वर्मा के विशेष रूप से। पंचाइत घर के पंच मण्डली में केशव चन्द्र वर्मा (बंसी) युक्तिभद्र दीक्षित (मतई) डॉ. जीवन लाल गुप्ता (परसूलाला) नरेश चन्द्र मिश्र (रामनरेश) अ पचवाँ सवार झूठ मूठ क हम (गोवर्धन) एतनी लोग कबौ एक साथ बइठत रहलन। तब पंचाइत घर क सुनैवालन में बड़ी साख रहल। रेडियो सुनैवाले तब आधा घण्टा पहिले से काम धाम छोड़के जुटत रहलन। विभागीय कवि सम्मेलनन अ गोष्ठियन में ई पंच मण्डली हमैं जान बूझ के झोकैं शुरू कइलस। घर क मान मरजाद रखै खातिर, भीड़ से अलग हट के कहै क कोशिश हम बराबर कइली। कबौ-कबौ अइसन स्थिति भी आइल कि कविता क ई अंश प्रसारित होय कि हो। फिर ओ पर काफी बहस होय। ओकरे बाद केशव जी कहैं कि "पढ़ पट्ठे देखा जाई।" एमें कवनो दू राय नाँही कि ओह समय हमारे जेतनी भी सहयोगी रहलन सब अपने-अपने ढंग क रचनाकार रहलन अ भाषा बोली मुहावरा क पारखी रहलन। कविता क रस भाव उद्देश्य समझत रहलन। चूँकि ऊ लोग खुद रचनाकार रहलन एसे ओकर पीड़ा भी जानत रहलन। महतारी चाहे रानी होय चाहे दासी प्रसव पीड़ा क अनुभव दुन्नों के एक जइसनै होला। फिर हमरे सामने त पूरी एक परम्परा रहल जवने क श्रीगणेश कहले रहलन पं. सुमित्रा नन्दन पन्त, पं. इलाचन्द्र जोशी, नरेश मेहता, केशव चन्द्र वर्मा, मार्कण्डेय, कमलेश्वर, नर्मदेश्वर उपाध्याय, शान्ति मेहरोत्रा अउर रमानाथ अवस्थी। इ लोग न अपने रचनाकार के कब्बौ सस्ता होये देहलन अ न त कब्बौ आकाशवाणी के मर्यादा पर आँच आवै देहलन। ई लोग सच्चो हमरे बदे एक आईना साबित भइलन।

एही परिवार क दुइचार नाँव अउर हउवन जेकर एह घरी इयाद करब बड़ा सुखदायी लगत हौ। जइसे, एल.के. वहाल, राजेन्द्र बाबू, शोभनाथ सन्तप्त अउर आकाशवाणी वाराणसी परिवार क भाई हरिराम द्विवेदी। सन्तप्त जी न होतन त शायद 'अमवसा क मेला' कविता न लिखाइल होत, काहे से कि नवासी के कुम्भ में सन्तप्त जी के नाते लगातार कई महीना जुड़ल रहै के परल अ कुम्भ में आयोजित लोकभाषा कवि सम्मेलन में कविता भी पढ़ै के परल। जब पढ़ै के परल त अवसर के लायक लिखै के परल ओही क नतीजा हौ 'अमवसा क मेला' कविता। ओह साल भाई हरिराम द्विवेदी विभागीय ड्यूटी पर आयल रहलन कुम्भ में। अ जवने रात 'अमावसा क मेला' कविता लिखल गइल ओह रात हरि भैया हमरे इहाँ रहलन। ओह कविता क पहिला श्रोता उहै हउवन।

एहनाते हम विशेष आभारी हई आकाशवाणी इलाहाबाद क ओहू में विशेष रूप से 'पंचायत घर' क। एकरे अलावा हम आभारी हई 'आज' परिवार के लक्ष्मीशंकर व्यास, मोहन लाल गुप्त, भैया जी बनारसी, श्री कृष्ण तिवारी, बुद्धिनाथ मिश्र अ डा. राममोहन पाठक क। जब ई लोग आज में रहलन तब एइ संग्रह क ढेर कविता समय-समय पर आज अखबार में छपलन। एतनै आभारी हम हई 'गंगा यमुना' के सम्पादक आउर नामी कथाकार बड़े भाई रवीन्द्र कालिया जी क। कई-कई बार 'गंगा यमुना' में एह संग्रह क कई-कई कविता बड़े मन से अ बड़े ढंग से छपले हउवन। वाराणसी के डा. श्याम तिवारी अ चन्द्र शेखर मिश्र जी क भी हम कृतज्ञ हई, ई दूनों जने समय-समय पर कई सार्थक सुझाव देहले हउवन, जवन हमैं सच्चों बहुत अच्छा लगल। 'अमेठी समाचार' क सम्पादक भाई जगदीश पीयूष के प्रति भी हम आभारी हई। ऊ भी एक संग्रह क ढेर कविता छपले हउवन।

भोजपुरी के प्रतिष्ठित कवि भाई भोलानाथ गहमरी के प्रति भी हम आभारी हई। भोजपुरी अधिवेशन से लेके गोष्ठियन अ सम्मेलनन तक, एह सब कवितन के माध्यम से जगह बनावै क अवसर उनही के नाते मिलल। उनके इहाँ रोज साँझ के बइठकी होय जवने में अग्रज उमाकान्त मालवीय जी, नौबत राय पथिक, अमरनाथ श्रीवास्तव, जगन्नाथ सहाय वर्मा अ, अंजनी कुमार तिवारी दृगेश मौजूद रहैं सिवाय कविता के अउर कवनों बातै उहाँ न होय। गहमरी जी के इहाँ एक बेर बाबू जगजीवन राम आइल रहलन। हिन्दी साहित्य सम्मेलन के मैदान में जलसा भयल रहल। बाबू जी मंचवा पर हमार ऊ कविता सुन चुकल रहलन बाबू आन्हर माई आन्हर-

रात में बाबू जी जब खाये बइठलन पाँत में 'त देखते' कहलन 'क, जी गौतम जी ओही अन्हरन में हमहूँ न बाड़ी जी...।' एतनी जोरदार ठहाका लगल कि गलियारे क लोग अँगना झाँकै लगलन।

एक संग्रह के जे आप लोगन के सामने परोसा रहल हौ अइसने भाई सत्येन्द्र शुक्ल के प्रति हम विशेष आभारी हई। साहित्यवाणी प्रकाशन के माध्यम से ऊहै एह किताब के आप के तक पहुँचा रहल हउवन। अ सत्येन्द्र शुक्ल तक हमैं जे पहुँचवलस ऊ हउवन आपन मित्र भाई विद्यासागर ओझा। उन कर योगदान सच्चों बहुत ज्यादा हौ। ओ के शब्दन में व्यक्त करब खुद के हल्का करब हौ। औझे जी के माध्यम से हम जुड़लीं प्रभाकर पाण्डेय जी से जे एकर प्रूफ तैयार कइलन अ बड़े मन से आपन हाथ बँटवलन। हम प्रभाकर पाण्डेय के सहयोग भूल नाँही सकित। 'कथ्यरूप' के सम्पादक अनिल श्रीवास्तव अउर कवि मित्र प्रताप सोमवंशी के प्रति भी हम आभार व्यक्त करत हई। आदरणीय गुरुवर डॉ. जगदीश गुप्त जी अमवसा क मेला कविता क भावपूरक रेखाचित्र बनावै क हार्दिक आशीर्वाद देहलन। सालन से उनकर इच्छा रहल लेकिन हम कुछ संकोच कै जात रहली। एक दिन ऊ संकोच आपै गायब हो गइल जौने क परिणाम आप सबके सामने हौ। हम उनके प्रति मन से आभारी हई। पहिले संस्करण का आवरण चित्र भी उन्हीं क बनावल रहल। दूसरे संस्करण क आवरण चित्र पूनम किशोर क बनावल हौ, हम पूनम किशोर के प्रति भी आभार व्यक्त करत हई।

हम आप सब से बस एतनै निवेदन करत हई कि एह किताबिया के आप लोग पढ़ीं। अ अपने-अपने विचारन से हमै जोड़ सकीं त जोड़ीं। काहे से कि रचनाकार क सबसे बड़ कसौटी पाठकै हउवन। एह नाते हम आप से बार-बार ईहै कहब कि एके पढ़ब जरूर। हमैं विश्वास हौ कि जब आप पढ़व तब खुदै अपने आप उहाँ पहुँच जाब...जहाँ.... 'तीन चौथाई आन्हर' क माने-मतलब का हउवै ई साफ साफ मालूम हो जाई। जवन देश दुनिया क तीन चौथाई हौ ऊहै हमरो हौ। हम कवनो देश दुनिया से बहरे नाँही हइ, जवन दबाव आप पर, उहै हमरो पर जवन लड़ाई आप क उहै लड़ाई हमरो। तीन चौथाई आन्हर, कवनो नारा ना हौ। मुहावरा हौ मुहावरा, ई मुहावरा मरै न पावै; मुहावरा मरै से बचाई, ओके प्रयोग में ली आईं यानी पढ़ीं बार-बार पढ़ीं। किताब पढ़ैवालन क ई बहुत बड़ी कृपा हौ कि पहिला संस्करण छपल अ ओराय गयल ई दूसर संस्करण हौ। ई हमरे बदे सच्चों खुशी क बात हौ।

'साक्षी' **–कैलाश गौतम**

135 एम.आई.जी. प्रीतमनगर

इलाहाबाद-211001

●●

राग रंग

राग रंग के जमीन क बात

पाठक भाई! ई 'राग रंग' हमार भोजपुरी क दूसर काव्य-संकलन हौ। अ मजे क बात ई कि पहिलके काव्य संकलन 'तीन चौथाई आन्हर' से बिलकुल एकदम भिन्न हौ। एकर ताना भी अलग हौ, अ बाना भी अलग हौ। एतनैना संस्कार भी अलग-संवेदना भी अलग, शिल्प भी अलग, कथ्य भी अलग, धरातल भी अलग, दिशा भी अलग। एक तरह से 'राग रंग' लोकगीतन के हस्ताक्षर क सजीव संज्ञा हौ। प्रकृति आउर पुरूष दूनो के परस्पर एक दुसरे से जौन तत्त्व जोड़ैला ओही क सामाजिक सांस्कृतिक सम्बोधन हौ 'राग रंग'। जइसे प्रकृति आउर पुरुष दूनो एक दूसरे के बदे अनिवार्य बतावल जालैं अ दूनो एक दूसरे क पूरक गिनावल जालैं वइसहीं ई राग आउर रंग भी जहाँ एक टाट पर होलैं अपने बीच से तथाकथिन ओह 'आउर' के अलग कै के एक दूसरे के जीयैलन उहाँ सचमुच इनकर दुइवचन वाला स्वरूप एक वचन में अपने आपै बदल जाला। ओहघरी इनके बीच कवनो तरह क सामाजिक चिह्न नाँही देखात। ई अवस्था इनकर शाश्वत आउर सनातन बनल रहैले। ईहै इनकर उद्गम भी हउवै अ ईहै इनकर समागम भी। धरती पर जेतनी भी परिक्रमा हइन ओह सबसे परे ई एक आउर तरह क गणेश-परिक्रमा कहल जाले।

वइसे ई तय करब बहुत कठिन हौ कि पहिले प्रकृति अस्तित्व में आइल या पुरुष आयल लेकिन ई बतावल कठिन नाँही हौ कि पहिले रंग पैदा भयल फिर पैदा भयल राग। रंग प्रकृति क मूल धरम हौ, ओकर जातीय संस्कार हौ। अ ओकर वास्तविक नाँव लिखल फोटो सटल, अ फोटो, पर मुहर लगल परिचय पत्र हौ। अइसन आप सबके साथ भी अक्सर होत होई कि पत्तन क फूलन क रंग देखतै पौधा क नाँव होठ पर बरबस आ जाला। जइसे लाइन रहले पर स्विच दबवतै

बल्ब में रोशनी आ जाले। जब बल्ब फ्यूज न रही तब। रंगै से बनस्पतियन क पहिचान होले, रंगै से मौसम क पहिचान होले। सावन भादों के दिनन में खाली धानै नाँही लहरात खेत सिवान में साथै-साथ धानी चूनरो लहराये लगैले। अ जब माघ फागुन में खेत-फसिल क रंग वासन्ती हो जाला त गाँव घरक तनमन बसन सब एकाएक वासन्ती हो जाला, रंगै से हमरे मांगलिक उत्सवन क, समारोहन क पहिचान होले, हरदी सनल हथेली क पीठ पर पड़ल छाप बता देले कि हम आँगन में बियाह क मण्डप तैयार कैके निकल रहल हई, पैरन में लगल महावर बता देले कि हम अपने कुल परिवार के देवी देवता के पूजा में शामिल रहली ह। पुरूष 'अगर एक तरह से रंग के जीयैला सम्मानित करैला त ऊ एक तरह से प्रकृति के जीयैला सम्मानित करैला। दूनो एक हउवन, दू ना हउवैं।

दरअसल रंग भारतीय जनजीवन में एतनी घुल मिल गयल हौ कि ऊ हमरे व्यवहार क जिउ-परान बन चुकल हौ। बिना एकरे त आदमी के जीवन्तता अ रसवन्तता क परिकल्पनै नाँही कइल जा सकत अ जइसे दूध से दही, दही से लैनू अ लैनू से घी बनैला ओइसही कवनो रंग जब बरिसन सीझैला तब कहीं अवतरति होला राग। ई राग हमरे जीवित अ संवदेनशील होयेक सर्वाधिक सटीक आउर विश्वसनीय सबूत हौ। कहै के बदे ई राग जरूर हौ लेकिन वास्तविकता ई हौ कि इहै हमरे भीतर क ऊर्जा हौ आग हौ। हर हालत में आदमी के बदे ई आग अनिवार्य हौ। अ जब अनिवार्य हौ त हमार आप क ई प्रयास भी बाराबर होवै के चाही कि ई आग अइसहीं अपने भीतर बनल रहै। जब अपने भीतर आग बनल रही तबै हम राग के टेर सकब अन्यथा नाँही। अइसने कठिन घरी में आदमी क हाथ अगर केहू बँटावैला त ऊ हौ हमार लोकगीत। लोकगीत आदमी के सहज अनुभूति क सहज अभिव्यक्ति हउवै। ई आदमी क सर्वाधिक आत्मीय सहचर हौ। लोक जीवन इहाँ सचमुच अपने पूरे विस्तार के मर्यादा के साथ जीयैला अ खुलेमन से जीयैला संघर्ष में भी, संकलप में भी, अभियान में भी, खेतखलिहान में भी, सावन-फागुन में धूप-चाँदनी में, बाढ़ में फुहार में, डोली में, अर्थी में। हर जगह ई आग जीवन हो के आदिमी के साथ रहैले। अ ई सब भाव एही राग क गुरिया हो के परस्पर एक दूसरे से गुँथल हउवै। कवनो गुरिया न त फालतू हौ न बोझ हौ। सबकर आपन-आपन अस्तित्व भी हउवै अ अहमियत भी। यह भाव क भरपूर झाँकी आप सब के मिली 'राग रंग' में। काहे से कि राग रंग क मूल धरम भी इहै हौ कि आदमी जिनगी से कट के न रहै बल्कि सट के रहै। अ एह मामले में हमरे लोकगीतन क कवनो जवाब नाँही हौ। लोकगीत में प्रकृति अइसन रचल बसल हौ कि बस पूछा जिन खाली कुछ टुकड़न के अपने भीतर गुनगुनाय के देख भर ला। हमर काम आसान होय जाई। एही बहाने से सुर से सुर मिल जाई अ मन से मन, अब-जइसे-

बोलै बनवाँ में मोरवा घेरैले बदरी
सारी धरती रँगावै गोइयाँ धानी चुनरी।।
धान क कियारी छुवै ताल क किनारा।
नीक लागै मुँहवा पै रस क फुहारा
मोर गोरू चरवहवा बजावै बँसुरी।।

÷÷÷

जिनिगिया लहर-लहर लहराय
आँख न ठहरै रूप के आगे
रूप देख बिछलाय।।

÷÷÷

रिमझिम बरसै ले बदरिया
गोइयाँ गावैलीं गजरिया
मोर चुनरिया भींजैं ना ओही धनवा के कियरिया
मोर चुनरिया भींजैना।

÷÷÷

ऐना जइसन भोरहरिया
हमरे अँगना उतरल ना
हमरे अँगना उतरल ना
हमरे दुअरे उतरल ना
ऐना जइसन भोरहरिया

÷÷÷

पनवाँ का पतवा पीयर भइलै मितवा
सुधिया नाँही लेहला ना
गइला जब से कलकतवाँ
सुधिया नाँही लेहला ना।।

÷÷÷

पहिने किरिनिया क हार
खिरिकिया पे ठाढ
भोरहरी सिंगार करे।।
झिलमिल झिलमिल तलवा क पानी
उतरि नहाले कवनो सोनवा क रानी
लेहले उमिरिया क भार
सुघर सुकुवार
भोरहरी सिंगार करे।।

÷÷÷

नेहिया काहे तू लगवला परदेसी बबुआ
गड़ै हँथवा में मुनरी, गोड़े में बिछुवा।।

÷÷÷

खेले भउजी से फगुनवाँ ननद लहुरी
मारै रँग क मेहनवाँ ननद लहुरी

÷÷÷

बाबा घरे उठिहैं हरदिया हो रामा,
अबकी चइतवाँ
बाबा ओरइहैं जइसे छाँहें क इनरवा
माई ओराई जइसे नदिया हो रामा।।

÷÷÷

चला चला मोरे मीत फिर कछारे चला
ताल के किनारे चला ना
जाये वाली हौ बहार, आज चला आर पार
इहै मोका हौ धान के दुआरे चला
पान के ओसारे चला ना।।

÷÷÷

हमरे देसवा क महिमा अपार मितवा
हउवै नोहरी क देसवा हमार मितवा।।

÷÷÷

लोक जीवन में राग रंग क जवन स्वरूप सुरक्षित हौ, स्वीकार हौ, सहज हौ अ आदमी के सर्वथा अनुरूप हौ उहै स्वरूपवा यह कितबिया में समायल हौ। आदिकवि वाल्मीकि जी क एक वाक्य हउवै–"यद्यपि शुद्धम् लोक विरुद्धम् न कथनीयम् न करणीयम्" उहै हाल ईहौं हौ लोक जीवन उहै स्वीकारैला जवन ओके रुचैला–'सार सार को गही रहै थोथा देही उड़ाय' वाला हिसाब किताब हौ। शायद इहै कारण रहल हौ की हिन्दी क एक से एक नामी गिरामी कवि जब बोली में कलम चलउलैं त बोली के सीमा, मर्यादा क, संस्कार-स्वभाव क पूरा-पूरा पालन कइलैं। हम अइसनों कुछ बानगी आप लोगन के सामने रखत हई। पढ़ी अ फिर आगे बढ़ी–

÷÷÷

बरजोरी बसे हो नयनवाँ में
अपने बबा की मैं बारी दुलारी
खेलत रहली अँगनवाँ में
ई कुल बतिया कबौ नाँही जनली
ना देखली कबौ सपनवा में।।

(जयशंकर प्रसाद क बनारसी तेवर)

÷÷÷

श्याम घटा, सित बीजुरि देह
अमृत टधार राहु अवलेह
फाँक दुनो तक तिमिरिक थार
निबिड़ बिपिन अति पातर धार
दारिद उर लक्ष्मी जनु हार
लोहक चादर चानिक तार
देखल रहि रहि तड़ित बिलास
जुगुल किशोरक उन्मद रास

(बाबा नागार्जुन–मैथिली कविता)

÷÷÷

चौरा पर साँझ दीप बारिके
पूजा सँ प्यार बनल चन्द्रमा
राति जेकर ठाँठि धेने ठाढि अछि
गाछसिंगर हार बनल चन्द्रमा *(बुद्धिनाथ मिश्र–मैथली कविता)*

÷÷÷

मदमाता पपिहरा बोइल रे,
बाग बगइचा बहै पुरवाई
बँसवा की बाँही उठै अगराई
निमिया क बेनिया डोलइ रे।
÷÷÷
जगमग जगमग जरई देवारी
पिया खेतारी सोवइ ना।।

(डा. श्रीपाल सिंह क्षेम क–पूरबी अवधी क बानगी)

÷÷÷
सावन मास पिया पर देसवा पापी जिया घबराय हो,
दूर बसे ना भेजे सँदेसवा, मोहें रहे बिसराय हो।।
हरी हरी तुलसी हमरे अँगनवाँ सावन में मुरझाय हो
भोर से साँझ लौ साँझ से भोर लौ
बिरही बदन झुलसाय हो।।

(उमाकान्त मालवीय–अवधी हस्ताक्षर)

÷÷÷
महुआ न महकै चमेली न
मोरे गजरे में पिया महकै
भोरहरी बिदिया सगुन पंछी आवै
कागा मुडेर बैठि निदिया उड़ावै
बैयाँ न लहिकै अखड़िया ना लहिकै
मोर अंग-अंग में मोर पिया लहिकैं।।

(सोम ठाकुर–ब्रज गीत)

÷÷÷
झूलति ज्यों झखियाँ जल-जाल की झालर में झलकी परैं आँखें
पीर के भार भरी ये रहैं पहलूँ न कबौं छलकी परैं आँखें
बेसुध सी जनु संग बड़े-बड़े बूँदन के ढलकी परैं आँखें
आँसुन सों अँखियाँ छलकी परैं आनन सो छलकी परैं आँखें

(डा. जगदीश गुप्त–ब्रज भाषा छन्द)

एह सिलसिले में एक बात आउर कहब जरूरी हौ। ऊ ई कि ई कुलगीत लगभग तीस पैंतिस साल में लिखत गइलन। रेडियो में होवै के नाते कबौं तीज परब के विशेष मौके पर संगीत रूपक प्रसारित करैके पड़त तब लिखल गइलन अ कबौं तब लिखल गईलन जब देश समाज के सामाजिक दायित्व के प्रति सजग बनावै के पडल, अ कबौं तब जब सच्चो मन कुछ अपने बोली भाषा में कहै के बदे, मजबूर कै दिहलस। एक गीत एमे अइसनो हौ जवने क मुखड़ा पारम्परिक हौ "छइबै उँचवापर मड़इया चिरई तोहके लेके ना" लेकिन एके नये सिरे से लिखै के पड़ल जब, श्री श्रीकान्त वैश्य अ कुमकुम वैश्य के युगल गीत के जरूरत पड़ल तब, एकरे अलावा भी श्रीकान्त एह संकलन क कई गीत गवले हउवैं। हम आभारी हई अपने अउर ओह–गायक कलाकारन क भी जइसे उर्मिला श्रीवास्तव, लल्लन सिंह गहमरी, महेश्वर दयाल, संगीता राय, रागिनी चतुर्वेदी अ मलिका चटर्जी क। उर्मिला के पहली रिकार्डिंग व पहिला गीत रहल पहिने

किरिनिया क हार, संगीत बनवले रहलैं मतई भईया श्री युक्ति दीक्षित। हम आभारी हई उ.प्र. शिक्षा विभाग के फिल्म अनुभाग क। कुछ विशेष गीतन पर आधारित कई कैसेट इहाँ बनल रहै जवने क देहातन में खूब स्वागत भयल रहल। स्कूलन के माध्यम से एक अच्छा अ सार्थक अभियान चलावा गइल रहल।

आज भोजपुरी क प्रतिष्ठित गीत कवि अग्रज भोलानाथ गहमरी जी ना हउवै एह बात क सच्चों मन में बहुत मलाल हौ। काहे से कि निधन से दसै पन्द्रह दिन पहिले ददरी मेला के कवि सम्मेलन से लैटत क उनसे गाजीपुर में भेंट कइले रहली। देखतै पुक्का फारि के रोवै लगलन। जब कुछ संयत भइलै अ थिरइलै तब उनसे बतियावै क साहस जुटा पउली। 'तीन चौथाई आन्हर' क प्रति उनके मिल चुकल रहल अ ओके ऊ पढ़ भी चुकल रहलैं। बहुत देर तक ओह संग्रह के बारे में बतियावत रहलैं। अ भोजपुरी के दुसरे संग्रह के बारे में भी पूछलैं। जब हम उन्है बतवली कि दुसरे संग्रह क नाव हौ 'राग रंग' अ ऊ आपै के समर्पित हौ। लेकिन छपै में अबही कुछ समय लगी। ऊ भीतर से बहुतै प्रसन्न भइलैं। उठ के बइठल चहलैं लेकिन उठ ना पउलैं। आँख उनकर फिर भींज गइल। बहुत हताश आउर निराश हो के कहलैं–'ए कैलाश हम ओ के देख ना पाइब। अब हम ढेर दिन जीयब ना।' तवन सच्चों हो के रहल। आज अगर ऊ होतैं त हम्मै सच्चो बहुत सुख मिलत। उनके मधुर-पावन स्मृति के हम मन से प्रणाम करत हई अ राग रंग श्रद्धाँजली स्वरूप उनके समर्पित करत हई।

राग रंग के मुख पृष्ठ क आवरण तैयार करै वाली बिटिया पूनम किशोर के प्रति भी आभारी हई। बड़े मन से लगन से संकलन के मूल भाव के मन में धारण कै के एकर मुख पृष्ठ ऊ तैयार कइले हउवै। अ राग रंग के प्रकाशक भाई सत्येन्द्र शुक्ल के प्रति हम का कहीं। बड़ानीक कइला सुकुल जी परोस के...।।

साक्षी

–कैलाश गौतम

135 एम.आई.जी.
प्रीतम नगर, इलाहाबाद 211001